工业和信息化高职高专"十三五"规划教材立项项目

高等职业教育财经类**名校精品**规划教材

U0740915

MANAGEMENT
ACCOUNTING PRACTICE

管理会计
实务

柴沛晨 主编
柴凯元 陈普青 副主编

人民邮电出版社

北 京

图书在版编目（CIP）数据

管理会计实务 / 柴沛晨主编. -- 北京 ：人民邮电
出版社，2017.1（2023.2重印）
高等职业教育财经类名校精品规划教材
ISBN 978-7-115-44460-8

Ⅰ．①管… Ⅱ．①柴… Ⅲ．①管理会计—高等职业教
育—教材 Ⅳ．①F234.3

中国版本图书馆CIP数据核字(2017)第004429号

内 容 提 要

本书较为详细地阐述了现代管理会计的基本原理和方法。内容包括管理会计工作的认知、成本性态分析与变动成本法、本量利分析、预测分析、短期经营决策分析、产品定价决策、长期投资决策分析、全面预算管理、标准成本系统和责任会计共 10 个项目。项目中在重要知识点后安排了随堂训练"学中做"，让读者能够及时地检查自己的学习效果，把握自己的学习进度。每个项目后都附有丰富的习题。

本书既可以作为高等职业院校财务类专业、企业管理类专业的教材，也可作为在职人员的培训教材以及各类经济管理人员的参考读物。

◆ 主　　编　柴沛晨
　　副 主 编　柴凯元　陈普青
　　责任编辑　李育民
　　责任印制　焦志炜
◆ 人民邮电出版社出版发行　　北京市丰台区成寿寺路 11 号
　　邮编　100164　电子邮件　315@ptpress.com.cn
　　网址　http://www.ptpress.com.cn
　　北京九州迅驰传媒文化有限公司印刷
◆ 开本：787×1092　1/16
　　印张：15.75　　　　　2017 年 1 月第 1 版
　　字数：385 千字　　　2023 年 2 月北京第 8 次印刷

定价：39.80 元

读者服务热线：(010)81055256　印装质量热线：(010)81055316
反盗版热线：(010)81055315

前 言
Preface

　　"管理会计"是高职高专院校财经类专业的重要专业核心课程。高等职业教育培养的是应用型人才。本书以现代企业所处的社会经济环境为背景、以企业为主体,密切联系现代会计的预测、决策、规划、控制、考核、评价等职能,系统地介绍了现代管理会计的基本理论、基本方法和实用操作技术。

　　本书支持"理实一体化"教学,能够较好地适应目前全国高职院校课程改革的需要。本书结合"校企合作""工学结合"的高职高专教学特点,遵循"够用""适用""实用"的原则,以职业活动为导向,以职业技能为核心,突出项目化的教学特点,体现集实用性、技能性、职业性于一体的高职高专教学特色,同时旨在提升财会类相关专业学生的专业技能和专业素养。

　　本书重点突出、条理清晰、深入浅出、通俗易懂,注重理论与实践相结合,主要具有以下 4大特色。

　　(1)实践性强,注重理论与实践相结合。本书以岗位为基础、能力为本位,在每个项目中都有"学中做"的课堂实训,旨在培养学生的分析应用能力,使学生能够更好地将理论知识应用于实践。

　　(2)内容新,以确保教材的先进性。本书按照会计工作任务的需要编排内容,以国家最新的会计准则和会计制度为依据,注重知识的更新,同时吸收了最新的国外管理会计理论研究成果,并插入了"知识链接"等内容。

　　(3)内容生动,案例丰富。本书很好地解决了教学中出现的理论与实践相脱节的问题,采用通俗的语言,在每个项目开头用生动的案例来引入,在知识点上使用了大量的企业实际案例来讲解,难点、重点用图表来体现。

　　(4)知识全面,实用性强。本书的知识内容按照管理会计的职能充分展开,做到全面而不冗杂,在框架设计上遵循由浅入深、循序渐进的原则。

　　本书的参考学时为 64 学时,建议采用理论实践一体化教学的模式。各章的参考学时见下面的学时分配表。

项目	课程内容	学时
项目一	管理会计工作的认知	2
项目二	成本性态分析与变动成本法	8
项目三	本量利分析	8
项目四	预测分析	8
项目五	短期经营决策分析	8
项目六	产品定价决策	6
项目七	长期投资决策分析	6
项目八	全面预算管理	6

项目	课程内容	学时
项目九	标准成本系统	6
项目十	责任会计	6
课时总计		64

　　本书由运城职业技术学院柴沛晨任主编，由中北大学柴凯元、运城职业技术学院陈普青任副主编，运城职业技术学院姚爱丽、丁雪艳、梁彩情和柴超君参加了本书的编写。具体编写任务如下：柴沛晨编写项目一、项目三、项目五至项目九，柴凯元编写项目二，姚爱丽编写项目四，丁雪艳编写项目十，陈普青撰写前言，梁彩情做了习题的整理，柴超君进行了核对工作，由柴沛晨拟写大纲并对全书总纂定稿。

　　本书在编写过程中参考了大量专家、学者的研究成果和资料，在此向相关专家、学者和出版社编辑表示衷心的感谢；同时，对本书编写过程中给予大力支持的领导杨树人、王晓辉及同仁表示感谢。

编者

2017 年 1 月

目 录
Contents

项目一
管理会计工作的认知

知识结构

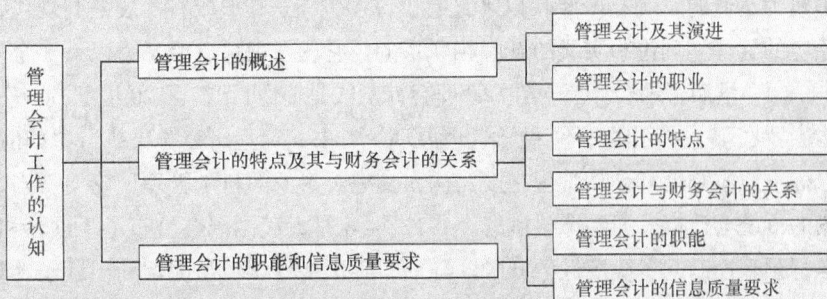

管理会计工作的认知
- 管理会计的概述
  - 管理会计及其演进
  - 管理会计的职业
- 管理会计的特点及其与财务会计的关系
  - 管理会计的特点
  - 管理会计与财务会计的关系
- 管理会计的职能和信息质量要求
  - 管理会计的职能
  - 管理会计的信息质量要求

学习目标

知识目标：认知管理会计的主要内容；识别管理会计的特点。

能力目标：明确管理会计的职能。

案例引入

小姚、小柴今年大学毕业，他们同时参加了金汐公司会计岗位的招聘面试，公司领导问了他们同样一个问题："公司现在财务会计岗位和管理会计岗位各一个，请问你对财务会计和管理会计的认识及求职意向是什么？"

小姚是这样回答的："财务会计与管理会计均属于会计工作，都是对企业日常业务进行事后的记账、算账和报账。但是管理会计主要面向企业的管理部门服务，属于管理工作。因此，我愿意从事管理会计岗位。"

小柴是这样回答的："财务会计与管理会计虽然均属于会计工作，但是它们的工作重心是不一样的。财务会计侧重于反映过去，向企业外部发布会计信息；而管理会计侧重于面向未来，主要是对财务会计提供的信息进行加工、整理、延伸，为企业内部管理部门提供相关信息。因此，财务会计岗位是基础性工作岗位，我愿意从基础工作干起。"

分析：小柴对财务会计与管理会计的认识比较到位，而小姚的认识比较片面。财务会计与管理会计是从传统会计中分离出来的，共同构成现代企业会计系统。二者的职能和内容不同，服务对象、工作重心等方面都存在着差异。

一、管理会计的概述

管理会计是将现代化管理与会计融为一体，既是会计的一大分支，又是企业管理的一大分支，它的产生与会计的发展以及管理科学的发展密不可分。它是为企业的领导者和管理人员提供管理信息的会计。

1. 管理会计及其演进

管理会计萌芽于 20 世纪初。20 世纪 50 年代，传统管理会计的体系和内容基本形成，并得到了较为迅速的发展；80 年代以来又有了许多创新。其形成和发展是同现代企业的内外环境及与之相应的管理学理论和实践的发展相联系的。它的发展可以概括为以下 3 个阶段。

（1）早期管理会计。早期的管理会计阶段是 20 世纪初至 20 世纪 50 年代，管理理论的代表人物泰罗在 1911 年出版了《科学管理原理》一书，着重研究解决执行中如何提高生产效率的问题，以标准成本制度和预算管理制度为两大支柱。泰罗的科学管理理论使得当时注重于事后记账、算账的传统会计模式面临严峻挑战。1912 年 6 月，美国国会公布了《预算和会计法》，对民间企业推行预算控制起了决定性的影响。随后，美国会计学者奎因坦斯出版了《管理会计——财务管理入门》；麦金西出版了专著《管理会计》，同时布利斯也出版了专著《通过会计进行管理》，这些著作被西方誉为早期管理会计学的代表作。但在实践中，管理会计的行为还始终停留在个别或分散的水平上，着眼点限于既定决策方案的落实和经营计划的执行上，其职能集中体现在控制方面。因此，早期管理会计阶段的特征可以概括为以控制会计为核心。

（2）现代管理会计阶段。20 世纪 50 年代，世界经济迅速发展，日益高涨的第二次技术革命浪潮推动了社会生产力的迅猛发展，企业组织规模不断扩大，开始大量出现集团公司、跨国公司。在这个时期，管理会计适应现代经济管理的要求，完善发展了规划控制会计的理论与实践。1952 年，国际会计师联合会正式通过"管理会计"这一专业术语，标志着会计正式分为"财务会计"和"管理会计"两大领域。现代管理会计的特征是以预测决策会计为主，规划控制会计和责任会计为辅。

（3）战略管理会计阶段。20 世纪 80 年代以来，随着全球经济一体化及新技术的不断涌现，经济结构、产业结构和产品结构都发生了巨大的变化，使管理理论和实践受到极大的冲击和挑战，企业要生存和发展，就必须进行战略管理。战略管理会计是战略管理与会计的结合产物，将外部市场和竞争对手的信息纳入核算系统，将财务信息转化为决策者容易把握的经营信息，从而使管理者科学、合理地进行决策，取得企业整体最优的战略效果。

2. 管理会计的职业

（1）管理会计的职业要求。

① 精通财务知识。这一项是必不可少的，对于财务知识，不仅需要懂得与了解，还需要精通，要能熟练运用财务信息去提供决策所需要的数据支撑，但不仅仅局限于决策。

② 对信息化的必要掌握。大数据时代来了，对信息化的掌握让数据之间灵活变幻，捕捉到更

多的数据与数据之间的关联信息，也是很重要的。

③ 管理会计工具的运用与创新。在开拓一片天地之前，我们需要先准备一些"斧子"。运用合适的工具，去"处理"信息，定能事半功倍。

④ 要有善于发现问题、分析问题、解决问题的能力。要学会发现一切的表象下面存在着什么样的真实境况，分析数据的呈现又代表着什么，以及懂得如何去"疏通"这些"数据信息"。

⑤ 熟悉生产流程及业务市场，常走动产线与了解市场。这是了解非财务信息方面的重要方法。如果连生产流程及市场动向都不清楚，也就是没搞清楚基于分析的环境，那么一切数据分析都是无效的。

⑥ 沟通能力。不管是在收集数据、理解数据信息，还是在表达这些信息代表着什么的时候，都离不开沟通。这里所说的沟通，不仅是要与基层沟通，而且要与领导层沟通，这样工作才能顺利进行。

（2）注册管理会计师。注册管理会计师（Certified Management Accountant，CMA）是已经符合必要的会计教育和经验丰富的专业会计，并且已经通过了注册管理会计师协会（Institute of Certified Management Accountant）的鉴定。注册管理会计师证书是全球 130 多个国家承认的国际财会领域的三大黄金证书之一。

CMA 认证是对会计和财务专业人士的权威鉴定，其所侧重的预算预测、内部控制、决策分析、风险管理等内容非常符合企业对会计人才的需求，在全球范围内被企业财务高管所广泛认可。CMA 认证坚持用最实用的知识体系培养管理会计精英，用最严格的测评标准保证认证的权威性，是全球财务的黄金标准。

CMA 认证提供英文和中文两种考试语言，是唯一提供中文考试的管理会计认证，帮助中国会计和财务人士掌握管理会计知识体系和专业技能。2009 年 11 月 18 日，中国国家外国专家局培训中心与 IMA 签约，将 CMA 认证列为国家人才重点培养项目，在国务院国有资产监督管理委员会和大型央企的支持下，培养高层次、国际化的管理会计人才。

目前，中国有近 5 000 名 CMA 持证者。2014 年 IMA 中国区会员薪酬调查报告显示，持有 CMA 认证的专业人士的工资收入比未持有 CMA 认证的同行高 54%，总收入高 71%。2011 年 8 月，IMA 宣布对中文版 CMA 考试内容进行改革，两门考试内容更加贴近当今企业财务团队的实际需求。2012 年 12 月 1 日，两门结构 CMA 中文考试正式开考。

CMA 考试一共设置两个科目：财务报告、规划、绩效与控制和财务决策。从第一个科目合格算起，3 年内所有科目没有全部合格的情况下，第一个合格的科目就会失效，需要重新参加考试。而一旦通过 CMA 的所有考试科目，并且积累到足够的工作经验，就可以成功获得 CMA 证书。

二、管理会计的特点及其与财务会计的关系

管理会计是会计学科体系中不同于财务会计的另一种会计，它是用于企业内部经营管理的会计，其功能在于"管理"，而不是记账、算账。

1. 管理会计的特点

管理会计主要有以下特点。

（1）服务于企业内部管理。管理会计的基本目标是服务于企业内部管理，目的在于提高经济效益，获取尽可能多的利润。

（2）方法灵活多样性。管理会计通常在财务会计信息的基础上进行技术处理，突破了财务会计的传统模式，吸收和借鉴了管理学、微观经济学和现代数学的一些理论与方法，其特征主要是分析性的，具有很大的灵活性和多样性。

（3）面向未来的时间特征。管理会计是以未来的事件为决策对象。因此，管理会计信息是面向未来的，主要是现时和未来的估计信息，计量属性上表现为预测价值，如重置价值、贴现值等。

（4）会计信息不受会计准则约束。管理会计所提供的信息是根据经营管理和决策控制的需要，不受会计准则的约束，其方法和程序具有很大的自由度和弹性。

（5）重视人的行为问题。管理会计特别重视评价和控制的指标对人的行为的影响。管理会计进行计划和预算时要考虑有关指标对各级管理和执行者行为的引导，能否产生积极的激励作用，调动内部各方面的积极性；在执行和控制过程中，管理会计关注执行者的行为结果，以便取得反馈信息，修正计划指标，影响有关方面的行为方向。

2．管理会计与财务会计的关系

管理会计与财务会计是现代会计的两大分支，二者之间存在着一定的内在联系，又有着明显的区别。

（1）管理会计与财务会计的联系。

① 起源相同。管理会计与财务会计都是在传统会计中孕育、发展和分离出来的，作为会计的重要组成部分，标志着会计学的发展和完善。二者相互依存、相互补充，共同构成现代企业会计系统。

② 目标相同。管理会计和财务会计共同服务于企业管理来组织和开展工作，其最终目标都是为了提高企业的经济效益，实现企业价值最大化。

③ 基本信息同源。管理会计所使用的信息尽管广泛多样，但基本信息来源于财务会计；有时直接运用会计资料，有时则是对财务会计资料的加工和延伸。

④ 服务对象交叉。虽然管理会计与财务会计的服务对象有内、外之分，但在许多情况下，管理会计作为"内部会计"同时也为外部利益集团所用（如利润预测），财务会计信息对企业内部决策也至关重要。

（2）管理会计与财务会计的区别。

① 工作重点不同。管理会计是规划未来的会计，其职能侧重于对未来的预测、决策和规划，对现在的控制、考核和评价，属于经营管理型会计；而财务会计是反映过去的会计事项，其职能侧重于核算和监督，属于报账型会计。

② 服务对象不同。管理会计对财务会计所提供的资料进行汇总、加工和延伸，主要为企业内部各管理层提供经营和决策所需的信息，是对内报告会计；财务会计通过定期提交财务报表，为企业外部与企业有经济利害关系的投资人、债权人及其他有关机构提供信息，是对外报告会计。当然，无论是管理会计还是财务会计，都同时为企业内部、外部有关方面和人员服务，只是侧重面不同而已。

③ 信息特征不同。管理会计人提供的经济信息是特定的、部分的和有选择性的，内部报告不对外公开，不负法律责任；财务会计提供的经济信息是全面的、连续的、系统的和综合的。上市公司的基本财务报表需要对外公开，公司对其负有法律责任。

④ 约束条件不同。管理会计不受会计准则、会计制度的制约，不拘泥于财务会计的各种观念和定义，其处理方法可以根据企业管理的实际情况和需要确定，具有很大的灵活性；财务会计以货币为计量单位，必须以会计准则、会计制度及其他法规的规范为依据，从凭证、账簿到报表，从编报的时间、内容到程序，不允许有任何偏离或违反行为。

⑤ 报告期间不同。管理会计面向未来进行预测、决策，因此其报告的编制不受固定会计期间的限制，而是根据管理的需要编制反映不同影响期间经济活动的各种报告，只要需要，它可以按天、月、年甚至若干年编制报告；而财务会计在这方面则很少有弹性，对外编制基本财务报表的时间跨度通常是一个月、一个季度或一年。

⑥ 会计主体不同。管理会计以各责任中心作为主体，明确责任，组织协调各责任中心的工作，使其为实现整个企业的最终目标而努力，充分发挥各责任中心的积极性，使局部服从整体，最大限度地提高企业整体的经济效益；财务会计以整个企业为会计主体，反映整个经营状况，评价经营业绩，通常不以企业内部各部门、各单位为主体提供相关资料。

⑦ 计算方法不同。由于未来经济活动的复杂性和不确定性，管理会计在进行预测、决策时，要大量应用现代数学方法和计算机技术；而财务会计则多采用一般的数学方法进行会计核算。

⑧ 信息精确程度不同。由于管理会计的工作重点面向未来，未来期间影响经济活动的不确定因素比较多，加之管理会计对信息及时性的要求，决定了管理会计所提供的信息不可能绝对精确，一般只能相对精确；财务会计反映已发生或已经完成的经济活动，因此提供信息应力求精确，数字必须确切。

⑨ 计量尺度不同。为适应不同管理活动的需要，管理会计虽然主要使用货币量度，但也大量采用非货币量度，如实物量度、劳动量度、关系量度（如市场占有率、销售增长率）等；为了综合反映企业的全部经济活动，财务会计几乎全部使用货币量度。

⑩ 对会计人员素质的要求不同。管理会计工作需要考虑的因素比较多，涉及的内容比较复杂，也要求从事这项工作的人员必须具备较宽的知识面和较深厚的专业造诣，具有较强的分析问题的能力和果断的应变能力。虽然会计人员素质的高低也同样会影响到财务会计工作的质量，但相比之下，对管理会计人员素质的要求更高，而且侧重点也不同。

总的来说，管理会计创造财富，财务会计衡量财富，两者各司其职，共同为企业的经营管理、决策控制提供重要的信息支持。

三、管理会计的职能和信息质量要求

1. 管理会计的职能

管理会计是指以现在和未来的资金运动为对象，以加强企业内部经营管理和提高经济效益为目的，以利用财务会计资料和其他有关信息为企业内部管理者提供经营管理决策的科学依据为目标而进行的经济管理活动。

管理会计主要为企业内部管理服务，其管理的主要内容可以表述为预测决策会计和规划控制会计及责任会计。

（1）预测决策会计。预测决策会计是指管理会计系统中侧重于发挥预测经济前景和实施经营决策职能的最具有能动作用的会计子系统。它处于现代管理会计的核心地位，又是现代管理会计形成的关键标志之一。预测决策会计主要包括经营预测、短期经营决策和长期投资决策。

① 经营预测就是按照企业未来的总目标和经营方针，充分考虑经济规律的作用和经济条件的制约，选择合理的量化模型，有目的地预计和推测未来企业销售、利润、成本以及资金的变动趋势和水平，为企业决策提供第一手资料。

② 短期经营决策基本可以分为3种类型：一是成本与产量问题；二是成本与收入问题；三是企业内部资源的合理分配问题。其主要包括生产决策、定价决策等，从而选取产品生产、设备利用、产品销售等方面的最佳方案。

③ 长期投资决策是建立在货币时间价值的基础上的。货币时间价值是资本机会成本的体现，是资本对时间的增量，其数值确定与资本的边际成本或边际收入是联系在一起的，从而选取产品开发、技术引进、设备购置与更新等方面的最佳方案。

（2）规划与控制会计。规划与控制会计就是企业在进行预测与决策的基础上，对未来经营目标设计若干个方案，通过对各种方案进行分析、评价选优，将所选取的最优方案进一步落实，从而制订出详细的预算，并对预算的执行情况进行监督与检查。其具体包括预算管理、成本控制等。

① 预算管理，即在预算和决策的基础上编制全面预算，将预测的合理经营目标依据决策方案合理细化下放到企业的各个责任部门，以便对企业未来经营活动的各方面进行全面规划，使企业的资源得到最优配置，从而取得最佳的经济效益和社会效益。

② 成本控制，以全面预算为依据，通过标准成本制度，实施有效的成本控制。在具体实施过程中，要及时将实际执行与预算数相比较，找出差异，并分析差异的性质和产生差异的原因；然后制定并采取措施纠正偏差，使企业的生产经营活动按既定的目标进行。

（3）责任会计。责任会计即通过业绩评价会计，对各责任中心的工作实绩和成果进行分析和评价，一方面可以保证经济责任制度的贯彻执行，另一方面也有利于充分调动职工的积极性和创造性，促进工作质量和工作效率的提高。责任会计是评价、考核工作业绩的一种工作制度，它的内容一般包括确定责任中心、落实责任预算、记录实际结果、比较执行情况、编制业绩报告、控制和调整经济活动等。

概括起来，管理会计职能就是预测经济前景、参与经济决策、规划经营目标、控制经济过程、考核经营业绩这5个方面。

2．管理会计的信息质量要求

管理会计为企业管理提供有用的信息，有用的信息应具备一定的质量要求，主要包括以下几个方面。

（1）准确性。准确性也称为可靠性，是指所提供的信息在一定的范围内是可靠的，不可靠的信息不仅对管理没有用处，甚至会误导决策，影响企业的经营业绩。管理会计所需的信息是建立在估计和预测的基础上的，主观因素不免要影响信息的准确性。可靠的信息并非要求绝对精确，而是在一定的环境和条件下，管理会计尽可能提供正确、可靠的信息。

（2）相关性。管理会计所提供的信息必须与决策有关系，与决策相关的信息会导致决策的差别。提供不相关的信息会贻误决策时机，浪费决策时间，导致决策的失误。此外，相关性还强调各信息用户的目标与整个组织的最高管理当局的目标之间的一致性与和谐性。

（3）可理解性。管理会计所提供的信息应以使用者容易理解为准则，以使用者容易理解和接受的形式及表达方式提供。提高易懂性的途径就是管理会计人员应与信息的使用者加强沟通和协商，在管理会计报告的呈现形式和内容方面多进行讨论。

（4）及时性。管理会计应适时、快速地为信息使用者提供决策所需的相关信息；只有及时地获取了信息才能做出正确、合理的决策，才能把握机遇、获取成功。

（5）成本和效益原则。管理会计在提供信息时要受成本和效益原则的约束，提供和使用信息的成本应小于使用信息所产生的效益。不论信息有多么重要，只要其成本超过其所得，就不应形成和使用该信息。

知识总结

本项目阐述了管理会计的主要内容、特点、职能和信息质量要求，突出了管理会计与财务会计的联系与区别。

管理会计是以灵活多样的方法，搜集、加工、分析会计信息及相关资料，为企业内部管理人员正确地进行计划、决策、控制、考核服务的会计。管理会计的主要内容是预测决策会计和规划控制会计及责任会计。管理会计与财务会计既有联系又有区别。其联系主要表现在起源相同、目标一致、基本信息同源等；其区别主要表现在工作重点、服务对象、信息特征及约束条件等方面。

能力拓展训练

一、单项选择题

1. 以下选项中，能够作为管理会计原始雏形标志之一的，是于 20 世纪初在美国出现的（　　）。

    A. 责任会计　　　　B. 预测决策会计　　　C. 科学管理理论　　D. 标准成本计算制度

2. 在管理会计发展史上，第一个被人们使用的管理会计术语是（　　）。

    A. 管理的会计　　　B. 管理会计　　　　　C. 传统管理会计　　D. 现代管理会计

3. 管理会计主要侧重于为企业内部管理服务，从这个意义上讲，管理会计又可称为（　　）会计。

    A. 外部　　　　　　B. 内部　　　　　　　C. 企业　　　　　　D. 报账

4. 管理会计为了有效地服务于企业内部经营管理，必须（　　）。

    A. 反映过去　　　　B. 反映现在　　　　　C. 面向未来　　　　D. 三者都有

二、多项选择题

1. 管理会计属于（　　　）。

   A. 现代企业会计　B. 经营型会计　　　　C. 外部会计　　　　D. 内部会计

2. 管理会计应具有以下基本职能中的（　　　）。

   A. 预测与决策　　B. 计划与控制　　　　C. 考核与评价　　　D. 监督与核算

3. 管理会计服务对象主要是（　　　）。

   A. 股东　　　　　B. 企业的债权人　　　C. 税务部门　　　　D. 企业管理当局

4. 企业现代会计的两大重要领域是（　　　）。

   A. 成本会计　　　B. 管理会计　　　　　C. 预算会计　　　　D. 财务会计

三、判断题

1. 管理会计与财务会计分别被称为"对内报告会计"和"对外报告会计"，它们的服务对象完全不同。　　　　　　　　　　　　　　　　　　　　　　　　　　　　　（　　　）

2. 财务会计提供信息的形式非常规范，而管理会计提供信息的形式可以多种多样，方式方法灵活多样。　　　　　　　　　　　　　　　　　　　　　　　　　　　　　　　（　　　）

3. 管理会计与财务会计一样，必须遵循公认的会计原则或统一的会计制度。　（　　　）

4. 管理会计的主要职责在于如何记好账、算好账。　　　　　　　　　　　　（　　　）

5. 管理会计作为会计的一种方法，同样受到会计准则、会计制度的约束。　（　　　）

四、简答题

1. 管理会计的主要内容包括哪些？

2. 管理会计有哪些特点？

3. 简述管理会计的发展历程。

4. 简述管理会计与财务会计的联系和区别。

5. 管理会计的信息应具备哪些质量要求？

项目二
成本性态分析与变动成本法

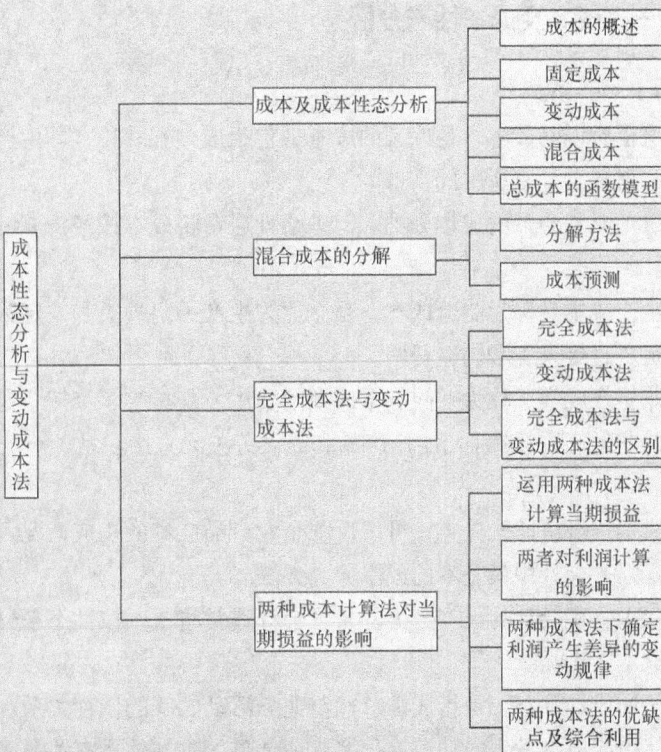

学习目标

知识目标：理解成本性态的含义、变动成本和固定成本的含义和特点；理解变动成本法和完全成本法下利润差异的原因。

能力目标：掌握混合成本的分解方法；掌握变动成本法和完全成本法的区别；掌握变动成本法损益表的编制。

案例引入

小景大学毕业后在父母的支持下选择了自主创业，开办了一家经营汽车饰品的门店。由于地理位置不错，加上小景服务热情，所以生意一直比较红火。正当他初尝创业成功喜悦之时，营业额却开始大幅下降。原来，附近又新开了几家同样的门店，其中一家门面更大、装修更好、品种更齐全，与小景的店面形成了激烈的竞争态势。

于是，小景找来了长期从事财务工作的父亲商量对策。为了争取更多的客户，赢得更大的利益空间，他们决定在价格和今后的服务质量上下功夫。

分析：小景的店面开业时间不长，固定成本较高，价格的调整主要取决于变动成本水平；提高售后服务质量需要增加设施设备，必然新增投入。而投入的多少主要取决于价格与变动成本之间的关系。他们必须对过去的财务成本资料进行深入分析，掌握具体成本构成情况，以便赢回竞争优势。

一、成本及成本性态分析

1．成本的概述

这里所说的成本，是广义的成本，包括成本和费用，即生产成本和期间费用。管理会计成本分类和财务会计有所不同。

（1）财务会计的成本分类。财务会计通常将成本按经济职能来分类，分为生产成本和非生产成本。

生产成本又称为制造成本，是企业为生产一定种类和一定数量的产品所发生的成本，包括直接材料、直接人工和制造费用。

非生产成本又称为期间成本或期间费用，是指为了维持企业一定会计期间的生产经营活动而发生的非生产性耗费（与生产产品和提供劳务无直接联系），一般包括销售费用、管理费用和财务费用。

成本按经济职能分类，可以反映企业产品成本的构成情况，便于对成本进行分析与考核。该方法是财务会计中最基本的成本分类方法。

（2）管理会计的成本分类。管理会计通常将成本按性态来分类，分为固定成本、变动成本和混合成本 3 大类。

所谓成本性态，是指成本总额与业务活动之间的依存关系。影响成本的业务活动也称为成本动因。引起成本发生的动因有很多，最常见的是与数量有关的成本动因，一般称为业务量。这里的业务量是指企业在一定的生产经营期内投入或完成的经营工作量的统称。根据具体业务性质的不同，业务量可以表现为实物量、价值量和时间量（如产品生产量或销售量、产品销售额、工人工作时间、机器工作时间、维修小时等）。成本按其性态可分为固定成本、变动成本和混合成本。

2．固定成本

固定成本是指在一定条件下，当业务量发生变动时总额保持不变的成本。如某商店月租金为10 000 元，属于固定成本，即无论销售额是多少，租金都是不变的。

（1）固定成本的特点。固定成本有以下特点。

① 成本总额不随业务量而变，表现为一固定金额。

② 单位业务量负担的固定成本（即单位固定成本）随业务量的增减变动成反比例变动。例

如，某专卖店月固定成本是 10 000 元，2 月销售商品 5 000 件，一件商品负担固定成本为 2 元，3 月销售商品 10 000 件，一件商品负担固定成本为 1 元，业务量上升，单件商品负担的固定成本下降，反之上升。如图 2-1 所示。

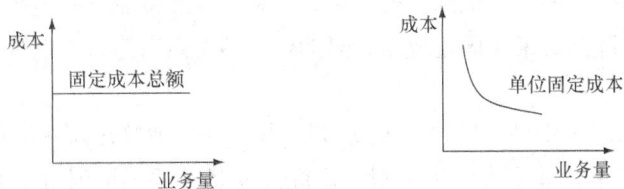

图 2-1　固定成本的特点

制造业企业常见的固定成本一般包括房屋设备租赁费、财产保险费、财产税、固定资产折旧费、管理人员薪金、办公费、差旅费、劳动保护费、广告费、研究开发费、职工培训费等。

例 2-1

金汐公司采用直线法计提折旧，第一车间生产甲产品，每月计提折旧 6 000 元，最大生产能力为 500 件。其产量在一定范围内变动对固定成本（月折旧额）的影响如表 2-1 所示。

表 2-1　　　　　　　　　固定资产折旧与甲产品产量的关系

产量（件）	固定资产月折旧额（元）	单位产品负担折旧额（元）
100	6 000	60
200	6 000	30
300	6 000	20
400	6 000	15
500	6 000	12

根据表 2-1 所列资料，产量变动对固定成本总额和单位固定成本的影响分别如图 2-2 和图 2-3 所示。

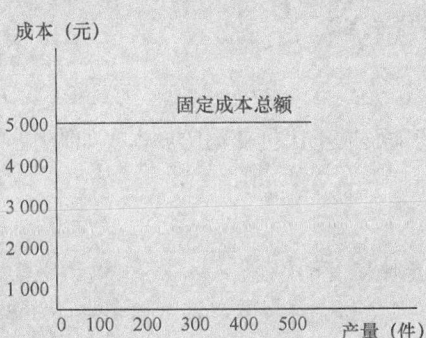

图 2-2　固定成本总额与业务量的关系

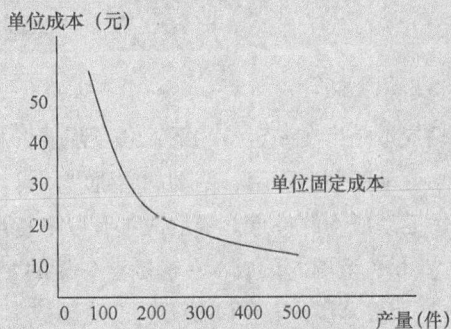

图 2-3　单位固定成本与业务量的关系

（2）固定成本的分类。固定成本可进一步分为约束性固定成本和酌量性固定成本。

约束性固定成本是指不受企业管理层短期决策行为的影响，在短期内不能改变其数额的固定成本，如房屋设备租赁费、财产保险费、财产税、固定资产折旧费等。这些成本的发生及其数额的多少受到企业生产能力及组织机构的制约，是企业经营业务必须负担的最低成本，具有很强的约束性。若要降低约束性固定成本，只能合理利用生产能力，以降低单位成本而不宜降低总额。

酌量性固定成本，又称"选择性固定成本"，是指受企业管理层短期决策行为的影响，能改变其数额的固定成本，如广告和促销费、研究开发费、职工培训费、管理人员薪金等。这类成本支出数额的多少可以改变，是企业管理者根据经营方针确定的，在一定期间内其数额可随情况的变化而相应调整。若要降低酌量性固定成本，则可以通过精打细算、避免浪费来降低其总额。

约束性固定成本与酌量性固定成本的划分为企业充分利用生产能力，从而降低成本提供了有效途径。

（3）固定成本的相关性。对于固定成本的固定性，不是绝对的，它有一个相关范围。当产量超过一定的相关范围，如超过生产能力时，就要增加厂房、机器设备，从而使固定成本发生阶梯式上升。在相关范围内，固定成本是一个固定数。如某企业的生产能力是 8 万件，当生产 10 万件时，势必要扩建厂房、增添设备乃至扩充人员、机构，从而使属于固定成本的折旧、修理费和管理人员工资等相应增加，固定成本即发生了变动。而在 8 万件以内，这些变动是不会发生的，即 8 万件是该企业固定成本的相关范围。如图 2-4 所示。

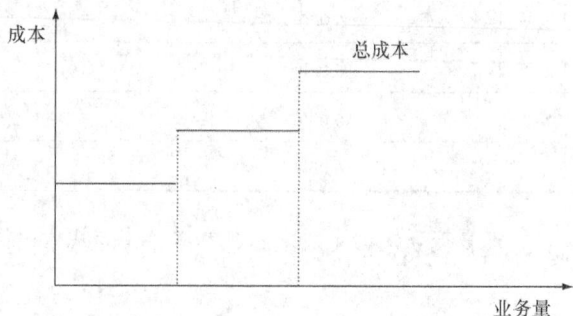

图 2-4　固定成本的相关范围

3．变动成本

变动成本是指在一定条件下，总额随业务量的变动而成正比例变动的成本，如直接材料、直接人工、变动的制造费用、变动的管理费用等。

（1）变动成本的特点。变动成本有以下特点。

① 在相关范围内，成本总额随业务量的变动成正比例变动。

② 在相关范围内，单位业务量的变动成本（即单位变动成本）不受业务量增减变动的影响而保持不变。

例 2-2

金沙公司生产的甲产品，单位产品消耗的直接材料为 10 元，最大生产能力为 500 件。其产量在一定范围内变动对变动成本的影响如表 2-2 所示。

表 2-2　　　　　　　　　　　直接材料费用与甲产品产量的关系

产量（件）	直接材料费用总额（元）	单位产品负担的直接材料费（元）
100	1 000	10
200	2 000	10
300	3 000	10
400	4 000	10
500	5 000	10

根据上表所列资料，产量变动时对变动成本总额和单位产品变动成本的影响分别如图 2-5 和图 2-6 所示。

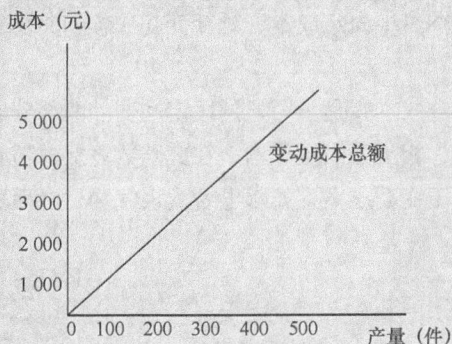

图 2-5　变动成本总额与业务量的关系　　　图 2-6　单位变动成本与业务量的关系

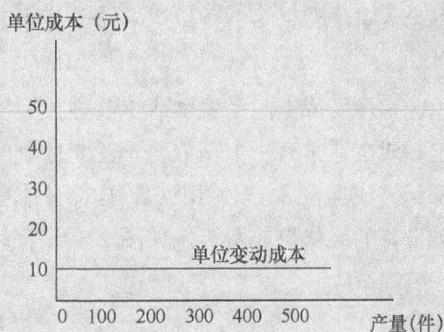

制造业企业常见的变动成本一般包括产品成本中的直接材料成本和直接人工成本；制造费用中随业务量成正比例变动的物料用品费、燃料费、动力费；按销售量支付的销售佣金、包装费、装运费、营业税等。

（2）变动成本的分类。根据变动成本发生的原因可将变动成本分为两类：一类是技术性变动成本；另一类是酌量性变动成本。

① 技术性变动成本是指单位成本由技术因素决定而总成本随着消耗量的变动而成正比例变动的成本，通常表现为产品的直接物耗成本。技术性变动成本是企业管理当局的决策无法改变其支出数额，并与业务量有明确的技术或实务关系的变动成本。例如，生产成本中主要受到设计方案影响的、单耗相对稳定的外购零部件成本，在工资水平不变的前提下，流水作业生产岗位上的工人其工资和福利费等都属于这类成本。

技术性变动成本主要受技术因素的影响，这类变动成本的实质是利用生产能力所必然要发生的成本。可以通过改进设计方案、改造工艺技术条件、采用新设备等技术革新手段降低这类成本。

② 酌量性变动成本是指可由企业管理当局决策加以改变的变动成本。例如，某种原材料在规格、质量、单耗一定的前提下，由于采购地、供货单位不同而出现不同的采购价格，则该种原材料的消耗；按产量计酬的工人薪金、按销售收入的一定比例计算的销售佣金等，这些支出比例或标准取决于企业管理当局的决策。

酌量性变动成本可以通过降低产品制造成本、提高决策水平、强化预算控制等措施来降低。

（3）变动成本的相关性。变动成本与固定成本一样，其与业务量之间的线性依存关系也是有条件的，也就是说，成本与业务量之间的线性关系，在一定的相关范围内存在，在图2-7中的"相关范围"。超出相关范围时，变动成本发生额可能呈非线性变动。

4．混合成本

在实际工作中，有许多成本往往介于固定成本和变动成本之间，它们既非完全固定不变，也不随业务量成正比例变动，如维修费用、检验费用等，称为混合成本。这些成本的基本特征是：其发生额的高低虽然直接受业务量大小的影响，但不存在严格的比例关系，人们需要将混合成本按一定的方法分解为固定成本和变动成本，才能使其为决策所用。

混合成本项目繁多，可以进一步分为半变动成本、半固定成本、延期变动成本和曲线变动成本4种。

（1）半变动成本。半变动成本又称为标准式混合成本，是由明显的固定和变动两部分成本组成。这种成本通常有一个基数，不受业务量的影响，相当于固定成本；在此基数之上，随着业务量的增长，成本也成正比例增加，这部分成本相当于变动成本，如水电费、煤气费、电话费，以及机器设备的维修保养费等。如图2-8所示。

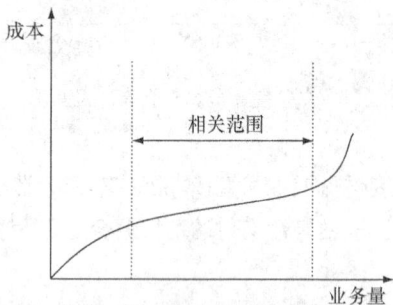

图2-7　变动成本的相关范围

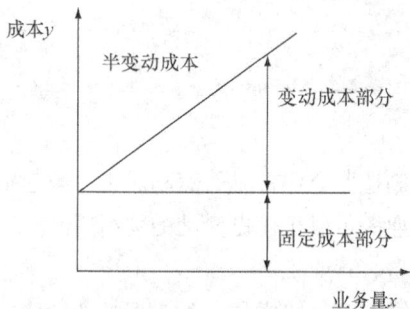

图2-8　半变动成本模型

例 2-3

机加工车间工人工资分为基本工资和计件工资两部分：月基本工资2 500元，每加工一件毛坯料，工资加5元，加工越多工资越高。则机加工工人的工资就是半变动成本。

（2）半固定成本。半固定成本又称为阶梯式混合成本，该类成本的特征是在一定的业务量范围内是固定的，当业务量超过这一范围，其发生额就会跳跃上升到一个新的水平，并在新的业务量范围内固定不变，直到出现另一个新的跳跃为止，如此重复下去，其成本随业务量的增长呈现出阶梯状增长趋势，如企业的运货员、质检员等人员的工资，以及受一定业务量影响的固定资产租赁费等。如图 2-9 所示。

例如，制版企业的产品产量在 300 件以内，需配备一名质检人员，若产量超过这一限度，则需要增加质检人员的数量，且产量每增加 300 件时增加一质检人员，若质检人员的工资为 3 500 元，则该企业质检员的工资就是一项半固定混合成本。

（3）延期变动成本。延期变动成本又称为低坡式混合成本，其特点是成本总额在一定的业务量范围内保持稳定，但超过一定的业务量时，成本总额会随业务量的变动而成正比例变动。如图 2-10 所示。

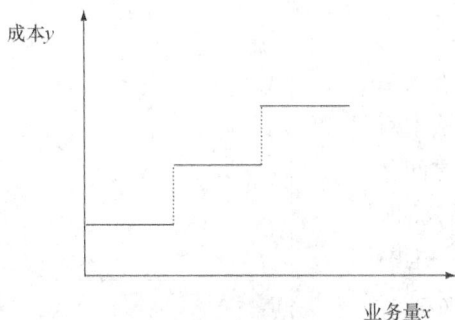

图 2-9　半固定成本模型

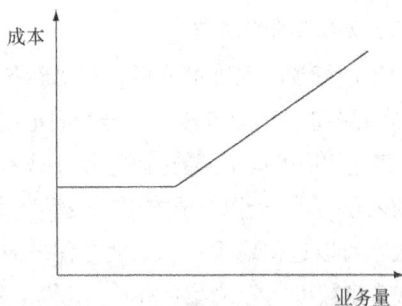

图 2-10　延期变动成本模型

接例 2-3，机加工车间工人工资还是分为基本工资和计件工资两部分，月加工量在 300 件以下只拿基本工资 3 500 元，只有加工量超过 300 件后，超过部分加工量按每件 5 元计工资。超过部分就属于延期变动成本。

（4）曲线变动成本。曲线变动成本的特点是当业务量为零时，成本总额有一个初始量（表现为一个固定的基数），呈现出固定成本特性；当业务量不断增加时，成本总额随业务量呈非线性增加（抛物线上升）。根据曲线斜率变动的趋势不同，曲线变动成本可进一步分为递增曲线变动成本（如累进计件工资）和递减曲线变动成本（如热处理的电炉设备的耗电成本）。曲线递增成本模型如图 2-11 所示，曲线递减成本模型如图 2-12 所示。

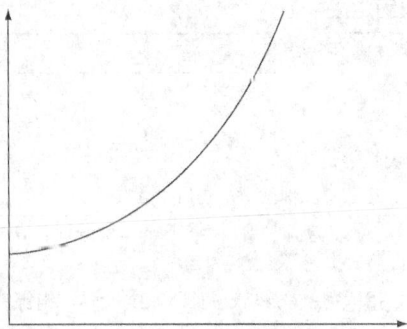

图 2-11　曲线递增成本模型

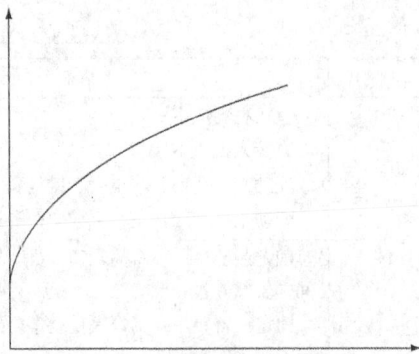

图 2-12　曲线递减成本模型

例 2-4

上述某企业机加工车间工人工资还是分为基本工资和计件工资两部分，月加工量在 300 件以下只拿基本工资 3 000 元，只有加工量超过 300 件后，多加工 10 件按每件 5 元计工资；多加工 20 件按每件 8 元计工资；多加工 30 件按每件 11 元计工资。即工资是曲线递增成本模型。

再如，热处理的电炉设备，每班需要预热，其预热成本（初始量）属于固定成本性质，但预热后进行热处理的耗电成本，随着业务量的增加而逐渐上升，且二者不呈正比（如加工 10 千克，每千克耗电 0.5 度，再多加工 10 千克……每千克耗电 0.3 度……），而呈非线性关系，并且成本上升越来越慢，即其上升率是递减的。即耗电成本为曲线递减成本模型。

5. 总成本的函数模型

为便于进行预测和决策分析，在明确各种成本性态的基础上，最终要将企业的全部成本区分为固定成本和变动成本两大类，并建立相应的成本函数模型。由于成本与业务量之间存在一定的依存关系，所以总成本可以表示为业务量的函数，即假定总成本可以近似地用一元线性方程来描述。在相关范围内，总成本函数可用公式表示如下。其模型如图 2-13 所示。

$$y = a + bx$$

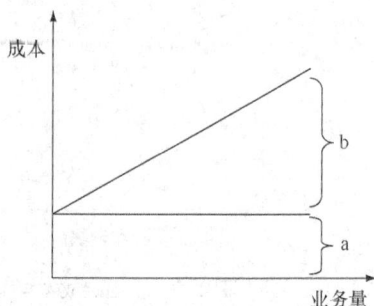

图 2-13　总成本函数模型

其中，y 代表总成本，x 代表业务量，a 代表固定成本总额（即真正意义上的固定成本与混合成本中的固定部分之和），b 代表单位变动成本（即真正意义上的单位变动成本与混合成本中的单位变动成本之和），bx 代表变动成本总额。

变动成本总额随业务量变动，而单位变动成本不变；固定成本总额固定不变，而单位业务量负担的固定成本会随业务量的增加而减少。

知识链接　各类企业变动成本与固定成本的划分如表 2-3～表 2-5 所示。

表 2-3　　　　　　　　　　　工业企业的变动成本与固定成本

成本类别	成本内容
变动成本	直接材料成本； 直接人工成本； 变动制造费用：水电费、维修费、燃料费、工具消耗等； 变动销售费用：销售提成工资、运输费、装卸费、包装费、保险费、售后服务费
固定成本	固定制造费用：车间管理人员薪酬、设备维护保养费、劳动保护费、生产用固定资产折旧费、车间办公费等； 固定销售费用：销售人员基本薪酬、广告宣传费、招待费、差旅费、销售部门办公费、销售用固定资产折旧费等； 管理费用； 财务费用

表 2-4	商业企业的变动成本与固定成本
成本类别	成本内容
变动成本	销售商品进价成本； 变动销售费用：销售人员提成工资、运输费、装卸费、包装费、保险费、售后服务费
固定成本	固定销售费用：销售人员或营业人员基本薪酬、广告宣传费、招待费、店面租金或折旧费等； 管理费用； 财务费用

表 2-5	餐饮服务企业的变动成本和固定成本
成本类别	成本内容
变动成本	饮食材料成本； 变动营业费用：水电费、燃料费、饮具餐具消耗、清洗消毒费等
固定成本	固定营业费用：员工薪酬、广告宣传费、营业用固定资产折旧费、房屋租金、服装费、保险费等； 管理费用； 财务费用

二、混合成本的分解

根据成本性态将企业的全部成本区分为固定成本和变动成本两大类，是管理会计规划与控制企业经济活动的基本前提。但在实际工作中，许多成本项目同时兼有固定和变动性质，并不能直接区分为固定成本或变动成本，而是表现为混合成本模式。因此，需要采用不同的专门方法将其中的固定和变动因素分解出来，分别纳入固定成本和变动成本两大类中，这就是混合成本的分解。

常用的混合成本分解方法有以下几种。

1．混合成本的分解方法——直接分析法

直接分析法是指根据混合成本中固定成本和变动成本各占比重的大小分解混合成本的方法。其具体又包括账户分析法和合同确认法。

（1）账户分析法又称为会计分析法，是指分析人员根据有关成本明细账的发生额，结合其与业务量的依存关系，对每项成本的具体内容进行直接分析，使其分别归入固定成本或变动成本的一种方法。

此法属于定性分析，即根据各个成本明细账账户的成本性态，通过经验判断，把那些与固定成本较为接近的成本，归入固定成本；把那些与变动成本较为接近的成本，归入变动成本。至于不能简单地归入固定成本或变动成本的项目，则可通过一定比例将它们分解为固定和变动两部分。

账户分析法具有简便易行的优点，适用于会计基础工作较好的企业。但由于此法要求分析人员根据自己的主观判断来决定每项成本是固定成本还是变动成本，因而分类结果比较主观。

例 2-5

某化工公司有一维修车间，其发生的成本均为混合成本。该维修车间 8 月各成本明细账发生额的数据如表 2-6 所示。根据账户资料，分析人员对固定成本和变动成本性态进行了分析。

表 2-6 成本性态分析表 单位：元

成本明细账户	8月发生的成本	固定成本	变动成本
直接工人工资	29 348		29 348
燃料动力	5 208		5 208
维修材料	20 944		20 944
设备折旧	11 746	11 746	
车间管理人员薪金	7 600	7 600	
成本合计	74 846	19 346	55 500

假定 8 月实际发生的维修时间为 1 000 小时，则每小时变动成本为 55.5 元（55 500÷1 000），因此，维修成本函数可表示如下。

$$y = 19\ 346 + 55.5x$$

（2）合同确认法。合同确认法是根据本单位与供应单位之间所签订的供需合同中规定的支付标准和费用的性质，来确认成本性态的方法。该方法常与账户分析法一起使用。其基本原理是，根据企业与供应单位签订的各种合同、契约，以及企业内部既定的各种管理和核算制度中所明确规定的计费方法，分别确认哪些费用属于固定成本，哪些费用属于变动成本。该方法特别适用于有明确计算方法的各种初始量变动成本，如电费、水费、煤气费、电话费等各项公用事业费。其账单上的基数即为固定成本，而按耗用量的多少计价的部分则属于变动成本。该方法也是在没有历史成本数据下可应用的一种。

2. 混合成本的分解方法——技术测定法

技术测定法又称为工程分析法，它是由工程技术人员根据生产过程中投入与产出之间的关系，对各种物资消耗逐项进行技术测定，在此基础上来估算单位变动成本和固定成本的一种方法。

工程分析法的基本要点是，在一定的生产技术和管理水平条件下，根据投入成本与产出数量之间的联系，将生产过程中的各种原材料、燃料、动力、工时的投入量与产出量进行对比分析，以确定各种耗用量标准，再将这些耗用量标准乘以相应的单位价格，即可得到各项标准成本。将与产量相关的各项标准成本汇集即为单位变动成本，将与产量无关的各种成本汇集即为固定成本总额。

技术测定法的主要优点在于确定理想的投入产出关系，使企业能够建立具有较高科学性和先进性的标准成本和预算控制。同时，它既是在缺乏历史成本数据条件下可用的、最有效的方法，也是用于检验历史成本分析结论的最佳方法。其缺点在于，进行技术测定分析通常要耗用较多的人力、物力。

例 2-6

某企业铸造车间的燃料用于铸造工段的熔炉，分别在点炉和熔化铁水这两项程序中使用。按照最佳的操作方法，每次点炉要用木柴 0.05 吨、焦炭 1.0 吨，熔化 1 吨铁水要使用焦炭 0.1 吨；每个工作日点炉一次，全月工作日为 25 天，木柴每吨价格为 200 元，焦炭每吨价格为 450 元。

分析思路如下。

（1）选择需要研究的成本项目：燃料成本。

（2）对整个过程进行技术测定，确定最佳操作方法，并将其作为标准方法使用。

（3）测定标准方法的每项投入成本，并按成本性态划分固定成本和变动成本。

解： 在本例中，点炉燃料（木柴、焦炭）属于固定成本，熔化铁水所用燃料与产量相联系，属于变动成本。

设：每日燃料总成本为 y，产量为 x 吨铸件，每日固定成本为 a，单位变动成本为 b，则

每月固定成本 = （0.05×200+1.0×450）×25 = 11 500（元）

每吨铸件变动成本 = 0.10×450 = 45（元）

因此，$y = 11\,500+45x$。

由于其所依赖的投入产出关系只存在于生产过程中的直接消耗部分，因而对于不能直接将成本归属于特定的投入产出的，或者不能单独进行观察的联合过程，如各种间接成本，不能使用这种方法。

3．混合成本的分解方法——历史成本分析法

历史成本分析法是指根据混合成本在过去一定期间内的成本与业务量的历史数据，采用适当的数学方法对其进行数据处理，从而分解出固定成本和单位变动成本的一种定量分析法。

需要注意的是：首先，所收集的数据是否因为会计政策的变化而产生较大的偏差，因为期间的成本性态是与该期的会计方针密切相关的；其次，要选择恰当的期间，以便既能消除期限较长带来的不稳定状态的影响，又能使所选择的期间可保证获得较为精确可靠的成本数据；再次，要选择适宜的业务量的计量单位，选择时应遵循的原则为选定的变量必须与被估计的成本存在某种密切的关系，而且能对观测产生重要影响。

该方法要求企业历史资料齐全，成本数据与业务量的资料要同期配套，具备相关性。因此，此法适用于生产条件比较稳定、成本水平波动不大以及有关历史资料比较完备的企业。常用的历史成本分析法有高低点法、散布图法和最小平方法。

（1）高低点法。高低点法是从过去一定时期相关范围内的资料中，选出最高业务量 x_1 和最低业务量 x_2 及相应的成本 y_1 与 y_2 这两组数据，来推算出固定成本和单位变动成本的一种方法。其中，"高点"通常是指过去一定时期有关资料中的最高业务量及其对应的成本；"低点"通常是指过去一定时期有关资料中的最低业务量及其对应的成本。

高低点法的基本原理是，任何一项混合成本都是由固定成本和变动成本两种因素构成的，因而混合成本的函数也可用 $y=a+bx$ 来表示。由于固定成本在相关范围内是固定不变的，若单位变动成本在相关范围内是个常数，则变动成本总额就随着高低点业务量的变动而变动。

① 高低点法的具体步骤如下。

设：最高业务量的成本函数为 $\qquad\qquad y_1= a+bx_1$ （1）

最低业务量的成本函数为 $\qquad\qquad y_2= a+bx_2$ （2）

（1）-（2）式，得 $y_1-y_2=b(x_1-x_2)$，可求出单位变动成本 b。

$$b = \frac{y_1 - y_2}{x_1 - x_2} = \frac{高低点混合成本之差}{高低点业务量之差}$$

将 b 代入（1）式或（2）式，可求出固定成本 a。

$$a = y_1 - bx_1 \quad 或 \quad a = y_2 - bx_2$$

建立成本模型 $y = a + bx$。

例 2-7

已知金汐公司维修车间在过去的 2016 年一年中，每月维修成本和维修小时的数据如表 2-7 所示。其维修小时的相关范围为 0～500 小时。试分解其维修成本。

表 2-7   2016 年每月维修成本及维修小时

月份	维修成本 y（元）	维修小时 x（小时）
1	74 000	375
2	46 000	160
3	74 000	410
4	94 000	495
5	66 000	330
6	78 000	440
7	64 000	358
8	66 000	400
9	34 000	120
10	36 000	134
11	44 000	181
12	40 000	160

解： 找出维修时间的最高点 495 小时（4 月）和最低点 120 小时（9 月），以及相应的维修成本 94 000 元和 34 000 元，根据这两组数据计算出每小时的维修成本（即单位变动成本），具体步骤如下。

$$b = \frac{高低点混合成本之差}{高低点业务量之差} = \frac{94\,000 - 34\,000}{495 - 120} = 160 \quad （元）$$

每月固定成本 $a = 94\,000 - 160 \times 495 = 14\,800$（元）

或 $a = 34\,000 - 160 \times 120 = 14\,800$（元）

则维修成本函数为 $y = 14\,800 + 160x$

② 高低点法的优缺点。高低点法在使用中简便易行，但由于它只选择了诸多历史资料中的两期数据作为计算依据，因而代表性较差，结果不太可靠。这种方法一般适用于成本变化比较稳定的企业。

（2）散布图法。散布图法又称目测画线法、布点图法，是指将企业一定时期内的业务量以及与之相对应的混合成本的历史数据标注在坐标图上，通过目测画一条尽可能接近所有坐标点并能反映成本变动趋势的直线，据此来推算固定成本 a 和单位变动成本 b 的一种方法。

① 散布图法的具体步骤如下。

• 建立平面直角坐标图，以横轴 x 代表产量、纵轴 y 代表成本，并将一定时间内不同产量下的半变动成本标在坐标纸上，形成若干散布点。

• 观察散布图中各点的分布规律，通过目测确定一条直线，散布图中各点离该直线的距离最近。该线与纵轴相交点即表示半变动成本中固定成本金额。

• 任选直线上的一个点，代入固定成本后计算单位变动成本。

例 2-8

根据例 2-7 中的维修工时和维修费用的数据，绘制如图 2-14 所示的散布图。

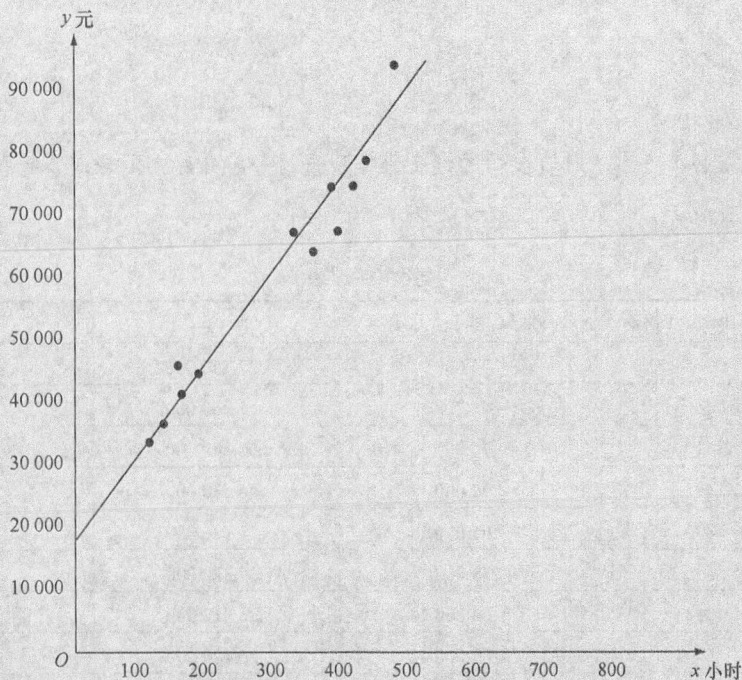

图 2-14　散布图

从图 2-14 中可以看出，直线与纵坐标相交的点为固定成本 a，约为 18 500 元。从直线上可看出，300 个维修工时耗用 60 000 元费用。将 a 的值代入混合成本公式得出：

$$b = （60\ 000-18\ 500）\div300=138.33（元/小时）$$

② 散布图法的优缺点。散布图法的优点是考虑了所获得的全部历史数据，比高低点法更为可靠，而且形象直观、易于理解、代表性强、准确程度较高；缺点是画直线位置主要靠目测确定，容易出现人为误差，得出不同的固定成本和单位变动成本，从而影响计算结果的准确性。

（3）回归直线法。回归直线法又称为最小平方法，是一种数理统计法，它根据过去若干期业务量与成本的资料,应用数学上最小平方法原理精确计算混合成本中的固定成本和单位变动成本。其原理是从散布图中找到一条直线，使该直线与由全部历史数据形成的散布点之间的误差平方和最小，这条直线在数理统计中称为"回归直线"或"回归方程"。回归直线法的步骤如下。

① 找到 n 期的历史数据资料。

② 用列表法对历史资料加工，求出 n、Σx、Σy、Σxy、Σx^2。

③ 按照公式求值。

④ 建立混合成本模型。

其中，a、b 值的计算公式如下。

$$b = \frac{n\Sigma xy - \Sigma x\Sigma y}{n\Sigma x^2 - (\Sigma x)^2}$$

$$a = \frac{\Sigma y - b\Sigma x}{n}$$

例 2-9

沿用例 2-7 的资料。

要求： 采用回归直线法对该公司的设备维修费进行分解并建立混合成本模型，

解： 首先将表 2-7 中资料进行如表 2-8 所示的整理。

表 2-8 资料整理表

月份	维修小时 x（小时）	维修成本 y（元）	xy	x^2
1	375	74 000	27 750 000	140 625
2	160	46 000	7 360 000	25 600
3	410	74 000	30 340 000	168 100
4	495	94 000	46 530 000	245 025
5	330	66 000	21 780 000	108 900
6	440	78 000	34 320 000	193 600
7	358	64 000	22 912 000	128 164
8	400	66 000	26 400 000	160 000
9	120	34 000	4 080 000	14 400
10	134	36 000	4 824 000	17 956
11	181	44 000	7 964 000	32 761
12	160	40 000	64 00 000	25 600
合计	3 563	716 000	240 660 000	1 260 731

将整理的各项数据代入计算公式中，得：

$$b = \frac{12 \times 240\,660\,000 - 3\,563 \times 716\,000}{12 \times 1\,260\,731 - (3\,563)^2} \approx 138.39 \quad （元/工时）$$

$$a = \frac{716\,000 - 138.39 \times 3\,563}{12} \approx 18\,576.37 \text{ （元）}$$

代入 a、b 值，建立混合成本模型：

$$y = 18\,576.37 + 138.39x$$

与前述其他混合成本分解方法相比，回归直线法的计算结果更为科学、准确，而且通过回归分析可得到关于成本预测可靠性的重要统计信息，使得分析人员可以评价成本计量的可信度。但由于该法计算工作量较大，因而适合于用计算机回归软件计算操作。

4．成本预测

通过成本性态分析和混合成本分解，企业的全部成本就都可以划入固定成本和变动成本两大类，从而建立成本函数模型，在此基础上便可以对未来期间的成本进行预测。

例 2-10

沿用例 2-9 的维修成本函数，假定金沙公司决定维修车间从 2017 年度起对外提供维修服务，预计维修工时每月最高将达到 800 小时，为此每月将支出一笔广告费，从而使固定成本每月增加 2 000 元。为了提高维修车间对外服务的积极性，公司还决定给每个维修工时增加津贴 5 元。

解： 根据以上资料，对成本函数模型加以修正，结果如下。

$$y = (18\,576.37 + 2\,000) + (138.39 + 5)x$$

$$= 20\,576.37 + 143.39x$$

根据修正的成本函数模型就可以对成本进行预测。假定该公司维修车间对外提供服务后，预计 2017 年度 1 月的维修工时将达到 700 工时，据此，可以预计 1 月的维修成本总额。

$$y = 20\,576.37 + 143.39 \times 700 = 120\,949.37 \text{ （元）}$$

三、完全成本法与变动成本法

在会计实务中，成本计算主要有两方面的目的：一是为编制财务报表而计量成本；二是为管理决策提供成本信息，由此产生了两种不同类型的成本计算方法，即完全成本法和变动成本法。在财务会计中，则主要采取完全成本法（或制造成本法）计算成本；变动成本法是管理会计中主要采用的成本计算方法。

1．完全成本法

完全成本法属于传统的成本计算方法。完全成本法在计算产品成本时，不仅把产品生产过程中所消耗的直接材料、直接人工计入产品成本，而且把生产过程中发生的全部制造费用（包括变动制造费用和固定制造费用）都吸收到产品成本中，同时将非生产成本作为期间费用处理，因而又称为"吸收成本法"。

完全成本法广泛用于对外报告的财务会计。根据传统的会计理论，企业采用完全成本法的主要原因有以下几个方面。

（1）存货计价。国际会计准则和我国企业会计准则都规定，企业对外编制财务报表时，存货项目必须采用完全成本法计价，即企业的存货必须按照包含制造费用的全部生产成本来进行估价。

（2）评估盈利能力。企业在经营中要想获得利润，就必须取得足够的营业收入以补偿所消耗的全部生产成本，包括直接生产成本和间接生产成本。在将全部间接生产成本按一定的分配基础恰当地分摊给各种产品或服务后，就可计算出各种产品或服务的销售毛利，从而使企业管理人员对各种产品或服务的盈利能力进行评估。

（3）定价决策。许多企业采用全部成本加成定价法对其生产或销售的产品进行定价。只有完全成本法才能确定产品的全部成本，从而为定价提供基础数据。

完全成本法的理论依据是，凡是同产品生产有关的耗费都应计入产品成本，固定性制造费用是为保持一定的经营条件而发生的，也就是同形成企业生产能力直接相联系，产品在生产过程中不仅要消耗一定的直接材料、直接人工、变动性制造费用，同时还要消耗一定的生产能力，如果没有厂房，没有基本的组织机构，不开动机器设备，产品就生产不出来。所以，为提供生产能力所发生的固定性制造费用也应同直接材料、直接人工、变动性制造费用一样，都是产品成本的组成部分，随产品而流动。也就是说，如果产品被销售出去，汇集于产品上的成本也应转为本期的主营业务成本，以确定本期的收益；假如产品没有销售出去，构成本期期末存货，那么汇集于产品中的成本也应结转至下一期，等下一期销售后，才结转主营业务成本。

2．变动成本法

变动成本法是指在计算产品成本时，只包括生产过程中所消耗的直接材料、直接人工和变动制造费用，不包括固定制造费用，而将固定制造费用全部作为期间费用列入当期损益表，从当期的收入中扣除。这是管理会计中广泛采用的一种成本计算方法。

变动成本法与完全成本法的主要不同之处就是将固定制造费用列为期间费用，由当期的销售收入全部负担。

变动成本法的理论依据是：产品成本与其生产量密切相关，在生产工艺没有发生实质性变化以及成本水平保持不变的条件下，产品成本总额应当与完工的产品数量成正比例变动，因此，只有变动生产成本才构成产品成本。固定制造费用是为企业提供一定的生产经营条件并保持生产能力而发生的费用，与产品的实际产量并没有直接联系，不会随产量的变动而发生变动，但它们却随企业生产经营持续期间的长短而增减，产生的效益随时间的推移而消逝，故不应递延到下一个会计期间，而应当在费用发生的当期作为期间成本，全额列入损益表，作为当期收益的减除项目。

尽管变动成本法不符合会计准则的要求，不能用来编制对外财务报表，但它对企业内部的管理，包括决策、控制和业绩考核等都带来了很大的方便，因而变动成本法已成为企业内部管理的一种重要方法。

3．完全成本法与变动成本法的区别

（1）成本划分的标准、类别及产品成本的构成内容不同。完全成本法按照成本的经济用途把企业的全部成本分为产品成本和期间费用两大类，产品成本包括全部生产成本，非生产成本作为期间费用处理。变动成本法按照成本性态把企业的全部成本分为变动成本和固定成本两大类，产品成本只包括变动生产成本，固定制造费用则作为期间费用处理。

上述区别如表 2-9 和表 2-10 所示。

表 2-9 两种成本计算法的成本划分标准和类别

划分标准	变动成本法		完全成本法	
成本划分类别	变动成本	直接材料； 直接人工； 变动制造费用、变动销售费用、变动管理费用	产品成本	直接材料； 直接人工； 制造费用
	固定成本	固定制造费用、固定销售费用、固定管理费用	期间费用	销售费用； 管理费用

表 2-10 两种成本计算法的产品成本和期间费用的构成内容

变动成本法	成本内容	完全成本法
产品成本	直接材料； 直接人工； 变动制造费用	产品成本
期间费用	固定制造费用	
	变动销售和管理费用； 固定销售和管理费用	期间费用

（2）存货计价及成本流程不同。在完全成本法下，由于产品成本包括固定制造费用，并将固定制造费用在完工产品和在产品之间分配，这样，期末在产品、产成品和已销产品中均"吸收"了一定份额的固定制造费用，即期末存货都是按全部生产成本计价。如果期末存货不为零，则固定制造费用需要在本期销货和期末存货之间进行分配，其中一部分固定制造费用转化为本期的销售成本抵减本期的利润，而另一部分固定制造费用被期末存货"吸收"而递延至下期。

在变动成本法下，由于产品成本仅按变动生产成本计算，而将固定制造费用全部作为期间成本处理，因而，无论是在产品、产成品还是已销售产品都只包含变动生产成本，即期末存货都是按变动生产成本计价。这样，变动成本法的存货成本必然小于完全成本法的存货成本。

例 2-11

假设金汐公司只生产一种产品甲，2013 年的生产量为 3 000 件，固定制造费用全年合计为 24 000 元，每件产品的成本为直接材料 12 元、直接人工 8 元、变动制造费用 6 元。

要求： 计算完全成本法和变动成本法下的单位产品成本，如表 2-11 所示。

表 2-11 完全成本法和变动成本法下单位产品成本的计算 单位：元

成本项目	完全成本法	变动成本法
直接材料	12	12
直接人工	8	8
变动制造费用	6	6
固定制造费用	8	—
单位产品成本	34	26

解： 由表 2-11 可见，在变动成本法下，单位产品变动成本为 26 元，无论是产品存货还是已销售产品均以 26 元计价。而在完全成本法下，由于每件产品吸收了固定制造费用 8 元，因而单位产品完全成本为 34 元，无论是产品存货还是已销售产品均以 34 元计价。

知识链接　两种成本的公式推导

完全成本法下：

产品生产成本总额=直接材料+直接人工+变动制造费用+固定制造费用

单位产品成本=产品生产成本总额÷生产量

变动成本法下：

产品生产成本总额=直接材料+直接人工+变动制造费用

单位产品成本=产品生产成本总额÷生产量

所以

$$完全成本法下单位产品生产成本 = 变动成本法下单位产品生产成本 + \frac{固定制造费用}{生产量}$$

四、两种成本计算法对当期损益的影响

由于完全成本法和变动成本法的产品成本构成不同，因而两种成本计算法计算利润的过程也有所不同，特别是两种成本计算法所计算的中间指标有很大的区别，由此导致两种成本计算法所编制的损益表及所计算的利润有较大的不同。

1．运用两种成本法计算当期损益

（1）完全成本法下当期损益的计算。

① 计算销售毛利。

销售收入-销售成本=销售毛利

② 计算营业利润。

销售毛利-期间费用=营业利润

（2）变动成本法下当期损益的计算。

① 计算边际贡献。边际贡献又称为"边际利润"或"贡献毛益"等，是指销售收入减去变动成本后的余额。边际贡献反映了产品的盈利能力及其对企业营业利润所做的贡献。

销售收入-变动成本=边际贡献

② 计算营业利润。

边际贡献-固定成本=营业利润

（3）完全成本法和变动成本法编制的损益表。在完全成本法下，损益表上的成本分为销售成本和营业费用两大类。销售收入减去销售成本后的余额为销售毛利，销售毛利再减去营业费用，得出企业的营业利润。完全成本法编制的损益表把所有成本项目按生产、推销、管理等不同经济

职能进行排列，主要是为了适应与企业有经济利益关系的外界团体或个人的需要而编制的，因此又称为"职能式损益表"。

在变动成本法下，损益表上的成本分为变动成本和固定成本两大类，销售收入减去变动成本后的余额称为边际贡献。边际贡献反映了产品的盈利能力及其对企业营业利润所做的贡献。由于边际贡献总额同产品销售数量直接相关，所以它是企业经营决策和利润计划的重要依据，也是企业管理人员关心的重点。边际贡献再减去全部固定成本则是企业的营业利润。变动成本法编制的损益表把所有成本项目按成本性态分为变动成本和固定成本两大类，主要是为了便于取得边际贡献信息，因此又称为"贡献式损益表"。

两种成本计算法下的损益表格式如表 2-12 所示。

表 2-12　　　　　　　　　　　损益表

完全成本法（职能式）	变动成本法（贡献式）
销售收入	销售收入
减：销售成本	减：变动成本
期初存货成本	变动生产成本
加：本期生产成本	变动销售费用
可供销售的产品成本	变动管理费用
减：期末存货成本	变动成本合计
销售成本合计	边际贡献
销售毛利	减：固定成本
减：营业费用	固定制造费用
销售费用	固定销售费用
管理费用	固定管理费用
营业费用合计	固定成本合计
营业利润	营业利润

2. 完全成本法和变动成本法对利润计算的影响

由于两种成本计算法下存货估价及成本流程不同，这对各期营业利润的计算有着重大的影响，主要表现在当产销不平衡时，两种成本计算法所确定的营业利润有所不同。

例 2-12

沿用例 2-11 的数据，金汐公司 2013 年产品甲的生产量为 3 000 件，销售量为 2 000 件，每件售价为 50 元，变动销售费用为每件 1.0 元，变动管理费用为每件 0.6 元，固定销售费用共计 2 800 元，固定管理费用共计 4 000 元。假定期初产品存货为零，期末产品存货为 1 000 件，其他成本资料见例 2-7。两种成本计算法下编制的损益表如表 2-13 和表 2-14 所示。

表 2-13　　　　　　　　　　　　损益表（完全成本法）

销售收入（50×2 000）		100 000
减：销售成本		
期初存货成本	0	
加：本期生产成本（34×3 000）	102 000	
可供销售的产品成本	102 000	
减：期末存货成本（34×1 000）	34 000	
销售成本合计		68 000
销售毛利		32 000
减：营业费用		
销售费用（1.0×2 000+2 800）	4 800	
管理费用（0.6×2 000+4 000）	5 200	
营业费用合计		10 000
营业利润		22 000

表 2-14　　　　　　　　　　　　损益表（变动成本法）

销售收入（50×2 000）		100 000
减：变动成本		
变动生产成本（26×2 000）	52 000	
变动销售费用（1.0×2 000）	2 000	
变动管理费用（0.6×2 000）	1 200	
变动成本合计		55 200
边际贡献		44 800
减：固定成本		
固定制造费用	24 000	
固定销售费用	2 800	
固定管理费用	4 000	
固定成本合计		30 800
营业利润		14 000

　　由表 2-13 和表 2-14 可以看出，两种成本计算法得出的营业利润是不同的。变动成本法下的营业利润是 14 000 元，而完全成本法下的营业利润却为 22 000 元。这是因为期末产品存货为 1 000 件，在变动成本法下每件按 26 元计价，而在完全成本法下按每件 34 元计价，每件吸收了 8 元的固定制造费用，这样期末 1 000 件的存货共吸收固定制造费用 8 000 元，从而在完全成本法下减少了 8 000 元的销售成本，导致完全成本法下的营业利润比变动成本法下的营业利润多出 8 000 元。

　　还可以看到，在变动成本法下，销售费用和管理费用则是按其性态分别处理的：变动部分作为变动成本的组成，在计算边际贡献前被扣除；固定部分则在边际贡献后被扣除；在完全成本法下，本期发生的全部销售费用和管理费用作为期间成本列在"营业费用"项下从销售毛利中全部扣减。虽然它们在贡献式损益表中被扣除的位置不同，但却改变不了它们属于期间成本的性质。因此，无论在哪一种成本计算法下，当期发生的销售费用和管理费用都是期间成本，都要全额计入损益表，只是在计入损益表的位置和补偿途径方面存在形式上的区别，但不影响当期营业利润。

学中做 田立公司专业生产 A 产品，5 月份的有关资料如下：期初存货 300 件，本期生产量 900 件，本期销售量 1 000 件，每件售价 800 元。期初存货和本期生产产品的单位变动成本为 300 元，本期单位固定成本为 150 元，上期单位固定成本为 100 元。销售费用 18 000 元全部是固定成本。存货采用先进先出法。

要求： 分别编制变动成本法和完全成本法下的损益表。

3. 两种成本法下确定利润产生差异的变动规律

通过前面的介绍，我们可以发现，采用两种成本法确定的营业利润可能出现差异。接下来，我们就根据不同的产销量关系来举例分析两种方法对各期营业利润的影响。

例 2-13

山青公司 2014～2016 年连续 3 年 D 产品的销售量均为 3 000 件，但 3 年的生产量分别为 3 000 件、4 000 件和 2 000 件。单位产品变动生产成本为 25 元，固定制造费用每年均为 30 000 元。销售费用和管理费用全部为固定成本，每年合计均为 10 000 元。产品售价为每件 60 元。2014 年年初产品存货为零。

根据以上资料，山青公司 2014～2016 年两种成本计算法下的损益表如表 2-15 和表 2-16 所示。

表 2-15　损益表（完全成本法）　单位：元

项目	2014 年	2015 年	2016 年
销售收入	180 000	180 000	180 000
减：销售成本			
期初存货成本	0	0	32 500
加：本期生产成本	105 000	130 000	80 000
可供销售的产品成本	105 000	130 000	112 500
减：期末存货成本	0	32 500	0
销售成本合计	105 000	97 500	112 500
销售毛利	75 000	82 500	67 500
减：销售和管理费用	10 000	10 000	10 000
营业利润	65 000	72 500	57 500

上述完全成本法下的计算中，由于固定制造费用每年均为 30 000 元，但因各年产量不同，则每年的固定制造费用分配率（即单位产品吸收的固定制造费用）有所不同，分别为 10 元（30 000 元÷3 000 件）、7.5 元（30 000 元÷4 000 件）和 15 元（30 000 元÷2 000 件）；每年的单位产品完全成本分别为 35 元、32.5 元和 40 元。

表2-16		损益表（变动成本法）		单位：元
项目	2014 年	2015 年	2016 年
销售收入	180 000	180 000	180 000
减：变动成本			
变动生产成本	75 000	75 000	75 000
边际贡献	105 000	105 000	105 000
减：固定成本			
固定制造费用	30 000	30 000	30 000
销售和管理费用	10 000	10 000	10 000
固定成本合计	40 000	40 000	40 000
营业利润	65 000	65 000	65 000

从表 2-15 和表 2-16 可以看出，两种成本计算法对利润计量的影响是不同的。两种成本计算法确定的营业利润可能相同，也可能不同。利润不同的原因是两者从当期销售收入中扣除的固定制造费用的金额不同。在变动成本法下，计入当期损益表的是当期发生的全部固定制造费用；而在完全成本法下，计入当期损益表的固定制造费用金额则是期初存货吸收的固定制造费用，加上当期发生的全部固定制造费用，再减去期末存货吸收的固定制造费用。

由此可推导出下列公式：

营业利润差额＝完全成本法下的营业利润－变动成本法下的营业利润

$$= \boxed{\text{完全成本法下期末存货吸收的固定制造费用}} - \boxed{\text{完全成本法下期初存货吸收的固定制造费用}}$$

同时，从上述计算和分析过程中可以得出以下结论。

（1）当生产量与销售量相等时，以两种成本计算法为基础所确定的营业利润相等。

（2）当生产量大于销售量时，以完全成本法确定的营业利润大于以变动成本法确定的营业利润。

（3）当生产量小于销售量时，以完全成本法确定的营业利润小于以变动成本法确定的营业利润。

（4）各年销售量相同，且每年成本费用水平不变时，采用变动成本法计算的各年营业利润均相等。

当然，从较长时间段来看，两种成本计算的营业利润是相同的，如例 2-13 中从 2014～2016 年 3 年总的营业利润都是 195 000 元。

在分析不同的产销量关系下两种方法对各期营业利润的影响时，我们首先假定各期成本消耗水平不变。也就是说，在各期产量稳定的条件下，即各期产品单位成本不变时，销售量的变动表明各期期初、期末的产成品存货不同。

例 2-13 是在假设每个销售量相同、生产量变动的情况下，分析两种成本计算法对利润的影响。如果该例中每年生产量相同而销售量变动，则上述的结论是否也一样呢？

> **学中做** 假设山青公司生产的 A 产品 2014～2016 年生产量均为 8 000 件，而销售量分别为 8 000 件、6 000 件和 10 000 件，单位产品售价为 20 元，单位产品变动生产成本为 8 元，变动管理及销售费用为 2 元，每年固定制造费用为 30 000 元，固定管理和销售费用为 15 000 元。
>
> **要求：** 分别按完全成本法和变动成本法列表计算各年的营业利润。

4．完全成本法的优缺点

（1）完全成本法的优点。

① 完全成本法能够鼓励企业当局重视生产环节，提高产品产量。完全成本法作为一种传统的成本计算方法，在经济发展中发挥了较大的作用。产量越大，单位产品固定制造费用越低，整个单位产品成本下降，从而刺激企业提高产品产量的积极性。

② 产品成本计算和存货计价完整。成本是为生产一定种类、一定数量的产品所发生的各种耗费的总和。按照这个理解，产品成本显然包括为生产产品而发生的所有变动成本和固定成本。完全成本法计算的产品成本符合这一特点。

③ 完全成本法符合公认的会计原则，满足对外报送财务报表的要求。企业财务报表中的信息必须满足报表使用者长期决策的需要。从长远的观点来看，固定成本也是决策需要考虑的因素之一。完全成本法提供的成本资料可以直接用来编制对外的财务会计报表，不需要进一步加工处理。

（2）完全成本法的缺点。

① 完全成本法不利于进行成本管理。由于完全成本法将固定制造费用计入产品成本，增加了成本计算的工作量，影响了成本计算的及时性和准确性，而且产品成本未按照成本性态进行划分，使成本控制变得复杂。

② 完全成本法不适应企业预测、短期决策和编制弹性预算的需要。在完全成本法下，成本未按成本性态分为变动成本和固定成本，使企业管理者在进行预测、本量利分析、短期经营决策以及编制弹性预算中难以获得直接资料，而必须通过分析处理才能据以规划、控制企业的经营活动。

5．变动成本法的优缺点

（1）变动成本法的优点。

① 变动成本法能够促使企业重视销售，防止盲目生产。采用变动成本法计算利润，在售价、单位变动成本和产品销售结构水平不变的条件下，营业利润直接与产品销售量挂钩，真正成了反映企业经营状况好坏的晴雨表，从而促使企业重视销售环节，搞好销售预测，做到以销定产，减少或避免因盲目生产而带来的损失。

② 变动成本法能够提供对企业管理层预测和短期决策有用的信息。变动成本法所提供的变动成本信息能帮助企业管理层实施本量利分析，有利于预测经营前景、规划未来。

③ 变动成本法有利于企业加强成本控制和正确地进行行业业绩评价。采用变动成本法，产品变动生产成本不受固定成本的影响，因而变动成本的升降最能反映供应部门和生产部门的工作业绩。

④ 变动成本法能够简化成本计算。采用变动成本法，把固定制造费用列为期间费用，从边际

贡献中直接扣除，不需要在成本对象之间进行分配，这就大大简化了间接费用的分配过程，避免了间接费用分配中的主观随意性。

（2）变动成本法的缺点。

① 变动成本法不符合财务会计的产品成本概念及对外报告的要求。按照各国会计准则的要求，产品成本是指生产过程中发生的全部生产成本，应当包括固定制造费用。对外编制财务报表时，产品存货的计价和损益的计算都应当以完全成本为基础，而按变动成本法确定的产品存货成本不能被企业外部有关各方所承认。

② 变动成本法不能适应长期决策的需要。变动成本法以相关范围假定为前提，即假定单位变动成本和固定成本在相关范围内保持不变。而在长期决策中，由于涉及的时间较长，要解决诸如增加或减少生产能力和扩大或缩小经营规模的问题，再加上通货膨胀和技术进步等因素的影响，固定成本和单位变动成本的水平不可能长期保持不变，甚至可能会发生很大的变化，这就必然会突破相关范围的限制。因此，变动成本法所提供的资料对短期决策非常有用，但对长期决策来说就难以胜任了。

6. 完全成本法和变动成本法的综合运用

日常核算建立在全部成本法的基础之上，以满足对外报告的需要；期末对需要按变动成本法反映的有关项目进行调整，以满足企业内部经营管理的需要。

（1）核算体系以全部成本法为主、变动成本法为辅。建立该核算体系既能满足企业编制对外报告的需要，又能提供变动成本法所需要的变动成本、贡献毛利等资料，便于企业进行预测、决策、考核和评价，降低了会计核算的成本，更容易被会计人员接受。

（2）设置适应变动成本法所要求的账户。设置"变动生产成本""固定生产成本""变动性制造费用""固定性制造费用"等账户，以满足企业内部经营管理的需要，其他账户按会计准则的要求进行设置。

（3）采用全部成本法编制利润表。首先，按完全成本法编制利润表并计算税前利润。变动成本法下的税前利润可由下面的公式计算而得。

变动成本法和营业利润=完全成本法的营业利润-营业利润差额

知识总结

成本是为生产一定种类和数量的产品所消耗的费用。成本按性态分类，是变动成本法的基础，也是研究管理会计的起点。本项目阐述了成本性态分类，可以将成本分为变动成本、固定成本和混合成本，并介绍了变动成本、固定成本的特点。其次，介绍了混合成本分解的主要方法。最后，在分析了完全成本法、变动成本法计算的特点和理论依据的基础上，重点对比了两种方法对产品成本和分期损益计算的影响，并说明了变动成本法与完全成本法的优缺点。

能力拓展训练

一、单项选择题

1. 管理会计是按（   ）对成本进行分类。

A. 经济职能　　　B. 经济性质　　　C. 成本习性　　　D. 会计习性

2. 通过企业管理当局的决策行动不能改变其数额的成本称为（　　　）。

    A. 约束性固定成本　　　　　　　B. 酌量性固定成本

    C. 半固定成本　　　　　　　　　D. 半变动成本

3. 下列属于约束性固定成本的是（　　　）。

    A. 开发研究费　　　B. 广告费　　　C. 固定资产折旧费　　　D. 职工培训费

4. 固定资产保险费、管理部门办公费属于（　　　）。

    A. 混合成本　　　B. 变动成本　　　C. 约束性固定成本　　　D. 酌量性固定成本

5. 混合成本中的高低点法下，在选择高低点坐标时，应以（　　　）为标准。

    A. 成本　　　B. 业务量　　　C. 成本、业务量均可　　　D. 以上都不对

6. 全部成本法与变动成本法的本质区别是（　　　）不同。

    A. 成本的划分标准　　　　　　　B. 成本内容

    C. 固定制造费用的处理　　　　　D. 变动制造费用的处理

7. 成本性态中的业务量通常是指（　　　）。

    A. 产量或销量　　　B. 工作时间　　　C. 人工工资　　　D. 作业量

8. 在完全成本法中，应将销售费用归入的项目是（　　　）。

    A. 制造费用　　　B. 生产成本　　　C. 非制造费用　　　D. 变动成本

9. 完全成本法与变动成本法在产品成本组成上的差别，表现在所处理的不同的成本是（　　　）。

    A. 固定性制造费用　　　　　　　B. 变动性制造费用

    C. 混合成本　　　　　　　　　　D. 差别成本

10. 若期末存货成本小于期初存货成本，则全部成本法的净利（　　　）变动成本法的净利。

    A. 大于　　　B. 小于　　　C. 等于　　　D. 不一定

11. 在变动成本法下，本期销售成本等于（　　　）。

    A. 单位生产成本×本期销售量　　B. 单位变动生产成本×本期销售量

    C. 期初存货成本+本期发生的生产成本　　D. 本期发生的产品成本

二、多项选择题

1. 下列费用项目中，属于固定成本的是（　　　）。

    A. 租赁费　　　B. 直接人工费　　　C. 动力费

    D. 新产品开发费　　　E. 广告费

2. 在相关范围内，（　　　）保持不变。

    A. 变动成本总额　　　B. 单位变动成本　　　C. 总成本

    D. 固定成本总额　　　E. 单位固定成本

3. 变动成本法下，产品的成本构成包括（　　　）。

    A. 直接材料　　　B. 直接人工　　　C. 变动制造费用

    D. 固定制造费用　　　E. 变动管理费用

4. 下列属于酌量性固定成本的是（　　　）。

    A. 开发研究费　　　B. 广告费　　　C. 固定资产折旧费　　　D. 职工培训费

5. 在变动成本法下，计入期间费用的项目有（   ）。

    A. 变动性推销费用   B. 变动性管理费用 C. 固定性推销费用

    D. 固定性管理费用   E. 固定性制造费用

6. 在相关范围内，固定成本的项目特点包括（   ）。

    A. 成本总额的不变性   B. 单位成本的不变性

    C. 成本总额的正比例变动性   D. 单位成本的反比例变动性

    E. 单位成本的正比例变动性

7. 下列项目不会导致完全成本法和变动成本法确定分期损益不同的有（   ）。

    A. 固定制造费用   B. 管理费用   C. 销售费用   D. 变动生产成本

三、判断题

1. 当生产量大于销售量时，全部成本法下计算的净收益小于变动成本法下计算的净收益。

                                            （   ）

2. 从几个连续的会计期间来观察，如果几年的总生产量等于总销售量，按全部成本法与按变动成本法计算出的净收益是相等的。   （   ）

3. 按照成本性态可将全部成本分为变动成本和固定成本两大类。   （   ）

4. 不论是固定成本总额还是单位固定成本均具有不变性。   （   ）

5. 酌量性固定成本是指通过管理当局的决策行为不能改变其数额的成本。   （   ）

6. 半变动成本有一个固定的起始量，当业务量增加时，成本总额随着业务量的变化而呈正比例变动。   （   ）

7. 采用高低点法时，区分高低点的指标应该是成本指标，而不是业务量指标。 （   ）

8. 采用高低点法进行混合成本分解时，选择的高点坐标必须是业务量和成本均最高的点。

                                            （   ）

四、简答题

1. 什么是成本性态？

2. 什么是固定成本？什么是变动成本？它们有何特性？

3. 什么是完全成本法？什么是变动成本法？两者有何不同？

4. 完全成本法和变动成本法对利润计算有何影响？

5. 变动成本法有哪些优缺点？

五、分析计算题

1. 某快餐店主营包子、煎饼和炒面 3 种食品，店面设在学院对面，铺面年租金为 15 000 元。设有厨师、服务员、收银员各一名，厨师每年工资为 28 000 元，服务员和收银员每年基本工资各为 16 000 元，服务员和收银员基本工作量为销售食品共计 10 万份，超出部分按每 100 份发 40 元奖金计算。该店某年度销售包子 30 000 份、煎饼 25 000 份、炒面 20 000；当年原材料费用为包子 36 300 元、煎饼 28 000 元、炒面 12 800 元。

    要求：计算该快餐店当年变动成本总额及固定成本总额。

2. 有一个养鸡场，鸡舍每年折旧费为 20 000 元，工人工资为每饲养 1 只鸡 2 元/年。当年养鸡 10 000 只，全年饲料成本共 80 000 元，每年照明用电费 5 000 元。

要求：计算全年固定成本总额、变动成本总额和每只鸡的变动成本。

3. 某民办学校校舍是租入的，每年租金为 200 000 元。管理人员年工资总额为 60 000 元，现有学生 500 人（师生比是 1∶16），聘任教师年工资为 500 000 元，年水电费为 50 000 元。

要求：确定该学校年固定成本总额、变动成本总额和每个学生的平均变动成本。

4. 已知某企业的甲产品 1～8 月的产量及总成本资料如下表所示。

月份 指标	1	2	3	4	5	6	7	8
产量（件）	18	20	19	16	22	25	28	21
总成本（元）	6 000	6 600	6 500	5 200	7 000	7 900	8 200	6 800

要求：（1）用高低点法分解维修成本。

（2）假如 9 月产量预计为 30 件，请预测其总成本。

5. 沿用上题资料用回归直线法进行成本性态分析。

要求：（1）完成下表的填列。

月份	产量 x	总成本 y	xy	x^2
1				
2				
3				
4				
5				
6				
7				
8				
$n=8$	$\sum x=$	$\sum y=$	$\sum xy=$	$\sum x^2=$

（2）计算 a、b 的值。

（3）列出成本性态模型。

6. 某企业 2017 年上半年有关资料如下表所示。

月份	产品产量（台）	制造费用总额（元）
1	400	106 000
2	450	115 000
3	410	110 000
4	500	123 000
5	600	138 000
6	550	130 000
合计	2 910	722 000

要求：（1）用高低点法对上半年的混合成本进行分解；列出制造费用总额的成本模型，并预计 7 月产量为 580 台的制造费用总额。

（2）用回归直线法对上半年的制造费用总额进行直接分解（单步骤），列出制造费用总额的成本模型，预计 7 月产品产量为 580 台的制造费用总额，并与（1）的结果进行比较。

7. 某企业 2016 年 6 月生产甲产品，产销量及成本资料如下。

生产量　　　　　　　500 件

销售量　　　　　　　400 件

生产成本：

直接人工　　　　35 000 元

直接材料　　　　30 000 元

制造费用　　　　15 000 元

其中：变动制造费用　10 000 元

固定制造费用　5 000 元

要求：（1）分别按全部成本法和变动成本法计算甲产品的总成本和单位成本。

（2）对上述计算结果进行分析说明。

8. 某公司 2016 年 1 月只生产乙产品，有关资料如下：期初存货量为 100 件（假定与本期生产产品的成本水平相同），本期生产量为 800 件，本销售量为 600 件，期末存货量为 300 件；单位产品变动生产成本为 30 元，固定制造费用为 4 800 元；单位产品变动成本为 0 元，固定期间成本为 3 000 元；该产品单价为 60 元。

要求：采用两种成本计算法分别计算总成本和单位成本。

9. 某公司生产 B 产品，第 1～3 年的销售量均为 10 000 件，而生产量分别为 10 000 件、12 000件和 8 000 件，销售单价为 12 元，单位产品变动生产成本为 5 元，每年固定制造费用总额为 30 000元，固定管理及销售费用总额为 10 000 元。

要求：分别按完全成本法和变动成本法计算营业利润。

10. 山青公司只生产一种产品，过去连续 3 年的成本、单价以及产销量资料如下。

业务量	2014 年	2015 年	2016 年
期初存货量（件）	0	0	1 000
本期生产量（件）	4 000	4 000	4 000
本期销售量（件）	4 000	3 000	5 000
期末存货量（件）	0	1 000	0
售价、成本资料		单位产品成本资料（元）	
每件售价（元）	15	全部成本法	变动成本法
生产成本：		变动生产成本　5 元/件	变动生产成本　5 元/件
单位变动成本（元）	5	固定生产成本　3 元/件	
固定成本总额（元）	12 000		
销售及管理费用：			
单位变动成本（元）	3	单位产品成本　8 元/件	单位产品成本　5 元/件
固定成本总额（元）	8 000		

假定：（1）每年产量指当年投产且全部完工产量（即无期初期末在产品）。

（2）每年销售量中不存在销售退回、折让和折扣问题。

（3）各期成本水平（单位变动成本和固定成本总额）、售价不变。

（4）存货计价采用先进先出法。

要求：根据资料，分别按两种成本法计算确定各期营业利润并填入下表，并分析产生差异的原因。

解：

山青公司损益表（完全成本法）　　　　　　　　　　　　单位：元

项目	第1年	第2年	第3年	合计
销售收入	60 000	45 000	75 000	180 000
销售成本：				
期初存货				
本期生产成本（按产量计）				
可供销售的产品成本				
减：期末存货				
销售成本总额				
销售毛利				
减：销售及管理费用				
营业利润				

山青公司损益表（变动成本法）　　　　　　　　　　　　单位：元

项目	第1年	第2年	第3年	合计
销售收入				
变动成本：				
变动生产成本（按销量计）				
变动销售及管理费用				
变动成本合计				
边际贡献				
减：固定成本				
固定生产成本				
固定销售及管理费用				
固定成本合计				
营业利润				

项目三
本量利分析

知识结构

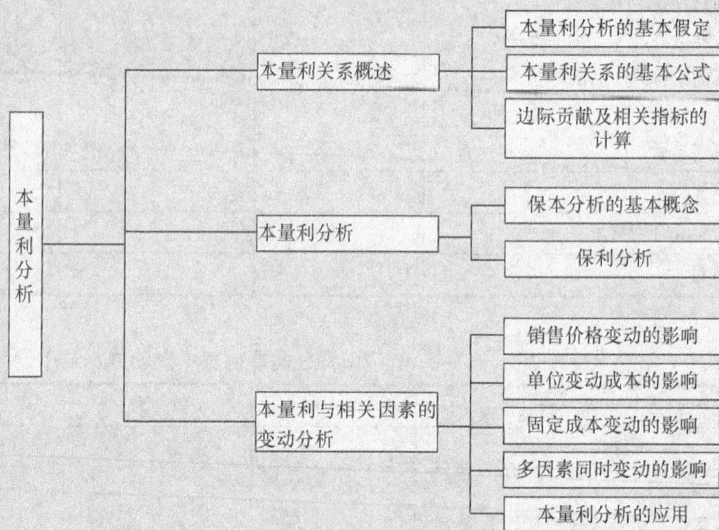

学习目标

知识目标：了解本量利分析的概念、基本假设；理解本量利分析关系的基本公式和边际贡献指标；理解各因素变动对本量利的影响。

能力目标：能够正确运用本量利关系的基本公式和边际贡献指标；能够正确进行各因素变动对本量利影响的分析；能够正确计算企业不同情况下的保本点和保利点。

案例引入

森耀科技公司只生产家用自动清扫机这一种产品。该公司是 2010 年成立的高新科技公司，成立以来，一直遵循科技和质量并抓的思路，销售量呈逐年稳定上升的良好势头。2016 年，市场竞争激烈，该公司决定生产智能更强大的扫地机器人，它所具有的特性使其优于市场上现有的其他产品。由于市场上已有其他扫地机器人，要想打开市场，价格将是极为重要的一个因素。

森耀公司设计的新型扫地机器人的单位成本为 258 元。公司不需要增加新机器但必须对现有设备进行调整，为此需要支出 30 000 元，固定制造费用 60 000 元，固定销售费用 78 000 元。新设计的扫地机器人定价为 818 元。

森耀科技公司需要销售多少新产品才能盈利？

分析：根据成本、业务量和利润 3 个指标的关系计算出保本销售量=（30 000+60 000+78 000）/（818-258）=300（件）。因此，森耀科技公司需要销售 300 件新产品才能实现盈利。

一、本量利关系概述

本量利关系是指成本、业务量和利润三者之间的相互依存关系。本量利分析就是对成本、业务量和利润三者之间的相互依存关系所进行的分析，也称为 CVP 分析（Cost-Volume-Profit Analysis）。本量利分析的目的在于通过分析短期内产品销售量、销售价格、固定成本、单位变动成本以及产品结构等因素的变化对利润的影响，为企业管理人员提供预测、决策等方面的信息。

1．本量利分析的基本假定

本量利分析理论建立在一定的假设基础之上，这些假设限定了本量利分析的应用范围，而且由于各种因素的影响，往往与实际情况不符。如果忽视了这一点，特别是当假设不能成立时，就会造成本量利分析不当，导致错误的预测和决策。本量利分析一般有以下几个方面的假设。

（1）成本性态分析假定。将成本性态划分为变动成本和固定成本是进行本量利分析热处理的前提。因此，在进行本量利分析时，一般都是假设企业的全部成本均已按其性态划分为变动成本和固定成本两大部分，而且其划分是客观、准确的。

（2）相关范围及线性关系假定。相关范围是指一定时期和一定产销量的变动范围。相关范围假定是假定在一定的时期和一定的产销量范围内，固定成本和变动成本保持其成本特性，前者固定不变，后者正比例变动；另外，假定单价水平不因产销量的变化而改变。

由于相关范围的作用，成本和收入可以分别表现为一条直线，收入模型为 $y=px$（y=单价×销售量）；成本模型为 $y=a+bx$（y=固定成本+单位变动成本×销售量）。

（3）品种结构稳定假设。假设是指在一个生产和销售多种产品的企业里，每种产品的销售收入占总销售收入的比重不会发生变化。有了这种假定，就可以使企业管理人员关注价格、成本和业务量对营业利润的影响。

（4）产销平衡假设。所谓产销平衡就是企业生产出来的产品总是可以销售出去，能够实现生产量等于销售量。在这一假设下，本量利分析中的量是指销售量而不是生产量，进一步讲，在销售价格不变时，这个量就是指销售收入。产量等于销量，可以实现产销平衡。

有了上述假设，就可以十分方便地使用简单的数学模型来揭示成本、业务量和利润的联系，并指导企业在实际工作中运用本量利分析方法。

2．本量利关系的基本公式

在管理会计中，把成本、业务量和利润三者之间的依存关系用方程式来表达，就是本量利关系基本公式，具体如下。

利润=销售收入-变动成本-固定成本

=销售价格×销售量-单位变动成本×销售量-固定成本

=（销售价格-单位变动成本）×销售量-固定成本

这里我们设销售价格为 p，销售量为 x，固定成本总额为 a，单位变动成本为 b，利润为 P，则这些变量之间可用下式表达。

$$P=px-bx-a$$
$$=(p-b)x-a$$

本量利分析就是围绕上述公式，对各因素之间变动导致的影响进行系统的分析，从而为预测和决策提供有用的信息。上述公式中的利润在我国通常是指营业利润，而在西方国家通常是指息税前利润，即未扣减所得税和利息之前的利润。

3. 边际贡献及相关指标的计算

在本量利分析中，边际贡献是一个十分重要的概念。边际贡献，也称"贡献毛益"或"创利额"，是指销售收入减去变动成本后的余额。

边际贡献的绝对数有两种表现形式。一种表现形式是单位概念，称为单位边际贡献（Contribution Margin，CM），它是指产品的销售价格减去单位变动成本后的余额。单位边际贡献反映的是每一个单位产品的创利能力，也就是每增加一个单位产品销售可提供的创利额，用公式表示如下。

$$单位边际贡献（CM）=销售价格-单位变动成本$$
$$=p-b$$

边际贡献的另一种表现形式是总额概念，称为边际贡献总额（Total contribution margin，TCM），一般简称为边际贡献，它是指产品的销售收入总额减去变动成本总额后的余额，用公式表示如下。

$$边际贡献（TCM）=销售收入-变动成本$$
$$=单位边际贡献×销售量$$
$$=px-bx=(p-b)x=CM×x$$

根据前述本量利关系基本公式，边际贡献、固定成本及营业利润三者之间的关系可用下式表达。

$$营业利润（P）=边际贡献-固定成本$$
$$=TCM-a$$

从上述公式可以看出，边际贡献是企业获得营业利润的源泉，企业销售产品如果不能提供边际贡献，就不可能获得营业利润。但是，销售产品所提供的边际贡献并非营业利润，它首先要用来弥补固定成本。边际贡献弥补固定成本之后剩余的边际贡献才是企业的营业利润。如果边际贡献不够补偿固定成本，则会出现亏损。因而，边际贡献中的贡献可以理解为是"为补偿固定成本以及获得营业利润而做出的贡献"。

边际贡献也常用相对数，即边际贡献率来表现。边际贡献率是指边际贡献总额占销售收入总额的百分比，或单位边际贡献占销售价格的百分比。它反映每百元销售额中能提供的边际贡献额，用公式表示如下。

$$边际贡献率 = \frac{边际贡献（TCM）}{销售收入（px）} \times 100\%$$

$$= \frac{单位边际贡献（CM）}{销售价格（p）} \times 100\%$$

此外，还有一个常用的与边际贡献率密切相关的指标是变动成本率。变动成本率是指变动成本总额占销售收入总额的百分比，或单位变动成本占销售价格的百分比。它反映每百元销售额中变动成本所占的金额，用公式表示如下。

$$变动成本率 = \frac{变动成本（bx）}{销售收入（px）} \times 100\%$$

$$= \frac{单位变动成本（b）}{销售价格（p）} \times 100\%$$

由于边际贡献加上变动成本等于销售收入，因而边际贡献率加上变动成本率等于 100%，它们之间的关系表达如下。

$$边际贡献率 + 变动成本率 = 1$$

$$边际贡献率 = 1 - 变动成本率$$

由此可见，边际贡献率与变动成本率属于互补性质。产品的变动成本率低，则其边际贡献率就高，创利能力就大；反之，产品的变动成本率高，则其边际贡献率就低，创利能力就小。

以上指标十分重要，在管理会计中应用得非常广泛，因而必须熟练掌握、灵活运用。

例 3-1

假定某公司只生产和销售一种产品。已知该产品的单位变动成本为 21 元，销售价格为 35 元，每个月的固定成本为 10 000 元，本月出售了 1 500 件该产品。

要求：计算该产品的各边际贡献指标、变动成本率和本月营业利润。

解：根据资料计算如下。

单位边际贡献=35-21=14（元）

边际贡献=14×1 500=21 000（元）

边际贡献率=14÷35×100%=40%

变动成本率=21÷35×100%=60%

本月营业利润=21 000-10 000=11 000（元）

二、本量利分析

1.保本分析的基本概念

保本是指企业在一定期间内的销售收入等于总成本，既不盈利也不亏损，利润为零的状态，也即盈亏平衡状态。保本分析（即盈亏平衡分析）就是研究当企业恰好处于盈亏平衡状态时的本量利关系的一种定量分析方法，亦称损益两平分析等。

保本分析的关键是确定保本点，它是最基本的本量利分析，保本点又称盈亏平衡点、损益两平点、够本点等。保本是获得利润的基础，任何企业为了预测利润、确定目标利润，首先要预测保本点。企业销售量或销售额超过这一点，即可获得一定的利润；反之，则会发生亏损。

（1）确定保本点

保本点是指使企业达到盈亏平衡状态的业务量，即在该业务水平上企业的销售收入等于总成本。寻找保本点是企业计划、决策中的第一步，管理人员通常注重的是盈亏平衡点对销售、成本和营业利润会产生什么样的影响。

保本点通常有两种表现形式：一种是用实物量表现，称为保本点销售量（盈亏平衡点销售量）；另一种是用货币金额表现，称为保本点销售额（盈亏平衡点销售额）。确定保本点主要有基本等式法、边际贡献法以及本图示法等方法。

① 基本等式法。基本等式法是指在本量利关系基本公式的基础上，计算出盈亏平衡点销售量和盈亏平衡点销售额的一种方法。

根据本量利关系基本公式 $P=(p-b)x-a$，在盈亏平衡状态 $P-0$、利润为零时，意味着企业到了保本点，其公式推导如下。

$$x = \frac{a}{p-b}$$

销售收入-销售成本=0

单价×销售量-单位变动成本×销售量-固定成本=0 或 $(p-b)x-a=0$

（单价-单位变动成本）×销售量=固定成本

即

$$保本销售量 = \frac{固定成本}{单价-单位变动成本}$$

保本点销售额=保本点销售量×销售单价

例 3-2

假定大伟公司只生产和销售一种产品——密封保鲜盒。已知该产品的单位变动成本为 12 元，销售价格为 20 元，每个月的固定成本为 40 800 元。

要求：计算该公司的盈亏平衡点。

解：根据资料，该公司的盈亏平衡点计算如下。

保本点销售量=40 800÷（20-12）=5 100（个）

保本点销售额=20×5 100 = 102 000（元）

学中做　　某公司 2015 年经营 A 产品，预计单价为 28 元，单位变动成本为 20 元，固定成本总额为 320 000 元。

要求：计算 A 产品的保本点和保本销售额。

② 边际贡献法。边际贡献法是指利用边际贡献与业务量、利润之间的关系直接计算盈亏平衡点的一种方法。当产品提供的边际贡献总额正好等于固定成本总额时，就处于不盈不亏状态，达到盈亏平衡点，用公式表示如下。

$$边际贡献（TCM）=固定成本（a）$$

即

$$CM \times x = a$$

$$x = \frac{a}{CM}$$

即

$$保本点销售额 = \frac{固定成本}{边际贡献率} = \frac{固定成本}{1-变动成本率}$$

$$保本点销售量 = \frac{固定成本}{单位边际贡献}$$

例 3-3

沿用例 3-2 的资料。

要求： 根据资料，计算该公司的盈亏平衡点。

解： 单位边际贡献=20-12=8（元）

边际贡献率=8÷20×100%=40%

保本点销售量=40 800÷8=5 100（个）

保本点销售额=40 800÷40%=102 000（元）

从以上计算可以看出，大伟公司每销售一个保鲜盒可取得 20 元的收入并发生 12 元的变动成本，从而产生 8 元的边际贡献，而公司每月的固定成本 40 800 元不受销售的影响。公司每月销售 5 100 个保鲜盒，或销售收入达到 102 000 元时，边际贡献总额为 40 800 元，正好弥补固定成本，达到保本点；如销售量超过 5 100 个，每增加一个产品的销售，利润将增加 8 元；如销售量低于 5 100 个，每减少一个产品的销售，利润将减少（或亏损增加）8 元。

学中做

某企业生产甲产品，单价为 150 元，单位变动成本为 90 元，固定成本总额为 300 000 元。

要求： 采用边际贡献法计算甲产品保本点的销售量和销售额。

③ 图示法。图示法是通过绘制直角坐标图来计算保本点的销售量和保本点的销售额的一种方法。在保本图上，以横轴表示业务量，以纵轴表示销售收入和销售成本。由于采用的资料和分析目的不同，保本图有多种形式。传统式保本图如图 3-1 所示。

图 3-1 中，总收入线与总成本线的交点即为保本点。从该点向下、向左分别画垂直线相交于横轴和纵轴，就可以确定保本销售量（x_0）和保本销售额（y_0）。

在保本图上，保本点下方总收入线与总成本线相夹的区域为亏损区，该区域中的任何一点所对应的销售量和销售额都达不到保本的要求；在保本点上方总收入线与总成本线相夹的区域为利润区，该区域中的任何一点所对应的销售量和销售额都超过了保本点。从总收入线上任何一点向横轴画垂直线，和利润区被总收入线和总成本线所截的那一段，即为该点销售量的利润数额；反之，在亏损区被两条线所截的那一段，即为该点销售量的亏损数额。

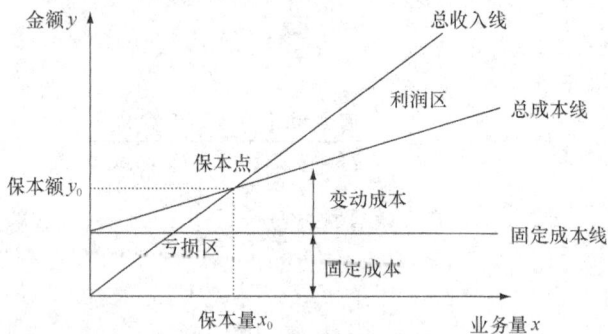

图 3-1　传统式保本图

图 3-1 还可以帮助我们认识成本、业务量和利润三者之间的规律性联系。

- 在保本点不变的情况下，销售量越大，能实现的利润就越多或亏损就越少；销售量越小，能实现的利润就越少或亏损就越多。

- 在销售量不变的情况下，保本点的高低取决于固定成本和单位变动成本的水平。固定成本越多，或单位变动成本越多，保本点就越高；反之，保本点就越低。

图示法的优点是形象、直观，可以深刻地揭示保本点的含义，并能清楚地看到有关因素变动对保本点和利润的影响，有助于提高经营管理工作的预见性和主动性。但是，保本图要依靠目测绘制和读数，难以做到十分准确，往往与公式法配合使用。

> **学中做**　某食品厂只生产和销售 M 食品，每箱单价为 100 元，单位变动成本为 60 元，固定成本总额为 38 000 元。
>
> **要求**：采用标准本量利图示法确定该企业的保本点以及盈利区。

（2）与保本点相关的几个指标

① 保本作业率。保本作业率也称盈亏临界点作业率。保本点的作业率，是指保本点的销售量（额）占企业正常开工销售量（额）的比率。计算公式如下。

$$保本作业率 = \frac{保本销售量（额）}{正常销售量（额）} \times 100\%$$

该指标说明企业要实现盈利所必须达到的最低作业水平，也反映了企业盈利能力的强弱。

如果保本作业率高，说明企业产品的盈利能力较低，企业必须利用大部分的生产能力来弥补固定成本，为确保成本所需要销售的产品数量就越多，盈利区面积越小，企业从正常销售量中获得的利润水平就越低。

如果保本作业率较低，则说明企业产品的盈利能力较强，只需利用较少一部分的生产能力来弥补固定成本，而在保本之上的生产能力的利用便可为企业带来较大的利润。

例 3-4

沿用例 3-2 的资料，假定大伟公司每月生产和销售 9 000 个保鲜盒，其保本作业率的计算如下。

保本作业率=5 100÷9 000=56.67%

② 安全边际。安全边际是指保本点以上的销售量，也就是企业实际或预算销售量超过保本销售量的差额。这个差额表明从现有销售量或预计销售量到盈亏平衡点有多大的差距。

安全边际通常用绝对数和相对数两种形式来表现，其绝对数既可用销售量来表示，也可用销售额来表示，其计算公式如下。

安全边际量（额）=实际或预算销售量-保本点销售量（额）

安全边际可以反映企业经营的安全程度。根据前面的分析可知，企业的销售量超过盈亏平衡点越多，安全边际就越大，说明企业发生亏损的可能性就越小，企业的经营也就越安全；反之，企业的安全性就越差。

衡量企业经营安全程度的相对数指标是安全边际率，其计算公式如下。

$$安全边际率 = \frac{安全边际量（额）}{预算（或实际）销售量（额）} \times 100\%$$

安全边际率代表了企业在亏损发生之前，销售量可以下降的最大幅度。安全边际率越高，企业发生亏损的可能性就越小，企业经营的安全程度就越高。

例 3-5

沿用例 3-2 的资料，假定大伟公司下个月预算销售量为 9 000 个保鲜盒。

要求： 计算该公司的安全边际指标，并评价该公司下个月的经营安全程度。

解： 安全边际量=9 000-5 100=3 900（个）

或　安全边际额=20×9 000-20×5 100 = 78 000（元）

安全边际率=39 00÷9 000×100% = 43.33%

或　安全边际率=78 000÷180 000×100% = 43.33%

上述计算表明，该公司的安全边际率为 43.33%，因而下个月的经营是很安全的。

只有当企业的安全边际量（额）与安全边际率都是正指标时，才说明企业有利润，而且这两项指标越大越好。一般用安全边际率来评价企业经营的安全程度，企业经常使用的经营安全程度的评价标准如表 3-1 所示。

表 3-1　　　　　　　　　　　企业经营安全性检验标准

安全边际率	10%以下	10%～20%	20%～30%	30%～40%	40%以上
安全程度	危险	不安全	较安全	安全	很安全

某公司经营 B 产品，单价为 700 元，单位变动成本为 300 元，固定成本为 300 000 元。本期实现销售量为 2 000 件。

要求： 计算该公司的安全边际量和安全边际率。

由于安全边际量加上保本点销售量等于企业正常销售量，因而安全边际率加上保本作业率等于 100%，它们之间的关系如下。

$$安全边际率+保本作业率=1$$
$$安全边际率=1-保本作业率$$

只有当企业生产和销售量超过保本点销售量时，超出部分所提供的边际贡献才能形成企业的营业利润。也就是说，企业当期利润是由安全边际量的产品提供的。所以，企业利润的计算公式也可以表述为如下形式。

$$利润=安全边际量×单位边际贡献$$

销售利润率也是企业经常用于进行目标利润预测的指标。销售利润率是指销售利润与销售收入的比例。其计算公式如下。

$$销售利润率=\frac{销售收入-变动成本-固定成本}{销售收入}$$
$$=\frac{利润总额}{销售收入}$$
$$=安全边际率×边际贡献率$$

例 3-6

沿用例 3-5 的资料。

要求： 计算大伟公司实际销售数量为 9 000 个保鲜盒时的利润水平和销售利润率。

解： 安全边际量=9 000-5 100=3 900（个）

安全边际率=3 900÷9 000×100%=43.33%

边际贡献率=8÷20×100%=40%

利润额=3 900×8=31 200（元）

销售利润率=43.33%×40%=17.33%

某公司经营 B 产品，单价为 700 元，单位变动成本为 300 元，固定成本为 300 000 元。本期实现销售量为 2 000 件。

要求： 计算该公司的保本作业率和销售利润率。

（3）多种产品的保本分析

在前面的内容里，我们是以企业只生产并销售单一品种为基础进行本量利分析的。在实际经济生活中，绝大多数企业都不止生产一种产品，而是同时生产和销售多种产品，并且不同的产品有着不同的售价、变动成本和边际贡献。这就需要进一步探讨多品种条件下的本量利分析方法和模型。

在多品种条件下，本量利分析的方法有多种形式，在本项目中只重点介绍加权平均法、主要品种法和分算法的应用。

① 加权平均法。企业在生产多种产品的条件下，由于各种产品在性能上可能存在着较大的差异，因而从会计的角度而言，各种产品在实物数量上的简单相加并无多大意义。因此，在计算多品种产品盈亏平衡点时，就不适宜采用实物量单位进行分析，而只能用金额来反映，该金额称为综合保本点销售额。

加权平均法是指在确定企业加权平均边际贡献的基础上计算综合保本点销售额的一种方法。由于不同产品的盈利能力不同，其边际贡献率也各不相同，因此，计算综合保本点销售额所用的边际贡献率应为各种产品的加权平均数。具体步骤如下。

第 1 步：计算各种产品的销售比重。

$$某种产品的销售比重 = \frac{该产品的销售额}{销售总额}$$

第 2 步：计算各种产品的边际贡献率。

第 3 步：计算各种产品的加权平均边际贡献率。加权平均边际贡献率是各种产品的边际贡献总额与各种产品的销售收入总额的比率。在实际工作中，可以通过对每种产品的边际贡献率分别以其销售比例为权数计算加权平均边际贡献率。计算公式如下。

$$加权平均边际贡献率 = \frac{各种产品的边际贡献合计}{各种产品的销售收入合计}$$
$$= \Sigma（各种产品的边际贡献率 \times 各种产品的销售比例）$$

第 4 步：计算企业总体的综合保本额。

$$综合保本额 = \frac{固定成本总额}{加权平均边际贡献率}$$

第 5 步：计算各种产品的保本点销售额。

例 3-7

某企业生产 A、B、C 3 种产品，固定成本为 30 000 元，有关资料如表 3-2 所示。

要求：用加权平均法计算综合边际贡献率，并求出全厂综合保本额及各种产品的保本点。

表 3-2　　　　　　　　　　　产品生产资料

项目	计划销售量	销售单价（元）	单位变动成本（元）
A 产品	5 000 件	20	17
B 产品	1 250 张	40	32
C 产品	500 米	100	50

解：（1）根据产品的销售量分别计算销售额，再计算A、B、C产品的销售比重。

A产品的销售额=5 000×20=100 000（元）

B产品的销售额=1 250×40=50 000（元）

C产品的销售额=500×100=50 000（元）

全部产品的销售总额=200 000（元）

A产品的销售比重=（100 000÷200 000）×100%=50%

B产品的销售比重=（50 000÷200 000）×100%=25%

C产品的销售比重=（50 000÷200 000）×100%=25%

（2）计算A、B、C产品的贡献边际率。

A产品的边际贡献率=（20-17）/20×100%=15%

B产品的边际贡献率=（40-32）/40×100%=20%

C产品的边际贡献率=（100-50）/100×100%=50%

（3）计算加权平均综合边际贡献率。

加权平均边际贡献率=15%×50% + 20%×25% + 50%×25%=25%

（4）计算企业综合保本销售额。

综合保本销售额=30 000÷25%=120 000（元）

（5）计算A、B、C产品的保本销售量和保本销售额。

A产品的保本销售额=120 000×50%=60 000（元）

B产品的保本销售额=120 000×25%=30 000（元）

C产品的保本销售额=120 000×25%=30 000（元）

A产品的保本销售量=60 000÷20=3 000（件）

B产品的保本销售量=30 000÷40=750（张）

C产品的保本销售量=30 000÷100=300（米）

学中做　某公司经营甲、乙、丙3种产品，有关资料如表3-3所示。

表3-3　　　　　　　甲、乙、丙产品资料

项目	甲产品	乙产品	丙产品
预计销售量（件）	5 000	3 000	2 000
单价（元）	10	20	15
单位变动成本（元）	7	15	12
固定成本（元）	20 568		

要求： 采用加权平均边际贡献率法计算这3种产品的保本销售额。

边际贡献保本率法

我们已经知道，企业销售收入减去变动成本后的余额称为边际贡献。企业的边际贡献总额正好等于固定成本总额就是保本；若补偿固定成本后还有余额，则改余额为企业利润。边际贡献率也是如此，其中一部分是用来补偿固定成本的，这部分称为"边际贡献保本率"；另一部分是补偿固定成本后用来创造利润的，可称为"边际贡献创利率"。其计算公式如下。

$$边际贡献保本率=\frac{固定成本总额}{贡献毛益总额}$$

$$边际贡献创利率=1-边际贡献保本率$$

在实际工作中，可以利用边际贡献保本率来计算多种产品的保本销售额。

$$综合保本销售额=\sum 各种产品的销售收入\times 边际贡献保本率$$

$$某种产品的保本销售额=某种产品的销售收入\times 边际贡献保本率$$

如果要计算计划期内各种产品按预计销售量出售将实现多少利润，则可用边际贡献创利率。其计算公式如下。

$$预计全部产品销售将实现的利润总额=全部产品边际贡献总额\times 边际贡献创利率$$

② 主要品种法。如果企业生产经营的多种产品中有一种是主要产品，它提供的贡献边际额占企业的贡献边际总额比重很大，且又代表企业的产品专业方向，为简化计算，可将该类企业视同生产单一产品的企业，按一种产品的保本计算方法确定保本点。

③ 分算法。分算法是指在相关范围内，将全部固定成本按一定标准在各种产品之间进行分配，分别确定各产品应承担的固定成本，然后再对每一种产品分别计算保本点的方法。

这种方法的关键是如何正确分配企业发生的全部固定成本。专属固定成本属于某种产品所特有，直接计入该种产品的固定成本总额中；共同固定成本属于几种产品或全部产品所共有，可以选择销售额、边际贡献、重量、边际贡献率等指标作为分配标准。由于固定成本需要由边际贡献来补偿，所以按照各种产品之间的边际贡献分配固定成本更为合理。

例 3-8

根据例 3-7 所提供的资料。

要求：采用分算法进行保本分析。

解：（1）计算各产品应承担的固定成本。

边际贡献总额=5 000×（20-17）+1 250×（40-32）+500×（100-50）=50 000（元）

固定成本分配率=30 000÷50 000=0.6

A产品应承担的固定成本=5 000×（20-17）×0.6=9 000（元）

B产品应承担的固定成本=1 250×（40-32）×0.6=6 000（元）

C产品应承担的固定成本=500×（100-50）×0.6=15 000（元）

（2）计算各产品的保本点。

A 产品的保本销售量=9 000÷（20-17）=3 000（件）

B 产品的保本销售量=6 000÷（40-32）=750（张）

C 产品的保本销售量=15 000÷（100-50）=300（米）

A 产品的保本销售额=3 000×20=60 000（元）

B 产品的保本销售额=7 500×40=30 000（元）

C 产品的保本销售额=300×100=30 000（元）

学中做

引用上个课堂练习的内容。

要求： 采用分算法来计算各产品的保本销售量和保本销售额。

2．保利分析

保利分析是指在假定售价、单位变动成本和固定成本均已知的情况下，为确定保证目标利润实现而应达到的销售量或销售额而采用的一种分析方法，它是本量利分析的重要内容。在进行保利分析之前，首先要确定企业计划期应达到的目标利润，然后再根据保利分析的基本方法测算实现目标利润的销售量。

（1）目标利润的确定。所谓目标利润是指企业在未来计划期内，经过努力应该达到的最优化利润目标。它是由企业管理层根据本单位在计划期间的实际生产能力、生产技术条件、材料供应状况、运输条件，以及市场环境等因素确定的最优化的战略目标，是未来企业可能实现的最佳利润水平。目标利润必须经过反复测算、验证、调整后才能最终确定。目标利润不应当是现有销售量、价格和成本的消极后果，相反，它应当对销售量、价格和成本等因素的未来发展起着某些约束作用。

目标利润的预测一般是在调查研究的基础上，通过了解和掌握企业历史上利润率的最高水平以及当前同行业或社会平均利润率水平，从中选择先进、合理的利润率作为预测基础。通常，用于预测目标利润的利润率指标主要是投资报酬率。在实际应用中，投资报酬率的标准不宜定得过高或偏低，否则会挫伤企业各方面的积极性或主动性。

将选定的投资报酬率标准与企业预期的平均资产占用额相乘，便可测算出目标利润，其计算公式如下。

目标利润=投资报酬率×预计资产平均占用额

例 3-9

森耀公司只生产和销售一种产品，该产品的单位变动成本资料如下。

直接材料　　60元

直接人工　　50元

变动制造费用　10元

2016 年,该产品的销售价格为 200 元,全年固定成本为 550 000 元,当年共销售 10 000 件,实现利润 250 000 元。该公司选择同行业先进的投资报酬率作为预测 2017 年目标利润的标准。已知同行业先进的投资报酬率为 20%,预计公司 2017 年的资产平均占用额为 1 500 000 元。

要求: 计算该公司 2017 年的目标利润。

解: 根据上述资料计算如下。

目标利润=1 500 000×20%=300 000(元)

(2)实现目标利润的销售量的确定。实现目标利润的销售量(额),是指在价格和成本水平既定的条件下,为保证事先确定的目标利润能够实现而应当达到的销售量和销售额。为了保证目标利润的实现,目标利润应与固定成本一样,均需要由边际贡献总额来补偿。因此,实现目标利润的销售量(即保利点的销售量)的计算公式和保本点的计算公式基本相似,只需在分子上加上目标利润即可,其计算公式如下。

$$实现目标利润的销售量=\frac{固定成本+目标利润}{单位边际贡献}$$

$$实现目标利润的销售额=\frac{固定成本+目标利润}{边际贡献率}$$

例 3-10

沿用例 3-9 的资料,假定森耀公司 2017 年产品的销售价格、单位变动成本和固定成本水平与 2016 年一样,2017 年的目标利润确定为 300 000 元。

要求:(1)计算该公司 2017 年的保本点。

(2)计算实现 2017 年目标利润的销售量和销售额。

解: 产品单位变动成本=60+50+10=120(元)

单位边际贡献=200-120=80(元)

边际贡献率=80÷200×100%=40%

保本点销售量=550 000÷80=6 875(件)

保本点销售额=550 000÷40%=1 375 000(元)

实现目标利润的销售量=(550 000+300 000)÷80=10 625(件)

实现目标利润的销售额=(550 000+300 000)÷40%=2 125 000(元)

学中做 金沙有限责任公司只生产和销售一种产品,该产品的单位变动成本为 130 元,2016 年该产品的销售单价为 200 元,全年固定成本总额为 400 000 元。当年实际销售量为 8 000 台,已知同行业先进的投资报酬率为 20%,预计 2017 年资产的平均占用额为 1 500 000 元。

要求: 计算 2017 年的实现目标利润(保利点)的销售量和销售额。

（3）因素变动对实现目标利润销售量的影响。在前面的分析中，我们假定销售价格、单位变动成本和固定成本总额水平保持不变。但在现实工作中，这些因素是会发生变动的。因此，在保利分析中，还可以进一步分析预期产品销售价格、单位变动成本或固定成本等发生变动对实现目标利润销售量的影响。

例 3-11

沿用例 3-9 的资料，假定森耀公司将 2017 年的目标利润定为 300 000 元，并打算在 2017 年将产品的销售价格降到 188 元来做促销，预计产品销售量将会上升。

要求：计算降价后为实现目标利润的销售量和销售额。

解：单位边际贡献=188-120=68（元）

实现目标利润的销售量=（550 000+300 000）÷68=12 500（件）

实现目标利润的销售额=12 500×188=2 350 000（元）

由此可见，如果将产品降价促销，则至少销售 12 500 件产品或销售收入达到 2 350 000 元才能实现目标利润。

（4）实现目标利润的其他因素的确定。在预计销售量一定的情况下，可利用保利分析方法分析、计算为保证实现目标利润的售价、单位变动成本或固定成本。在这种情况下，保利分析的公式如下。

$$实现目标利润的销售价格 = 销售成本 + \frac{固定成本 + 目标利润}{销售量}$$

$$实现目标利润的单位变动成本 = 销售价格 - \frac{固定成本 + 目标利润}{销售量}$$

$$实现目标利润的固定成本 = (销售价格 - 单位变动成本) \times 销售量 - 目标利润$$

例 3-12

沿用例 3-9 的资料，假定森耀公司将 2017 年的目标利润定为 300 000 元，并打算在 2017 年提高产品的销售价格，而成本水平保持不变。经过市场调研，预计产品提价后最多只能销售 10 000 件。

要求：计算为实现目标利润，销售价格应该提高到多少。

解：实现目标利润的销售单价=120+（550 000+300 000）÷10 000=205（元）

由此可见，将产品的售价由 200 元提高到 205 元后，如果按预计的销售量能将产品销售出去，就可保证目标利润的实现。

学中做   沿用例 3-9 的资料，假定森耀公司将 2017 年的目标利润依然定为 300 000 元，并打算在 2017 年降低单位产品的变动成本，而固定成本和销售单价保持不变。预计 2017 年最多只能销售 10 000 件产品。

要求：请分析该产品的单位变动成本降到多少才能实现目标利润。

所得税的影响

我们前面讲的目标利润都是营业利润，即税前利润。如果考虑税后的目标利润，当所得税税率不同时，也会对保利点产生一定的影响。所得税税率提高，相同税后目标利润对应的税前利润就多，为实现目标利润所要求达到的销售量就高；反之，如果所得税税率降低，相同税后目标利润对应的税前利润就少，为实现目标利润所要求达到的销售量就低。

我们在计算保利点销售量（额）时，需要将税后利润换算成税前利润。

三、本量利与相关因素的变动分析

随着经济的不断发展，企业之间的竞争也不断加剧，许多公司的管理层高度重视盈亏平衡点。在很多行业，激烈的竞争导致企业提高销售的前景并不乐观，有些企业的销售甚至出现下降趋势。在这种情况下，只有采取措施降低盈亏平衡点才能确保利润的实现。由此，就需要了解相关因素变动对盈亏平衡点和利润的影响，从而帮助企业的决策者寻找降低盈亏平衡点、提高企业利润的途径和措施。

从保本点（盈亏平衡点）的计算公式可以看出，产品的售价、单位变动成本、固定成本等因素的变动都会对盈亏平衡点产生影响。

1．销售价格变动的影响

产品销售价格的变动是影响盈亏平衡点的重要因素。销售价格的变动会引起单位边际贡献和边际贡献率的同方向变动，从而会改变盈亏平衡点。如果其他因素不变，提高产品销售价格，则会增大单位边际贡献和边际贡献率，导致盈亏平衡点降低，在一定销售量下实现的利润将会增加，或亏损将会减少；降低产品的销售价格，则会减少单位边际贡献和边际贡献率，导致盈亏平衡点上升，在一定销售量下实现的利润将会减少，或亏损将会增加。

例 3-13

沿用例 3-2 的资料，假定大伟公司当前保鲜盒的盈亏平衡点销售量为 5 100 个，或销售额为 102 000 元。预计下个月可销售 9 000 个保鲜盒，预计营业利润为 31 200 元。现大伟公司打算下个月将保鲜盒售价从原来的 20 元提高到 20.85 元，其他因素保持不变。

要求：计算提价后的盈亏平衡点和营业利润。

解：盈亏平衡点销售量=40 800÷（20.85-12）= 4 611（个）

盈亏平衡点销售额=20.85×4 611 = 96 122（元）

营业利润=（20.85-12）×9 000-40 800 = 38 850（元）

可见，当产品售价从 20 元提高到 20.85 元时，保本点销售量将由 5 100 个下降到 4 611 个，或销售额由 102 000 元下降到 96 122 元，若其他因素保持不变，则下个月的营业利润将会增加到 38 850 元。

2．单位变动成本的影响

单位变动成本的变动会引起单位边际贡献和边际贡献率向相反的方向变动，从而改变盈亏平衡点。如果其他因素不变，提高单位变动成本，则会减少单位边际贡献和边际贡献率，导致盈亏平衡点上升，一定销售量下实现的利润将会减少；降低单位变动成本，则会增大单位边际贡献和边际贡献率，导致盈亏平衡点下降，一定销售量下实现的利润将会增加。

例 3-14

沿用例 3-2 的资料，假定大伟公司当前保鲜盒的盈亏平衡点销售量为 5 100 个，或销售额为 102 000 元。预计下个月可销售 9 000 个保鲜盒，预计营业利润为 31 200 元。现大伟公司打算下个月采取措施降低原材料的采购成本，使产品的单位变动成本从原来的 12 元降到 11.5 元，其他因素保持不变。

要求： 计算单位变动成本降低后的盈亏平衡点和营业利润。

解： 盈亏平衡点的销售量=40 800÷（20-11.5）= 4 800（个）

盈亏平衡点的销售额=20× 4 800 = 96 000（元）

营业利润=（20-11.5）× 9 000-40 800 = 35 700（元）

可见，当产品单位变动成本从 12 元下降到 11.5 元时，盈亏平衡点的销售量将由 5 100 个下降到时 4 800 个，或销售额由 102 000 元下降到 96 000 元，若其他因素保持不变，则下个月的营业利润将会增加到 35 700 元。所以，企业应该通过采取降低产品单位变动成本的方式，使保本点下降，从而提高企业利润。

3．固定成本变动的影响

固定成本的大小与企业经营规模直接相关。企业的经营规模越大，固定成本就越大，盈亏平衡点也就越高。如果其他因素不变，固定成本总额提高，导致盈亏平衡点上升，一定销售量下实现的利润将会减少；固定成本总额下降，导致盈亏平衡点下降，一定销售量下实现的利润将会增加。

例 3-15

沿用例 3-2 的资料，假定大伟公司当前保鲜盒的盈亏平衡点销售量为 5 100 个，或销售额为 102 000 元。预计下个月可销售 9 000 个保鲜盒，预计营业利润为 31 200 元。现大伟公司打算下个月结束部分闲置营业场地的租赁协议，每月减少场地租金支出 5 800 元，使固定成本从原来的每月 40 800 元下降到 35 000 元，其他因素保持不变。

要求： 计算固定成本降低后的盈亏平衡点和营业利润。

解： 盈亏平衡点的销售量=35 000÷（20-12）= 4 375（个）

盈亏平衡点的销售额=20×4 375 = 87 500（元）

营业利润=（20-12）×9 000-35 000 = 37 000（元）

可以看出，当固定成本从 40 800 元下降到 35 000 元时，保本点销售量将由 5 800 个下降到 4 375 个，或销售额由 102 000 元下降到 87 500 元，若其他因素保持不变，则下个月的营业利润将会增加到 37 000 元。所以，企业应该通过采取处置不用的固定资产等措施，来减少财产税、折旧费、保险费、管理人员薪金等固定成本，从而使保本点下降，促使企业提高利润。

4．多因素同时变动的影响

上述分析都是以假定某一因素变动时其他因素不变为前提条件的，但在实际工作中，企业可能会通过采取多种措施，同时改变多个因素来调整盈亏平衡点，达到增加利润的目的。

例 3–16

沿用例 3-2 的资料，假定大伟公司当前保鲜盒的盈亏平衡点销售量为 5 100 个，或销售额为 102 000 元。预计下个月可销售 9 000 个保鲜盒，预计营业利润为 31 200 元。现大伟公司打算下个月将产品的售价从 20 元提高到 21 元，但预计销售量同时会减少到 8 000 个，为此，公司打算每个月额外增加固定支出 3 000 元用于改进机器设备和加强对工人的技术培训，预计单位变动成本将会降到 11 元。

要求：计算上述因素变动后的盈亏平衡点和营业利润。

解：盈亏平衡点的销售量=43 800÷（21-11）= 4 380（个）

盈亏平衡点的销售额=21×4 380 = 91 980（元）

营业利润=（21-11）×8 000-43 800=36 200（元）

由此可见，当产品售价从 20 元提高到 21 元、固定成本从 40 800 元上升到 43 800 元、单位变动成本从 12 元下降到 11 元时，保本点销售量将由 5 100 个下降到 4 380 个，或销售额将由 102 000 元下降到 91 980 元。下个月的销售量达到 8 000 个时，营业利润将会增加到 36 200 元。

学中做

假设某企业的有关成本资料如下。

销售单价　　　　36 元

单位变动成本　　20 元

固定成本总额　　1 200 000 元

要求：（1）计算保本点的销售量。

（2）计算该企业目标利润为 95 000 元时应达到的销售量。

（3）假设单位变动成本上升 5%，求保本点销售量。

5．本量利分析的应用

本量利分析方法可用于企业生产经营决策。在运用本量利方法进行决策时，所评价的各备选方案通常不涉及收入，只涉及成本。因此，可依据成本与业务量之间的关系来进行备选方案的择优，即通过比较不同业务量下各备选方案的总成本，来选择总成本最小的方案为最满意方案。在生产经营决策中，应用本量利分析的关键在于确定成本无差别点。所谓成本无差别点是指使两个备选方案总成本相等时的业务量。

计算成本无差别点时，需要考虑每个方案的单位变动成本和固定成本，而且方案之间的单位变动成本和固定成本水平应处于此种状况：如果一个方案的固定成本大于另一个方案的固定成本，则该方案的单位变动成本应小于另一个方案的单位变动成本，否则就无法应用此法。

设第一个方案的固定成本为 a_1，单位变动成本为 b_1；第二个方案的固定成本为 a_2，单位变动成本为 b_2，且满足 $a_1 > a_2$，$b_1 < b_2$，令两个方案的总成本相等。

$$a_1+b_1x=a_2+b_2x$$

$$成本无差别点业务量 = \frac{两方案固定成本之差}{两方案单位变动成本之差} = \frac{a_1-a_2}{b_2-b_1}$$

将预计的业务量与成本无差别点业务量进行比较，就可以做出选择哪种方案的决策。

例 3-17

假定某企业计划明年生产一种对加工工艺有特殊要求的产品，打算从外部租入一台专用设备，租期为一年。现有两个出租人可提供同样的设备。出租人甲收取租金的条件是年固定租金 20 000 元，另外再按承租人该产品销售收入的 2% 收取变动租金；出租人乙收取租金的条件是年固定租金 5 000 元，另外再按承租人该产品销售收入的 6% 收取变动租金。

要求：（1）如果向两个出租个支付的租金相同，计算该产品的销售收入。

（2）当预计该产品的销售收入为 450 000 元时，分析应选择哪个出租人。

解：分析计算过程如下。

（1）由于企业支付的租金与该产品的销售收入有关，在不同的销售收入的情况下，企业支付给两个出租人的总租金有所不同。向这两个出租人支付相同租金的销售收入就是两个方案的成本无差别点。

设支付给出租人甲的总租金为 y_1，支付给出租人乙的总租金为 y_2，则

$$y_1=20\,000+0.02x$$
$$y_2=5\,000+0.06x$$

成本无差别点销售收入 =（20 000-5 000）÷（0.06-0.02）=375 000（元）

成本无差别点销售收入也可用图 3-2 来表示。

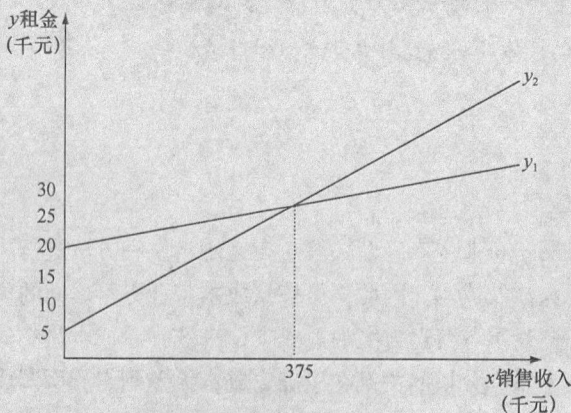

图 3-2　成本无差别点销售收入

由图 3-2 可见，如果该产品的年销售收入等于 375 000 元，则向两个出租人支付的租金相

同；如果该产品的年销售收入小于375 000元，则向出租人乙租入设备所支付的租金较低；如果该产品的年销售收入超过375 000元，则向出租个甲租入设备所支付的租金较低。

（2）预计该产品的销售收入为450 000元，向出租人甲租入设备所支付的租金比向出租人乙租入设备少3 000元，计算如下。

（5 000+0.06×450 000）-（20 000 +0.02×450 000）=3 000（元）

本量利关系中的敏感系数

敏感性分析是指研究与某一变量相关的因素发生变动时对该变量的影响程度。就企业内部而言，影响利润的主要因素包括销售单价、单位变动成本、销售量和固定成本。这些因素中，有的只要有较小的变动便会引起利润的较大变化，说明利润对这些因素的变动十分敏感；而有的有较大的变动，但对利润的影响却比较小，说明利润对这些因素的变动并不敏感。企业的经营管理人员需要知道利润对哪些因素的变动较敏感，以便分清主次，及时采取必要的调整措施，确保目标利润的实现。

反映利润敏感程度的指标称为敏感系数，其计算公式如下。

$$敏感系数 = \frac{目标值变动百分比}{因素值变动百分比}$$

在企业正常盈利的条件下，敏感系数的排列有以下规律。

① 销售单价的敏感系数总是最高的。

② 销售单价的敏感系数与单位变动成本的敏感系数的绝对值之差等于销售的敏感系数。

③ 销售量的敏感系数不可能最低。

④ 销售量的敏感系数与固定成本的敏感系数绝对值之差为1。

知识总结

本项目讲解了本量利的关系，以及本量利的分析方法及其应用。本量利分析揭示了成本、业务量和利润三者之间的内在联系，是企业经营决策中的重要方法之一。本项目首先对本量利的有关概念做了详细的说明，并介绍了相关数值的计算方法，如边际贡献（率）、变动成本率、保本点、安全边际等；其次，对本量利分析的基本原理进行了阐述；再次，分析了销售价格、单位变动成本、固定成本等因素的变动对保本点的影响；最后，介绍了本量利分析在经营决策中的应用。

能力拓展训练

一、单项选择题

1. 某产品单位变动成本为10元，计划销量为1 000件，每件售价为15元，如果要实现利润

800 元，则固定成本应控制在（　　）元。

    A. 5 000   B. 4 800   C. 5 800   D. 4 200

2. 某公司销售 A 产品，单价为 10 元，单位变动成本为 6 元，则该公司的边际贡献率为（　　）。

    A. 20%   B. 66.7%   C. 40%   D. 60%

3. 如果产品的单价与单位变动成本同比例上升，其他因素不变，则保本销售量（　　）。

    A. 上升   B. 下降   C. 不变   D. 不确定

4. 在其他因素不变的条件下，单位产品的售价提高，将使产品的贡献边际增加，从而使保本点的位置（　　）。

    A. 升高   B. 降低   C. 不变   D. 可能变动

5. 在其他因素不变的条件下，其变动不能影响保本点的因素是（　　）。

    A. 单位变动成本 B. 固定成本   C. 单价   D. 销售量

6. 当单价单独变动时，安全边际（　　）。

    A. 不会随之变动   B. 不一定随之变动

    C. 将随之发生同方向变动   D. 将随之发生反方向变动

7. 在计算保本量和保利量时，有关公式的分母可以为（　　）。

    A. 单位贡献边际 B. 贡献边际率   C. 单位变动成本   D. 固定成本

8. 已知某企业本年目标利润为 4 000 000 元，产品单价为 500 元，变动成本率为 40%，固定成本总额为 8 000 000 元，则企业的保利量为（　　）。

    A. 60 000 件   B. 50 000 件   C. 40 000 件   D. 300 000 件

9. 下列因素中，单独变动时不会对保利点产生影响的是（　　）。

    A. 成本   B. 单价   C. 目标利润   D. 销售量

10. 在其他因素不变的条件下，固定成本减少，保本点（　　）。

    A. 升高   B. 降低   C. 不变   D. 不一定变动

11. 已知企业某产品的单价为 200 元，目标销售量为 400 件，固定成本总额为 40 000 元，目标利润为 20 000 元，则企业应将单位变动成本的水平控制在（　　）。

    A. 100 元/件   B. 150 元/件   C. 200 元/件   D. 50 元/件

12. 反映企业经营安全程度的指标是（　　）。

    A. 保本销售量 B. 保本销售额   C. 安全边际率   D. 边际贡献

二、多项选择题

1. 在企业组织多品种经营的情况下，可用于进行保本分析的方法有（　　）。

    A. 加权平均法 B. 分算法   C. 主要品种法   D. 回归分析法

2. 下列各式中，其计算结果等于贡献边际率的有（　　）。

    A. 单位贡献边际/单价   B. 1-变动成本率

    C. 贡献边际/销售收入   D. 固定成本/保本销售量

    E. 固定成本/保本销售额

3. 下列项目中，属于本量利分析研究内容的有（　　）。

    A. 销售量与利润的关系   B. 成本、销售量与利润的关系

C. 成本与利润的关系　　　　　　　D. 产品质量与成本的关系

E. 产品数量与成本的关系

4. 下列各项中，能够同时影响保本点、保利点的因素为（　　）。

A. 单位贡献边际　B. 贡献边际率　　　C. 固定成本总额

D. 目标利润　　　E. 所得税税率

5. 下列项目中，其变动可以改变保本点位置的因素包括（　　）。

A. 单价　　　　　B. 单位变动成本　　C. 销售量

D. 固定成本　　　E. 目标利润

6. 下列各项中，可据以判定企业恰好处于保本状态的标志有（　　）。

A. 安全边际率为零　　　　　　　　B. 贡献边际等于固定成本

C. 收支相等　　　　　　　　　　　D. 保本作业率为零

E. 贡献边际率等于变动成本率

7. 下列与安全边际率有关的说法中，正确的有（　　）。

A. 安全边际量与当年实际销售量的比值等于安全边际率

B. 安全边际率与保本作业率的和为1

C. 安全边际额与销售量的比率等于安全边际率

D. 安全边际率越小，企业发生亏损的可能性越小

E. 安全边际率越大，企业发生亏损的可能性越大

8. 下列指标中，会随单价的变动向反方向变动的有（　　）。

A. 保本点　　　　B. 保利点　　　　　C. 变动成本率

D. 单位贡献边际　E. 安全边际率

9. 下列各项中，有可能成立的关系有（　　）。

A. 贡献边际率大于变动成本率　　　B. 贡献边际小于变动成本率

C. 贡献边际率+变动成本率=1　　　D. 贡献边际率和变动成本率都大于零

E. 贡献边际率和变动成本率同时小于零

10. 各因素单独变动会引起利润增加的有（　　）。

A. 固定成本增加　B. 单价下降　　　　C. 单位变动成本降低

D. 单价上升　　　E. 销售量增加

三、判断题

1. 保本点越高，说明企业的盈利能力越大。　　　　　　　　　　　　（　　）

2. 安全边际率为正值，表示企业的业务量高于保本点，安全边际率越大，企业的风险越小，企业的经营状况也越好。　　　　　　　　　　　　　　　　　　　　　　　（　　）

3. 边际贡献首先用于补偿固定成本，之后若有余额，才能为企业提供利润。　（　　）

4. 企业的边际贡献应等于企业的销售毛利。　　　　　　　　　　　　（　　）

5. 所谓保本是指企业的边际贡献等于固定成本。　　　　　　　　　　（　　）

6. 销售利润率=边际贡献率×安全边际率。　　　　　　　　　　　　（　　）

7. 单价、单位变动成本及固定成本总额的分别变动均会引起保本点、保利点同方向变动。

（　　）

8. 本量利分析可以应用于考核企业内部责任的履行情况。（　　）

9. 保本作业率能够反映保本状态下的生产经营能力的利用程度。（　　）

10. 单一品种情况下，保本点销售量随着贡献边际率的上升而上升。（　　）

11. 在利用综合贡献边际率法进行本量利分析时，各产品的销售额比重必然构成影响多品种本量利关系的要素。（　　）

12. 当企业生产经营多种产品时，无法使用本量利分析法。（　　）

13. 若单价与单位变动成本同方向、同比例变动，则保本点的业务量不变。（　　）

14. 如果单价、单位变动成本和固定成本同时变化，则必然会导致利润发生变化。（　　）

15. 在其他条件不变的情况下，固定成本总额越小，保本点越低。（　　）

四、分析计算题

1. 下列是甲、乙、丙、丁 4 家公司在过去一年中的生产和销售情况，假定每家企业都只生产一种产品。

要求：通过计算，将有关数据填入下表空白栏内，并写出计算过程。

公司	销售量（件）	销售收入总额（元）	变动动成本总额（元）	单位边际贡献（元）	固定成本总额（元）	净利或净额（元）
甲		25 000		2	5 000	5 000
乙	4 000		20 000	1.5		4 500
丙	1 500	22 500			9 000	-1 500
丁	4 500	40 500	22 500		10 000	

2. 某手机营业部销售一款手机，2015 年销售 3 000 部，每部手机售价为 2 500 元，每部手机的进价成本为 2 200 元，全年店面租金和营业员固定工资共计 520 000 元。

要求：计算边际贡献总额、边际贡献率、变动成本率、当期营业利润。

3. 某工业企业生产一种产品，今年销售 12 000 件，每件产品售价为 160 元，每件产品的变动成本为 120 元，全年固定成本总额为 280 000 元。

要求：计算边际贡献总额、边际贡献率、变动成本率、当期营业利润。

4. 下列 4 个案例是 4 家工厂分别在过去一年中的生产和销售情况，假定每家工厂产销平衡，同时都只产销一种产品。

案例	销售数量（件）	销售收入总额（元）	变动成本总额（元）	单位创利额（元）	固定成本总额（元）	净利（或净损）（元）
1		50 000		4	10 000	10 000
2	8 000		40 000	3		9 000
3	3 000	45 000			18 000	
4	9 000	81 000	45 000		20 000	

要求：通过具体计算将有关数据填入上表的空白栏内，并分别写出其计算过程。

5. 企业预计 2018 年的营业成本为：固定成本 300 000 元，单位变动成本 2 元。销售单价为 4 元。

要求：计算盈亏临界点的销售量和销售额；若要获利 150 000 元，则实现目标利润的销售量又应为多少？

6. 某公司只经营一种产品，2016 年的销售收入为 1 000 万元，税前利润为 100 万元，变动成本率为 60%。

要求：（1）计算 2016 年的固定成本总额。

（2）其他条件不变，预测 2017 年的保本销售额。

7. 某公司本年度乙产品的销售量为 5 000 件，单价为 25 元，变动成本总额为 75 000 元，固定成本总额为 25 000 元。

要求：（1）计算乙产品的保本点。

（2）计算乙产品的安全边际指标。

8. 合众冷饮厂经营娃娃冰激凌，2015 年度有关资料如下。

销售收入　500 000 元

变动成本　350 000 元

固定成本　250 000 元

亏损　　　 10 000 元

要求：（1）计算在上述条件下使娃娃冰激凌扭转亏损至少需要增加的销售额。

（2）如果固定成本下降为 200 000 元，娃娃冰激凌的销售额又应为多少才不亏损？

（3）计算当固定成本上升 20%，边际贡献率在原有基础上提高 20% 的盈亏平衡点销售额。

（4）如果该厂经挖潜革新变动成本总额下降 20%，固定成本下降 20%，则这时的盈亏平衡点销售额又应为多少？

9. 某企业只生产和销售一种产品，保本点销售额为每月 250 000 元。当固定成本增加 8 000 元时，为了保本必须增加销售额 32 000 元。假设该产品的单位售价及单位变动成本均不变。

要求：（1）计算变动成本率。

（2）计算未增加 8 000 元以前的固定成本总额。

（3）计算固定成本增加的幅度和盈亏平衡点销售额增加的幅度。

10. 某厂生产和销售 A、B 两种产品，单位售价分别为 A 产品 20 元、B 产品 10 元，边际贡献率分别为 A 产品 40%、B 产品 60%。全月固定成本为 36 000 元。本月 A 产品销售 6 000 件，B 产品销售 4 000 件。

要求：采用综合边际贡献率法计算 A、B 产品的盈亏平衡点的销售量和销售额。

11. 某公司只产销一种产品，单价为 30 元，单位变动成本为 18 元（其中，直接材料为 6 元，直接人工为 9 元，变动制造费用为 3 元）。

要求：（1）若每月销售额为 480 000 元时可以保本，计算当年固定成本总额。

（2）若直接材料增加 15%，则要维持目前的贡献边际率，单价应提高多少？

12. 某公司只产销一种产品，本年度的销售收入为 150 000 元，利润为 12 000 元。按公司计划，下年度销售量将减少 10%，销售量降低后，该公司利润将减少 75%。如果下年度产品的销售单价仍维持在 40 元，单位变动成本与固定成本总额也维持不变。

要求：预测下年度的保本销售量。

13. 某企业 2016 年的利润表显示：产品销售收入为 800 000 元，产品销售成本为 600 000 元（其中，变动成本占 70%），管理费用、销售费用和财务费用共 250 000 元（其中，固定成本占 60%）。企业净亏损 50 000 元。

经财务人员分析，企业亏损的原因是对产品的广告宣传不够，若 2017 年增加 20 000 元广告费，则可使销售量大幅度提高，扭亏为盈，该计划已经得到了公司领导的批准。

要求：（1）计算 2016 年该公司的保本销售额。

（2）若计划 2017 年实现利润 70 000 元，则其销售额应为多少？

项目四
预测分析

知识结构

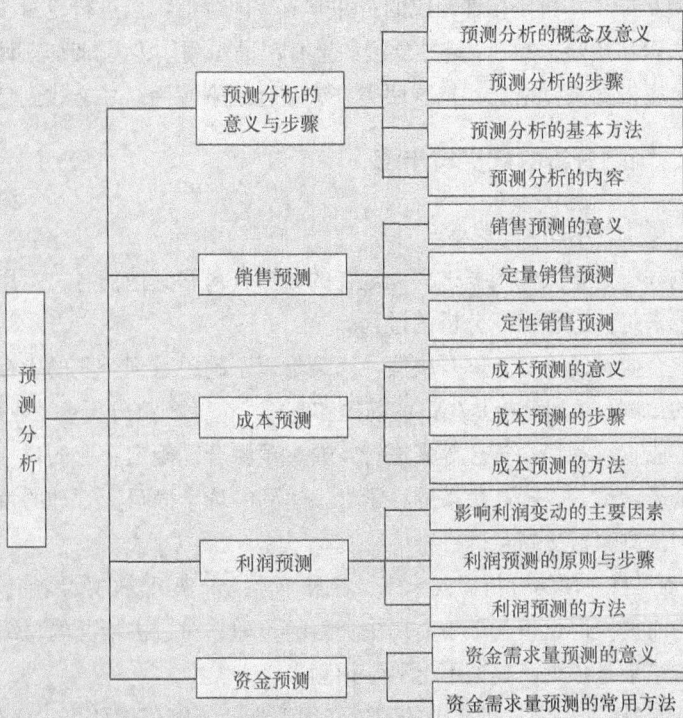

学习目标

知识目标：

了解预测分析的含义与步骤；掌握销售预测、成本预测、利润预测、资金预测的各种定量及定性分析方法。

能力目标：

能正确使用销售预测、成本预测、利润预测、资金预测的各种定量预测方法。

案例引入

诺卡洗车机制造公司的小王和小程共同参与了公司的经营预测工作，在选择预测方法时，两人发生了争执。小王认为，定性预测依靠的是个人经验和知识，主观性太强，因人而异，不可靠，预测应该采用定量观测法。小程认为，定量预测依据的历史资料只能代表过去，运用现代数学方法进行数据处理，据以建立的各种预测模型忽略了很多现实因素，操作复杂，适用性不强，预测应该采用定性预测法。小王和小程的观点相持不下，到底用哪种预测方法更好呢？

分析：预测分析方法有定量分析法和定性分析法两大类。二者各有优缺点。小王和小程均片面地看到一种方法的优点或缺点，是不正确的。在预测分析实践工作中，定量分析法和定性分析法并非相互排斥，而是相辅相成的；并非所有内容都可以进行定量预测，定量预测常常需要专业人士的知识和经验来判断，定性预测如果有定量预测作为基础和辅助，才更具有准确性和科学性。预测人员应根据具体情况，把这两类方法结合起来应用，才能收到良好的效果。

一、预测分析的意义与步骤

1．预测分析的概念及意义

预测分析是指人们根据过去和现在的数据资料和其他信息，运用经验和科学的方法，对事物发展的未来趋势进行推断分析的过程。

现代企业经营管理离不开决策，决策是否正确关系到企业的生存与发展。而正确的决策要依据科学的预测，预测分析是决策的前提和基础。企业预测分析，一般是针对企业的重要经济指标，如销售、成本、利润、资金等来进行，通过预测合理确定企业的目标利润、目标销量、目标成本以及资金需求量等，提高决策的科学性，达到实现全面目标管理的目的。

（1）预测分析的特点

① 预见性。预测分析面向未来，着眼于预见未来经济的发展趋势和水平。尽管它要以大量历史资料为前提，但仅仅局限于对历史资料的整理、对过去情况的总结与说明，而不管现实情况如何变化，绝不是预测，更谈不上科学预测。

② 明确性。预测分析结果的表述必须清晰，不能模棱两可，似是而非，含糊不清。

③ 相对性。预测分析必须事先明确规定预测的时间期限范围。预测可分为长期预测与短期预测、时点预测与时期预测。事物的发展日新月异，变幻莫测，因而长期预测和时点预测的准确性比短期预测和时期预测的准确性要差些，而无限远期的预测基本没有什么实际意义。

④ 客观性。预测分析必须以客观、准确的历史资料为依据，不能主观臆断、凭空捏造，否则会使预测混同于臆测。

⑤ 可检验性。事物未来的发展不可避免地存在不确定性，因此预测出现误差在所难免。正确的预测不在于它能够避免出现误差，而在于能够通过误差的检验进行反馈，积极地调整预测程序和方法，尽量减少误差。因此，预测结果最终都应得到验证，根本无法验证其结果的预测不能算是科学的预测。

⑥ 灵活性。预测分析可灵活采用多种方法，不能指望有一种能适应任何情况、绝对成功的预

测方法。选择预测方法，必须具体问题具体分析，事先选择试点加以验证。只有选择简便易行、成本低、效率高的方法配套使用，才能起到事半功倍的作用。

（2）预测分析的基本原则

① 相关性原则。相关性原则是指一些经济变量之间存在着相互依存、相互制约的关系。故而，可以利用对某些经济变量的分析研究，来推测受它们影响的经济变量的发展规律。因果关系分析法就是基于这条原则。

② 相似性原则。相似性原则是指经济变量的发展规律有时会出现相似的情况。故而，可以利用已知经济变量的发展规律类推出未知变量的发展趋势。判断分析法就是基于这条原则。

③ 延续性原则。延续性原则是指过去和现在的某种发展规律将会延续下去，并假定过去和现在发展的条件同样适用于未来。故而，可以将未来视为历史的延伸来进行推测。趋势分析法就是基于这条原则。

④ 统计规律性原则。统计规律性原则是指某个变量的一次观测结果往往是随机的，但大量观测的结果却会出现某种统计规律性。故而，可以利用概率分析及数理统计的方法进行推测。回归分析法就是基于这条原则。

（3）预测分析的意义。预测分析在提高企业经营管理水平和企业经济效益方面有着十分重要的意义。

① 预测分析是进行经营决策的主要依据。企业的经营活动必须建立在正确的决策基础上，而科学的预测是进行正确决策的前提和依据。通过预测分析，可以科学地确定有关商品的品种结构、最佳库存结构等，合理安排和使用现有的人力、物力和财力，全面协调整个企业的经营活动。

② 预测分析是编制全面预算的前提。企业的生产经营活动必须有计划地进行，为了减少经济活动的盲目性，企业要定期编制全面预算。而预算与计划的前提，是必须首先做好预测工作，避免主观估计或任意推测，使企业计划与全面预算合理、科学、切实可行。

③ 预测分析是提高企业经济效益的手段。以最少的投入取得最大的收益是企业的经营原则。通过预测分析，及时掌握国内外市场信息、销售趋势和科学技术的发展动态，合理组织和使用各种资源，必将降低消耗、增加销售收入、提高经济效益。

强调预测的重要性，并不排除预测的局限性。预测涉及的是未来，具有不确定性，它是借助于过去和现在的研究，求得对未来的了解，以减少不确定性对经济活动的影响，做到心中有数。同时，企业的经营发展趋势要受到社会、经济、技术、自然等各方面因素的影响，这些因素往往相互交织、错综复杂。因此，必须重视调查研究，占有充分的经济信息资料，遵循科学的原则，综合运用社会科学和自然科学各方面的研究成果，不断改善预测方法，使预测工作发挥应有的作用。

2．预测分析的步骤

（1）确定预测对象。首先要弄清楚预测什么，是预测保本点，还是预测利润；是预测销售量，还是预测成本。不同的预测对象，所采取的预测方法也有所不同。明确了预测对象，后续工作才有针对性。

（2）制订预测计划，收集整理信息及资料。信息资料的真实、准确是关键，因而需要有组织地、系统地收集原始数据及相关信息，故而首先应制订预测计划。计划内容应包括由谁来领导和组织、采用什么预测方法、什么时间完成、预测的各项准备工作等。然后，根据计划去收集数据，并进行加工、整理、归纳、鉴别，去粗取精、去伪存真。资料有纵横之分、内外之别，要注意各项指标的计算口径、计算方法、计量单位、计价标准是否一致和可比。

（3）选择恰当的预测方法，实际进行预测。正确选择预测方法是保证预测准确性的另一关键，要根据预测对象具体选择预测方法。对于可以建立数量模型的预测对象，应确定最恰当的定量预测方法；对于缺乏定量资料的预测对象，应结合经验选择最佳定性预测方法。应用选定的预测方法和建立的模型，分别进行定量分析和定性分析，提出实事求是的预测结果。

（4）分析预测误差，修正预测结果。经过一段时间，要对上一阶段的预测结果进行验证和分析评价，即以实际数与预测数进行比较，计算误差，分析原因，说明预测结果的可能变化幅度，以便使决策者在使用预测信息时能心中有数、留有余地。

3．预测分析的基本方法

预测分析的方法种类繁多，因分析对象和预测期限不同而各有所异，但大体上可归纳为两大类：定量分析法和定性分析法。

（1）定量分析法。定量分析法又称数量分析法，是指在完整掌握与预测对象有关的定量资料的基础上，运用数学方法和现代化计算工具进行数据处理，建立数学模型，来反映有关变量间的规律性联系，并根据模型做出预测结论。定量分析法又可分为以下两种。

① 趋势分析法。趋势分析法又称时间序列分析法或外推分析法，是指根据预测对象按时间顺序排列的历史数据，运用一定的方法，预测其未来发展趋势。其实质是依据事物发展的延续性原则。

② 因果关系分析法。因果关系分析法是根据变量之间相互依存、相互制约的规律性联系，建立相应的因果数学模型进行预测分析。其实质是依据事物发展的相关性原则。

趋势分析法与因果关系分析法的主要区别在于，前者的自变量是时间变量（月、年），后者的自变量是时间以外的变量。

（2）定性分析法。定性分析法又称经验判断法，主要是预测人员依靠自身知识和经验，结合预测对象的特点，对事物的性质和发展趋势做出判断。定性分析法简单直观、花费较少，但精确性不足，一般适用于统计资料不充分、影响因素错综复杂、缺乏明显的数据关系等情况。具体方法有会议调查法、函询调查法、判断分析法等。

（3）定性分析法与定量分析法的关系。定量分析与定性分析两种方法各有其特点，但并不互相排斥，且往往能够互相检验和补充。在实际预测中，一般应遵循定性分析来指导、定量分析做验证的原则，将二者结合运用。在企业无法取得准确完备的数据的情况下，只能采用定性分析法。当企业拥有准确完备的数据时，定量分析法可以得到确定的预测值，但由于经济现象非常复杂，建立数学模型时就不得不舍掉那些"不重要"的因素，往往需要同时采用一些定性分析来对影响预测对象的非计量因素做出估计和判断，以提高预测效果。

4．预测分析的内容

预测分析的范围十分广泛，就管理会计而言，主要包括销售预测分析、成本预测分析、利润预测分析、资金需求量预测分析等几个方面。

二、销售预测

1．销售预测的意义

销售是企业的重要经营活动，关系到企业目标利润的实现和市场需求的满足。销售预测是在对市场进行充分调查的基础上，根据市场供需情况的发展趋势，以历史销售资料为基础进行分析、判断，对未来一定时期内有关产品的销量变化趋势所进行的科学预计和推测。销售预测主要包括市场需求和企业销售业务量的预测分析。

销售预测是企业进行正确经营决策的基本前提，也是其他各项经济预测的基础。做好销售预测，便于根据人们的消费需要"以销定产"，使产品的生产、销售、调拨及库存之间密切配合，大大提高经营决策的科学性，提高企业的经济效益。

影响销售预测的因素很多，如国民经济的发展规模及速度、国家有关政策法规制度的变化、人口增长的速度、社会的消费水平、相关产品销量的变化等，各因素间的关系也很复杂。因此，要做好销售预测就要综合考虑各种影响因素，并且恰当地运用分析方法。

销售预测的方法有很多，常用的有趋势分析法、因果关系分析法、判断分析法和调查分析法4类。前两类属于定量分析，后两类属于定性分析。

2．定量销售预测

（1）趋势分析法。趋势分析法是基于企业销售的历史资料，构建一个与时间成函数关系的动态序列，根据该序列的统计规律予以外推，作为未来销售业务量（销售量或销售额，下同）的预测值。根据所采用的具体数学方法的不同，趋势分析法又可分为算术平均法、移动加权平均法、指数平滑法、回归分析法、二次曲线法等。

① 算术平均法。算术平均法又称简单平均法，是以过去若干期的销售业务量的算术平均数作为未来期间的销售预测值。其计算公式如下。

$$预测销售业务量 = \frac{各期销售业务量之和}{期数}$$

例 4-1

山青公司 2017 年下半年甲产品的销售资料如表 4-1 所示。

表 4-1 山青公司 2017 年 7～12 月甲产品的销售额 单位：万元

月份	7	8	9	10	11	12
实际销售额	22	24	23	26	27	28

要求：采用算术平均法预测 2018 年 1 月甲产品的销售额。

解：由算术平均法计算公式，得

$$预测销售额 = \frac{22+24+23+26+27+28}{6} = 25（万元）$$

算术平均法的优点是计算简单、方便易行；缺点是没有考虑远、近期销售业务量的变动趋势，将不同时期资料的差异简单平均，可能会使预测结果误差较大。所以，该方法适用于各期销售业务量比较稳定、没有季节性的商品，如食品、文具、日常用品等的预测。

② 移动平均法。移动平均法是指在掌握 n 期销售业务量的基础上，按照事先确定的期数 m（$m<n/2$）逐期分段计算 m 期的算术平均数，并以最后一个 m 期的平均数作为未来 $n+1$ 期的预测值。

所谓"移动"，是指随着时间的不断推移，计算的平均值也在不断向后顺延。此法假定预测值主要受最近 m 期销售业务量的影响。其计算公式如下。

$$预测销售业务量 = \frac{最后m期销售业务量之和}{m期}$$

例 4-2

承例 4-1。

要求：采用移动平均法进行预测（假定 $m=4$）。

解：由移动平均法计算公式利用最后 4 期销售量资料，得

$$预测销售额 = \frac{23+26+27+28}{4} = 26 （万元）$$

移动平均法虽然能够克服算术平均法忽视远、近期销售业务量对预测值影响程度不同的缺点，有助于消除远期偶然因素的不规则影响，但仍存在只考虑近期资料，缺乏代表性的缺点。此法适用于销售业务略有波动的产品预测。

③ 加权平均法。加权平均法是先根据过去若干期的销售业务量，按期距离预测期的远近分别进行加权（近期权数大些，远期权数小些），计算加权平均数，并以此作为未来期间的销售预测值。其中，权数反映各期实际值对预测值的影响程度，各期权数之和为 1。一般当期数为 3 时，可分别取 0.2、0.3 和 0.5 作为各期权数；当期数为 4 时，可分别取 0.1、0.2、0.3 和 0.4 作为各期权数；以此类推。其计算公式如下。

$$预测销售业务量 = \sum (某期销售业务量×该期权数)$$

例 4-3

承例 4-1。

要求：采用加权平均法进行预测（假定期数为 4）。

解：由移动平均法计算公式利用最后 4 期销售量资料，得

预测销售额=23×0.1+26×0.2+27×0.3+28×0.4=26.8（万元）

学中做　某公司经营一种产品，2017 年 7～12 月销售量如表 4-2 所示，要求按照算术平均法预测 2018 年 1 月的销售量。

表 4-2			某公司经营某产品的销售量资料			单位：件
月份	7	8	9	10	11	12
实际销售量	1 100	1 050	1 200	1 150	1 250	1 300

（2）因果关系分析法。因果关系分析法又称相关预测分析法，是通过对影响销售变动的各个因素的分析，确定影响销售变化的主要因素，并根据主要因素与销售业务量之间的因果关系建立数学模型，据此推测未来的销售业务量。

产品的销售一般会与社会经济的某些因素相关，甚至有些因素对产品销售起决定性作用。例如，推土机销售量主要取决于基本建设的土方工作量；家具销售量则取决于近期需要装修的房屋数。因此，因果关系分析法往往会比趋势分析法获得更为理想的预测结果。

在实际工作中，因果预测最常用而且比较简单的是直线回归分析法，也称最小平方法，适用于只有一个相关因素的情况（若预测对象的相关因素有两个或两个以上，需采用多元线性回归法，不做介绍；曲线回归分析法也不做介绍）。例如，某些工业品的销售在很大程度上取决于相关工业的销售，如钢材与建筑、轮胎与汽车、纺织面料与服装等，都是前者的销售量取决于后者的销售量。在这种情况下，可利用后者现成的销售预测信息，采用直线回归法推算出前者的销售预测值。

直线回归法的具体做法是，以 y 表示预测对象的销售业务量，以 x 表示影响销售变动的因素变量，建立模型 $y = a + bx$，用收集的资料求得 a 与 b（有相应公式），即可利用模型预测未来销售。

应用最小平方法一般还应进行相关程度测定，即通过计算相关系数来检验预测变量与相关因素变量间的相关性，以判断预测结果的可靠性。

学中做　某公司专门生产电动自行车专用电瓶，而决定电瓶销售量的主要因素是电动自行车的保有量。假设近 5 年该地区电动自行车的实际销售量和该公司电瓶的实际销售量的统计资料如表 4-3 所示。经过市场调研，2018 年该地区的电动自行车销售量预计为 280 万辆，试用直线回归法预测 2018 年电瓶的销售量。

表 4-3	某公司经营电动自行车专用电瓶的销售资料				
年度	2013	2014	2015	2016	2017
电瓶销售量（万只）	20	28	32	38	42
电动自行车销售量（万辆）	120	140	180	220	240

3．定性销售预测

（1）判断分析法。判断分析法主要是聘请具有丰富实践经验和综合判断能力的专家，在对预测期商品销售情况进行综合分析研究以后对产品销售趋势做出推测和判断。聘请的专家可以是企业内部的销售部门经理、有经验的业务员，也可以是企业外部的经济专家、教授、经销商等。该方法一般适用于不具备完整的历史资料、无法进行定量分析的情况，如新产品的销售预测。判断分析法按具体进行的方式，可以分为意见汇集法、德尔菲法、专家小组法等。

① 意见汇集法。意见汇集法是由本企业熟悉销售业务、对市场未来发展变化趋势比较敏感的领导人员、主管人员和业务人员，根据其多年的实践经验集思广益，进行信息交流和互补，在此基础上经过意见汇集和分析，对有关产品未来期间内的销售状况及变动趋势所进行的判断预测。

② 德尔菲法。德尔菲法又称专家调查法，由美国兰德公司在 20 世纪 40 年代首先倡导使用。它主要是采用函询方式，向若干见识广、学有专长的专家发出预测问题调查表征询专家们的意见，各专家在互不通气的情况下（避免干扰和影响），根据自己的经验、观点和方法进行预测，然后企业将各专家的判断汇集在一起，并采用不记名的方式反馈给各位专家，请他们参考别人的意见修正本人原来的判断，如此多次反复，综合整理，做出最终预测。

③ 专家小组法。专家小组法是由企业组织各有关方面的专家组成小组，通过召开座谈会的方式，进行充分、广泛的调查研究和讨论，然后运用专家小组的集体智慧做出最后的预测判断。与德尔菲法互不通气不同，该方法使专家之间可以相互启发和补充，以弥补个人意见的不足，但缺点是预测结果容易受少数特别权威人士意见的左右。

（2）调查分析法。调查分析法又称市场调查法，是指通过调查某种商品的市场供求状况、消费者购买意向及本企业该商品的市场占有率等情况，来预测其销售业务量。一般从以下 4 个方面来进行。

① 经营环境调查。一国或地区的社会经济发展趋势会直接或间接地影响市场需求。因此，了解国民收入的增长情况、社会购买力、消费动向、行业生产增长速度和规模等，有助于对产品的市场需求做出正确判断。

② 商品经济寿命周期阶段调查。任何商品都有其产生、发展与衰亡的过程，即产品的寿命周期。一般可将其分为试销期、成长期、成熟期和衰退期 4 个阶段，不同阶段的销售业务量是不相同的。因此，有必要搞清产品在当前市场的生命周期长度及所处的生命周期阶段，以把握产品的市场销售前景。

试销期：新产品刚投入市场，消费者还不熟悉产品的性能，销量不大，需要经过一段时间的推广，销量才能逐步上升。成长期：产品已被广大消费者所接受，由小批量试制、试销转入成批量生产和销售，市场销量迅速增加。成熟期：产品进入大批量生产和畅销阶段，前期销量稳定上升，后期销量增长缓慢，并趋于下降。衰退期：产品老化，逐步被新产品所替代，销量急剧下降，趋于被淘汰。

③ 市场竞争情况调查。了解同行企业，特别是主要竞争对手的同类产品在花色品种、质量、价格、服务、经营、技术等方面的特点及所采取的改进措施对销售的影响，还要了解竞争对手的市场占有率，掌握本企业产品在市场上的竞争地位。

④ 消费者情况调查。摸清消费者的经济情况，如选择供应者的标准、消费爱好、风俗、习惯、购买方式和购买力的变化情况，以及对本企业产品与商标的信任程度等对产品销售所产生的影响。

企业也可以利用社会上的专门机构（如统计部门或同业协会的调研机构等）的调查资料，这些资料一般只提供产品的整个行业市场需求潜量。将需求潜量乘以本企业的市场占有率，即为本企业的销售潜量。

三、成本预测

1. 成本预测的意义

成本作为衡量企业经济效益的重要指标，是管理会计的重要对象。在现代经济条件下，成本管理不仅体现在事后控制上，更应着眼于事前控制，规划未来，进行成本预测。

成本预测是根据企业未来的发展目标和现实条件，参考其他资料，通过对影响成本变动的相关因素的分析和测算，对企业未来成本水平和变动趋势进行预计和推测。成本预测要综合考虑企业生产技术、生产组织和经营管理的各个方面。因此，成本预测必须以本企业和国内外其他企业同类产品的有关历史数据为基础，并考虑当前技术发展对本企业的生产、供应、销售、运输等方面可能产生的影响，进行比较、计算、分析和判断，最后做出预测。

成本预测在现代企业经营管理工作中具有十分重要的意义。

（1）成本预测有利于制定经营决策。经营决策的正确制定，依赖于以成本为主体内容的决策成本信息。通过成本预测，可以恰当地确定有关产品的品种结构、产量界限、质量标准和材料、人工的合理消费水平，还可以准确地揭示、估计各种因素对产品成本的影响与制约。

（2）成本预测有利于加强事前成本管理。通过成本预测，企业在生产经营活动开始之前，就可以确定成本的变动趋势和未来一定时期内的成本水平，把握成本控制的方向和途径，正确评价各种方案、措施可能产生的经济效果，同时为编制成本计划提供科学依据，从而将成本管理纳入事前管理的轨道，以主动的成本控制取代被动的成本控制。

（3）成本预测有利于加强目标管理。在实施目标管理的过程中，目标成本管理具有举足轻重的地位。通过成本预测，可以确定成本与业务量之间的相互关系，为确定未来一定期间内的成本目标提供客观依据，为做好企业的整个目标管理工作奠定基础。

（4）成本预测有利于加强成本控制。通过成本预测，能够预计出本期的产品成本水平。将这一预测值与目标成本相比较，就可以得到本期产品成本计划的完成情况。如果预计出来的成本不能达到目标成本的要求，企业就要及时采取各种控制措施，纠正偏差，以确保实现经营目标。

2．成本预测的步骤

成本预测应当以企业总的经营目标为前提，同时各部门、各单位的成本预测要相互协调、统一。成本预测必须有序、有效地进行，通常可按以下几个步骤进行。

（1）确定预测对象。由于不同的预测对象所需的分析资料不同，选用的预测方法也不同，因此，在进行成本预测之前，必须确定预测对象，即确定预测分析的目的、要求、范围和具体内容。

（2）收集相关资料，并进行检查和筛选。预测分析的目的和要求能否达到，很大程度上取决于资料占有的情况。因此，收集资料是一项重要的工作，必须收集和掌握预测对象从过去到现在的经济数据资料和其他信息资料，重视数据的积累。

此外，损测分析必须依据正确、真实的资料，才能得出正确的结果，因此，还须对资料进行检查和筛选。

（3）拟订降低成本的各种可行性方案。动员企业内部各个部门，针对存在的问题，群策群力，挖掘潜力，拟订出降低成本水平的各种可行性方案，并力求缩小预测成本与目标成本的差距。

（4）制订正式的目标成本。对降低成本的各种可行性方案进行技术、经济分析，从中优选出经济效益与社会效益最佳的方案，并据以制订正式的目标成本，为做出最优的成本决策提供依据。

3．成本预测的方法

成本预测的方法有目标成本预测法、历史成本预测法和新产品成本预测法。

（1）目标成本预测法。目标成本是为实现目标利润所应达到的成本水平或应控制的成本限额。它是在销售预测和利润预测的基础上，结合本量利分析预测目标成本的一种方法。预测目标成本，是为了控制企业生产经营过程中的劳动消耗，降低产品成本，实现企业的目标利润。用这种方法确定的目标成本，能够与企业的目标利润联系起来，有利于目标利润的实现。制订目标成本一般是在综合考察未来一定期间内有关产品的品种、数量、价格和目标利润等因素的基础上进行的。计算方法一般有以下几种。

① 根据目标利润制订目标成本，公式如下。

$$目标成本=预计销售收入-目标利润$$

例 4-4

山青公司产销甲产品，预计下年度的产销量为 10 000 件，预计销售单价为 50 元，预计的目标利润为 120 000 元，请预测该企业下年度的目标成本。

解： 目标成本=50×10 000-120 000=380 000（元）。

② 根据资金利润率制订目标成本，公式如下。

$$目标成本=预计销售收入-资金利润率×平均资金占用额$$

③ 根据销售利润率制定目标成本，公式如下。

$$目标成本=预计销售收入×（1-销售利润率）$$

④ 根据过去先进的成本水平制订目标成本。该方法以本企业历史上最好的成本水平或国内外同行业同类产品的先进成本水平作为目标成本，也可以将本企业上年实际成本水平扣除行业或主管单位下达的成本降低率后，作为目标成本。这种方法的缺陷是没有将目标成本同目标利润联系起来，因此与企业的实际情况存在一定的差距。

（2）历史成本预测法。该方法也称可比产品成本预测法，适用于企业现存产品或者与现存产品相似的产品成本的预测。它是根据企业成本的历史资料和相关数据，按照成本习性的原理，应用数理统计的方法来推测、估计成本的发展趋势，并采用一定的方法对这些数据进行相应的处理，建立相关的数学模型，根据模型对企业的产品成本进行预测。

成本的发展趋势一般可用直线方程式来反映，即 $y=a+bx$。只要我们求出 a 和 b，就可以根据这个方程来预测在任何产量 x 下的产品总成本 y 的值。

必须注意，作为预测根据的历史资料，所选用的时期不宜过长，也不宜过短。因为当今世界经济形势发展太快，过长则失去可比性，过短则不能反映出成本变动的趋势，通常以最近 3～5 年的历史资料为宜。另外，对于历史资料中某些金额较大的偶然性费用，如意外的停工损失、材料或产品的盘盈盘亏等，在引用时应予剔除。

应用 $y=a+bx$ 模型，通过确定 a（固定成本总额）与 b（单位变动成本）的值进行成本预测，具体可分为高低点法、加权平均法和回归分析法。

① 高低点法。高低点法是将成本费用的发展趋势用 $y=a+bx$ 表示，选用一定时期历史资料中的最高业务量与最低业务量的总成本之差与两者业务量之差进行对比，先求出 a、b 的值，然后据以预测计划期成本。其计算公式如下。

$$b = \frac{y_{高} - y_{低}}{x_{高} - x_{低}} \quad a = y_{高} - bx_{高} \ \text{或} \ a = y_{低} - bx_{低}$$

式中，$x_{高}$、$x_{低}$分别为高、低点业务量；$y_{高}$、$y_{低}$分别为高、低点业务量的总成本。

例 4-5

山青公司只产销甲产品，最近 6 年的产量及成本数据如表 4-4 所示。

表 4-4　　　　　　　　　甲产品最近 6 年成本资料

年度	产量 x（台）	单位变动成本 b（元）	固定成本总额 a（元）
2012	20	600	4 000
2013	75	300	5 200
2014	60	450	5 400
2015	45	550	4 800
2016	65	420	5 000
2017	100	400	6 000

若 2018 年甲产品的产量为 120 台，试用高低点法预测 2018 年产品总成本和单位成本。

解： 由 $x_{高} = 100$，$x_{低} = 20$ 及 $y = a + bx$ 可得

$y_{高} = 6\ 000 + 400 \times 100 = 46\ 000$

$y_{低} = 4\ 000 + 600 \times 20 = 16\ 000$

于是，$b = \dfrac{y_{高} - y_{低}}{x_{高} - x_{低}} = \dfrac{46\ 000 - 16\ 000}{100 - 20} = 375$（元）

$a = y_{高} - bx_{高} = 46\ 000 - 375 \times 100 = 8\ 500$（元）

从而，可利用 $y = 8\ 500 + 375x$ 预测 2018 年产品总成本为 8 500+375×120=53 500（元），单位成本为 53 500/120=445.83（元）。

学中做　　某公司只生产一种产品，过去 10 个月中，最高产量为 8 000 台，相对应的总成本为 660 000 元；最低产量为 6 000 台，相对应的总成本为 560 000 元。若第 11 个月计划产量为 5 000 台，试预测其对应的总成本。

② 加权平均法。加权平均法是根据过去若干期的单位变动成本和固定成本总额的历史资料，按其时间远近给予不同权数加权平均数计算计划期的产品成本。其计算公式如下。

$$a = \frac{\sum a_i w_i}{\sum w_i} \quad b = \frac{\sum b_i w_i}{\sum w_i} \quad (\text{其中，} w_i \text{为权数，且} \sum w_i = 1)$$

例 4-6

承例 4-5。用加权平均法预测 2018 年产品总成本和单位成本（令 w_i 依次为 0.03，0.07，0.15，0.2，0.25，0.3）。

解：
$$a = \frac{\sum a_i w_i}{\sum w_i} = 4\,000 \times 0.03 + 5\,200 \times 0.07 + 5\,400 \times 0.15 + 4\,800 \times 0.2 + 5\,000 \times 0.25 + 6\,000 \times 0.3$$
$$= 5\,304$$

$$b = \frac{\sum b_i w_i}{\sum w_i} = 600 \times 0.03 + 300 \times 0.07 + 450 \times 0.15 + 550 \times 0.2 + 420 \times 0.25 + 400 \times 0.3$$
$$= 441.5$$

于是，可利用 $y = 5\,304 + 441.5x$ 预测 2018 年产品总成本为 $5\,304 + 441.5 \times 120 = 58\,284$（元），单位成本为 58 284/120=485.7（元）。

某公司 1～5 月平均总成本数据如表 4-5 所示，试预测 6 月生产 80 000 件的总成本。

表 4-5　　　　　　　　　　　　平均总成本数据表　　　　　　　　　　单位：元

月份	1	2	3	4	5
固定成本总额	180 000	185 000	210 000	230 000	255 000
单位变动成本	120	110	90	85	80

③ 回归分析法。回归分析法是依据应用数学上的最小二乘法原理，根据若干期的业务量、成本及其相互间的回归关系，确定成本预测回归方程式，寻求其变化规律的一种方法。反映总成本随业务量变动而变动的趋势直线方程为 $y = a + bx$，具体计算方法与销售回归预测相同。当企业历史成本资料中的单位产品成本忽高忽低、变动幅度较大时，采用此法较为适宜。

某公司 2010～2017 年的产品销售量以及相应年份的销售管理费用如表 4-6 所示，根据市场预测，2018 年该产品的预计销售量为 50 万件，试采用直线回归法预测 2018 年该企业的销售管理费用。

表 4-6　　　　　　　　　　　某公司销售管理费用资料表

年度	2010	2011	2012	2013	2014	2015	2016	2017
销售量（万件）	22	28	32	34	36	40	42	46
销售管理费（万元）	10	12	16	18	20	26	28	30

（3）新产品成本预测法。新产品成本预测法适用于企业以往年度没有正式生产过的，成本水

平无法与过去进行比较的新产品的成本预测，主要包括技术测定法、产值成本法等。

① 技术测定法。技术测定法是指在充分挖掘生产潜力的基础上，根据产品的设计结构、生产技术条件和工艺方法，对影响人力、物力消耗的各项因素进行技术测试和分析计算，从而确定产品成本的一种方法。该方法比较科学，但工作量较大，较适合于品种少、技术资料比较齐全的产品。

② 产值成本法。产值成本法是指按工业总产值的一定比例确定产品成本的一种方法。产品的生产过程同时也是生产的消耗过程，在这一过程中，产品成本体现生产过程中的资金耗费，而产值则以货币形式反映生产过程中的成果。产品成本与产品产值之间客观存在着一定的比例关系，比例越大，说明消耗越大，成本越高；比例越小，说明消耗越小，成本越低。这样，企业进行预测时，就可以参照同类企业相似产品的实际产值成本率，加以分析确定。其计算公式如下。

$$某种产品的预测单位成本 = \frac{某产品的总产值 \times 预计产值成本率}{预计产品产量}$$

该方法不太准确，但工作量小，简单易行。

此外，成本预测还应特别重视抓好产品的设计和研制这个环节，这个阶段的成本是否具有先进水平，将对产品投产以后的成本产生深远的影响。因此，在产品设计和研制时，必须考虑制造成本和使用成本的节约。

四、利润预测

1. 影响利润变动的主要因素

利润是衡量企业生产经营成果的重要指标。通过综合分析影响利润变动的主要因素是价格、成本、产销量等。企业生产经营过程中各项工作的好坏，可直接或间接地通过利润指标反映出来。利润预测是按照企业经营目标的要求，通过综合分析影响利润变动的价格、成本、产销量等因素，测算企业在未来一定时期内可能达到的利润水平和利润变动趋势的一种方法。进行科学的利润预测，对于改善企业的经营管理起着以下作用：①利润预测可以为企业的生产经营管理提供明确的目标；②利润预测是编制全面预算的基础；③利润预测可以为企业的资金需求量预测提供信息。

2. 利润预测的的原则与步骤

企业在分析上期利润计划并考察下期影响利润的各种因素变动情况的基础上，就可以预测下期的目标利润。所谓目标利润，是指企业在未来一段时间内，经过努力应该达到的最优化利润控制目标。目标利润应体现以下原则。

（1）可行性。它应该反映未来企业可能实现的最佳利润水平，既先进又合理。

（2）客观性。为保证目标利润具有最大的可能性，在预测目标利润时，必须以客观存在的市场环境、技术发展状况为背景，以现实参数为依据，不能脱离现实，想当然地乱定目标。

（3）严肃性。目标利润必须经过反复测算、验证调整后方能最终确定，确定后的目标利润应保持相对稳定，不得随意更改。

（4）指导性。目标利润不应当是现在业务量、成本、价格的消极后果，相反，对上述因素的未来发展起着某种规定或约束作用，具有指导性。这一点体现在目标利润一经确定，就应及时组织落实为实现目标利润在产量、成本、价格等方面必须达到的各项指标和有关措施，并作为编制全面预算的基础。

按上述原则，目标利润的预测步骤大致如下。

（1）调查研究，确定利润率标准。在调查研究的基础上，了解和掌握企业历史上的利润率最高水平及当前同业或社会平均的利润率水平，从中选择某项先进合理的利润率作为预测基础，可供选择的利润率主要有销售利润率、产值利润率和资金利润率。利润率标准不宜定得过高或偏低，否则会挫伤企业各方面的积极性和主动性。

（2）计算目标利润基数。将选定的利润率标准乘以企业预期应达到的有关业务量及资金指标，便可测算出目标利润基数。公式如下。

$$目标利润基数=有关利润率标准×相关指标$$

式中，相关指标取决于利润率指标的内容，可以分别是预计销售额、预计工业总产值或预计资金平均占用额。

（3）确定目标利润修正值。目标利润修正值是对目标利润基数的调整额。一般可先将目标利润基数与测算利润（即按传统方式预测出来的利润额）进行比较分析，并按本量利分析的原理分项测算为实现目标利润基数而应采取的各项措施，即分别计算各因素的期望值，并分析其可能性。若期望与可能相差较大，则适当修改目标利润，确定目标利润修正值。这个过程可反复测算多次，直至各项因素期望值均具有现实可能性为止。

（4）最终下达的目标利润应分解落实纳入预算体系。最终下达的目标利润应该为目标利润基数与修正值的代数和。它应反映或能适应预算期企业可望实现的生产经营能力、技术质量保证、物资供应、人力配备及资金流转水平和市场环境等约束条件。按调整措施修订后的诸因素测算的期望利润应与目标利润口径一致。

$$最终下达的目标利润=目标利润基数+修正值$$

目标利润一经确定就应该纳入预算执行体系，层层分解落实，以此作为采取相应措施的依据。

3．利润预测的方法

利润预测主要有本量利分析法、销售增长比率法、资金利润率法和利润增长比率法等方法。

（1）本量利分析法。该方法是在成本性态分析和保本分析的基础上，根据有关产品成本、价格、业务量等因素与利润的关系确定计划期间目标利润的一种方法。其计算公式如下。

$$目标利润=销售量×单价-销售量×单位变动成本-固定成本总额$$

例 4-7

山青公司甲产品 2018 年预计销量为 5 000 件，现知其销售价格为 50 元/件，单位变动成本为 30 元，全年固定成本总额为 40 000 元。试用本量利分析法预测山青公司 2018 年的目标利润。

解： 预测目标利润=50×5 000-30×5 000-40 000=60 000（元）

学中做 某企业产销一种产品，预测下年度的产销量为 10 000 件，单位变动生产成本为 19 元/件，单位变动销售与管理费用为 3 元/件，固定成本总额为 56 000 元，销售单价为 30 元。试预计下年度该企业的目标利润。

（2）销售增长比率法。该方法是以基期实际销售利润与销售预计增长比率为依据计算目标利润的一种方法。该方法假定利润与销售同步增长。其计算公式如下。

$$目标利润=基数销售利润×（1+销售预计增长比率）$$

例 4-8

宏利公司 2017 年实际销售利润为 15 万元，实际销售收入为 160 万元，若 2018 年计划销售额为 200 万元，预测宏利公司 2017 年的目标利润。

解：预测目标利润 $=15×\left(1+\dfrac{200-160}{160}\right)=15×(1+25\%)=18.75$（万元）

> **学中做** 某企业 2017 年 10 月实际销售利润为 120 万元，实际销售收入为 1 000 万元。若计划 11 月预计销售收入为 1 700 万元。试预计该企业当月的目标利润。

（3）资金利润率法。该方法是根据企业预计资金利润率水平，结合基期实际资金的占用状况与未来计划投资额来确定目标利润的一种方法。其计算公式如下。

$$目标利润=（基期占用资金+计划投资额）×预计资金利润率$$

例 4-9

宏润公司 2017 年实际固定资产平均占用额为 120 万元，全部流动资金平均占用额为 40 万元。2018 年计划扩大生产规模，拟在年初购置一套价值 25 万元的新型加工设备投入生产，追加流动资金 5 万元。预计 2018 年资金利润率为 10%。预测宏润公司 2018 年的目标利润。

解：预测目标利润 $=（160+30）×10\%=19$（万元）

> **学中做** 某企业 2017 年度实际固定资产占用额为 240 万元，全部流动资金平均占用额为 80 万元，拟定在 2018 年初购置一台价值 50 万元的设备，并追加流动资金 10 万元。预计资金利润率为 8%。试预测该企业 2018 年的目标利润。

（4）利润增长比率法。该方法是根据企业基期已经达到的利润水平，结合近期若干年（通常为近 3 年）利润增长比率的变动趋势，以及影响利润的有关因素在未来可能发生的变动等情况，确定一个相应的预计利润增长比率，来确定目标利润的一种方法。其计算公式如下。

$$目标利润=基期利润×（1+预计利润增长率）$$

例 4-10

诺卡公司 2017 年实际利润总额为 100 万元，根据过去 3 年盈利情况分析，确定 2018 年的预计利润增长比率为 10%。预测诺卡公司 2018 年的目标利润。

解： 预测目标利润=100×（1+10%）=110（万元）

> 学中做
>
> 　　某企业 2017 年实际利润总额为 80 万元，根据过去 3 年的盈利情况分析，确定 2018 年利润增长比率为 10%，预计企业 2018 年的目标利润。

五、资金预测

1．资金需求量预测的意义

资金是企业生产经营中各种资产的货币表现。拥有必要数量的资金是企业进行生产经营活动的必要条件。通常按其在生产经营过程中的作用不同，将资金分为两类：一类是固定资金，即用于固定资产方面的资金；另一类是营运资金，即用于流动资产方面的资金。这里所提的资金需求量预测是指包括营运资金和固定资金在内的资金需要总量的预测，也是预测企业未来的融资需求。保证资金供应，合理组织资金运用，提高资金利用效果，既是企业正常运营的前提，又是企业的奋斗目标之一。

资金预测的主要内容是资金需求量预测，它以预测期内企业生产经营规模的发展和资金利用效果的提高为前提，在分析有关历史资料、技术经济条件和发展规划的基础上，对预测期内的资金需求量进行科学的预计和测算。

资金需求量预测的目的，就是要有意识地把生产经营活动引导到以最少的资金占用取得最佳的经济效益的轨道上来。科学地进行资金预测，不仅能为企业生产经营活动的正常开展测定相应的资金需求量，而且能为经营决策、节约资金耗费、提高资金利用效果创造有利条件。

为了预测资金需求量，首先应弄清楚影响资金需求量的主要因素是什么。在一般情况下，影响资金需求量程度最大的就是计划期的预计销售量和销售额。这是因为，在一般情况下，企业在不同期间资金实际需求量的多少，同该期间经营业务量的大小基本上是相适应的。虽然企业的生产经营活动比较复杂，影响资金变动的因素不止一个，但从较短期间来考察，特别是就一个特定年度（或季度、月份）而言，导致资金发生变动的最直接、最重要的因素就是产品销售收入的变动。一般来说，在其他因素保持不变的情况下，当销售收入水平较高时，相应的资金需求量（尤其是营运资金占用量）也较多；反之，则较低。二者之间的关系是比较密切的。所以，良好的销售预测是资金需求量预测的主要依据。通过确定并利用销售收入和资金需求量之间相互关系的基本模式，可以推算出销售收入处在某一特定水平上的资金需求量。

2．资金需求量预测的常用方法——销售百分比法

销售百分比法是根据资金各个项目与销售收入总额之间的依存关系，按照计划期销售额的增长情况来预测需要相应追加多少资金的方法。

销售百分比法的基本原理如下。

  某项资产（或负债）预测值=预测销售收入×资产（负债）占销售收入百分比

销售百分比法应用的依据是会计恒等式：

$$资产=负债+所有者权益$$

销售百分比法的步骤如下。

（1）分析基期资产负债表各个项目与销售收入总额之间的依存关系。

① 资产类项目。周转中的货币资金、正常的应收账款和存货等流动资产项目，一般都会因销售额的增长而相应地增加。而固定资产是否要增加，则需视基期的固定资产是否已被充分利用而定。如尚未充分利用，通过进一步挖掘其利用潜力，即可产销更多的产品；如基期对固定资产的利用已达饱和状态，则增加销售额就需要扩充固定资产。至于长期投资和无形资产等项目，一般不随销售额的增长而增加。

② 负债与权益类项目。应付账款、应付票据、应付税款和其他应付款等流动负债项目，通常会因销售额的增长而自动增加。至于长期负债和股东权益等项目，则不随销售额的增长而增加。

此外，计划期所提取的折旧准备（应减除计划期用于更新改造的金额）和留存收益两个项目，通常可作为计划期内需要追加资金的内部资金来源。

（2）将基期的资产负债表各项目用销售百分比的形式另行编表。

（3）按公式计算计划期预计需要追加的资金数额。

计划期预计需要追加资金的公式如下。

$$\Delta F = \left(\frac{A}{S_0} - \frac{L}{S_0} \right)(S_1 - S_0) - D - R + M$$

式中，ΔF 为预计未来需要追加的资金数额；S_1 为计划期销售收入总额；S_0 为基期销售收入总额；A 为随销售额变动的资产项目基期金额；L 为随销售额变动的负债项目基期金额；D 为计划期提取的折旧减去用于固定资产更新改造后的余额；R 为按计划期销售收入及基期销售净利润率计算的净利润与预计发放股利之差额，公式为 $R = S_1 R_0 (1-d)$，R_0 为基期的税后销售利润率，d 为计划期的股利发放率；M 为计划期新增的零星资金开支数额。

例 4-11

山青公司 2017 年（基期）的实际销售总额为 50 万元，税后利润为 2 万元，发放普通股股利 1 万元。假定基期固定资产利用率已达到饱和状态。该公司基期期末简略资产负债简表如表 4-7 所示。

表 4-7　　　　　　　　　　山青公司资产负债简表（2017 年 12 月 31 日）　　　　　　　单位：元

资产		权益	
1. 货币资金	12 000	1. 应付账款	52 000
2. 应收账款	85 000	2. 应交税费	25 000
3. 存货	115 000	3. 长期负债	120 000
4. 厂房设备（净额）	150 000	4. 普通股股本	200 000
5. 无形资产	48 000	5. 留存收益	13 000
资产总计	410 000	权益总计	410 000

若山青公司 2018 年（计划期）销售收入总额增至 75 万元，并仍按基期股利发放率支付股利；折旧准备提取数为 20 000 元，其中 70%用于改造现有的厂房设备；计划期零星资金需要量为 15 000 元。要求预测 2018 年需要追加资金的数量。

解：（1）根据基期期末资产负债表，分析研究各项资金与当年销售收入总额的依存关系，并编制基期用销售百分比形式反映的资产负债简表，如表 4-8 所示。

表 4-8　　　　山青公司资产负债简表（用销售百分比形式反映）　　2017 年 12 月 31 日

资产（%）		权益（%）	
1. 货币资金	2.4	1. 应付账款	10.4
2. 应收账款	17	2. 应交税费	5
3. 存货	23	3. 长期负债	（不适用）
4. 厂房设备（净额）	30	4. 普通股股本	（不适用）
5. 无形资产	（不适用）	5. 留存收益	（不适用）
资产总计 72.4%		权益总计 15.4%	

表 4-8 中，$\frac{A}{S_0} - \frac{L}{S_0} = 72.4\% - 15.4\% = 57\%$，表示山青公司每增加 100 元的销售收入，需要增加资金 57 元。

（2）将以上各有关数据代入公式，计算 2018 年需要追加资金的数额。

$$D = 20\,000 - 14\,000 = 6\,000 \text{（元）}$$

$$R = 750\,000 \times \frac{20\,000}{500\,000} \times \left(1 - \frac{10\,000}{20\,000}\right) = 15\,000 \text{（元）}$$

于是　$\Delta F = \left(\frac{A}{S_0} - \frac{L}{S_0}\right)(S_1 - S_0) - D - R + M$

$$= (72.4\% - 15.4\%) \times (750\,000 - 500\,000) - 6\,000 - 15\,000 + 15\,000$$

$$= 136\,500 \text{（元）}$$

（1）假设 A 公司各年度的流动资产、长期资产、应付账款和应付利息 4 个项目的金额与当年销售额存在稳定的百分比关系，而其他项目的金额大小与销售额不存在稳定的百分比关系。

（2）假设 2017 年度的销售净利率是 4.5%，假设预测期（2018 年度）的销售净利率与 2017 年相同。

（3）假设 A 公司的股利分配方法是按固定比率支付股利，各年度的股利支付率是 40%。

（4）A 公司 2017 年度的销售收入为 5 000 万元。假设 A 公司管理人员以 2017 年的销售额为基础，结合公司的事业发展状况、行业发展水平、宏观经济环境及国家政策等因素进行分析，预测公司 2018 年度的销售收入为 8 000 万元。

要求：预计该公司 2018 年的资金需求。

3．资金需求量预测的常用方法——回归分析法

回归分析法就是应用最小平方法的原理，对过去若干期间的销售额及资金总量（即资金占用总额）的历史资料进行分析，确定反映销售收入总额 x 与资金总量 y 之间相互关系的回归直线 $y = a + bx$，并据以预测计划期的资金需求量，具体计算方法与销售、成本回归预测相同。

多数企业在其生产经营期间都要求有一定的现金储备量，以确保现金收入一旦发生背离计划产生差异时进行现金补充，使生产经营过程不因资金供应不足而受到影响。因此，上述计算在实际工作中，还应考虑现金储备量这一因素。

> **学中做** 诺卡公司近 5 年的资金总量和销售收入的资料如表 4-9 所示，若该公司 2018 年销售收入预测值为 600 万元，试预测该公司 2018 年的资金需要总量。

表 4-9　　　　　　　　　　某公司近 5 年的资金总量和销售收入资料　　　　　　　　单位：万元

年度	销售收入	资金总量
2013	300	200
2014	360	240
2015	400	260
2016	440	280
2017	500	300

知识总结

企业预测是企业编制计划、做出正确决策的重要前提。预测的目的是为企业经营规划和决策提供信息。企业为了规划经营活动，必须对各项重要的经济指标，如销售、利润、成本、资金等进行科学的预测，对未来的经营发展趋势做出正确的分析与判断。通过本情境的学习，要求掌握预测分析的基本概念、基本方法，理解并熟练运用销售预测、利润预测、成本预测和资金预测的各种常用方法。

能力拓展训练

一、单项选择题

1．下列（　　）不属于预测分析的特点。

    A．相对性　　　　　B．明确性　　　　　C．不可检验性　　　D．灵活性

2．预测分析方法按其性质可分为两大类，是指定量分析法和（　　）。

    A．算术平均法　　B．定性分析法　　C．回归分析法　　D．指数平滑法

3．预测分析的内容不包括（　　）。

    A．销售预测　　　B．利润预测　　　C．资金需求量预测　D．所得税预测

4．适用于销售业务略有波动的产品的预测方法是（　　）。

  A. 加权平均法 B. 移动平均法 C. 趋势平均法 D. 平滑指数法

  5. 企业根据现有的经济条件和掌握的历史资料以及客观事物的内在联系，对生产经营活动的未来发展趋势和状况进行的预计和测算的过程，就是管理会计的（ ）。

  A. 经营决策 B. 经营预测 C. 生产决策 D. 生产预测

  6. 下列各项中，不属于定量分析法的是（ ）。

  A. 判断分析法 B. 算术平均法 C. 回归分析法 D. 指数平滑法

  7. 通过函询方式，在互不通气的前提下向若干经济专家分别征求意见的方法是（ ）。

  A. 专家函询法 B. 专家小组法 C. 专家意见汇集法 D. 德尔菲法

  8. 在管理会计中，按目标利润预测的目标成本应当等于（ ）。

  A. 预计总产值与目标利润之差   B. 预计销售收入与目标利润之差

  C. 预计销售收入与预计总成本之差 D. 变动成本总额与固定成本总额之和

  9. 下列各种销售预测方法中，属于没有考虑远近期销售业务量对未来销售状况会产生不同影响的方法是（ ）。

  A. 移动平均法 B. 算术平均法 C. 加权平均法 D. 指数平滑法

二、多项选择题

  1. 预测分析的基本内容包括（ ）。

  A. 销售预测 B. 利润预测 C. 成本预测

  D. 资金预测 E. 存货预测

  2. 定量分析法包括（ ）。

  A. 判断分析法 B. 集合意见法 C. 非数量分析法

  D. 趋势分析法 E. 因果关系分析法

  3. 下列各项中，属于目标利润预测分析必须经过的步骤有（ ）。

  A. 确定目标利润率标准   B. 计算目标利润基数

  C. 进行本量利分析   D. 确定目标利润修正值

  E. 确定最终目标利润

  4. 下列各项中，属于企业为实现目标利润应采取的措施有（ ）。

  A. 在其他因素不变的情况下，提高单价

  B. 在其他因素不变的情况下，增加销售量

  C. 在其他因素不变的情况下，降低固定成本

  D. 在其他因素不变的情况下，降低单位变动成本

  E. 采取综合措施

  5. 目标成本方案的提出方法包括（ ）。

  A. 按目标利润预测目标成本

  B. 以本企业历史最好成本水平作为目标成本

  C. 以本企业历史最高的成本作为目标成本

  D. 以国内外同类产品的先进成本水平作为目标成本

  E. 以标准成本、计划成本或定额成本作为目标成本

6. 下列各项中，可用于成本预测的方法包括（　　　）。

    A. 指数平滑法　　　B. 加权平均法　　　C. 回归直线分析法

    D. 高低点法　　　E. 趋势平均法

三、判断题

1. 算术平均法的优点是考虑了时间序列的变化趋势。（　　　）

2. 德尔菲法是由若干个专家组成几个预测小组进行综合论证的一种方法。（　　　）

3. 定性分析法与定量分析法在实际应用中是相互排斥的。（　　　）

4. 成本预测是其他各项预测的前提。（　　　）

5. 因果预测法就是回归分析法。（　　　）

6. 预测分析应考虑到可能发生的误差，并能通过对误差的检验进行反馈，以尽量减少误差。（　　　）

四、分析计算题

1. 甲公司 2016 年下半年各月的实际销售收入如下表所示。

甲公司 2016 年 7～12 月销售收入表

单位：元

月份	7	8	9	10	11	12
实际销售额	23 000	24 600	26 000	28 400	25 000	26 000

（1）采用算术平均法预测甲公司 2017 年 1 月的销售额。

（2）采用加权平均法（7～12 月的权数分别为 0.01、0.04、0.08、0.12、0.25 和 0.5）预测甲公司 2017 年 1 月的销售额。

2. 乙公司 2012～2016 年 A 产品产销量及成本水平如下表所示。

乙公司 2012～2016 年 A 产品产销量及成本简表

年度	2012	2013	2014	2015	2016
产销量（件）	300	250	320	350	400
总成本（元）	310 000	276 000	330 600	348 750	388 000
其中：固定成本总额（元）	85 000	86 000	89 000	88 000	90 000
单位变动成本（元）	750	760	755	745	745

若 2017 年产销量为 420 件，采用加权平均法（2012～2016 年权数分别为 0.03、0.07、0.15、0.25 和 0.5）预测 2017 年产品总成本和单位成本。

3. 森耀科技公司生产并销售家用自动清扫机，有 3 名销售人员、1 名市场策划人员。对于 2017 年的销售量，每个预测者的预测值和概率如下表所示。试预测该公司 2017 年家用自动清扫机的销售量。

销售量和概率预测表

预测员工	销售量（件）			概率（%）		
	最大值	可能值	最小值	最大值	可能值	最小值
甲销售员	600	500	400	20	50	30
乙销售员	550	500	300	20	60	20
丙销售员	500	400	350	20	50	30
策划人员	500	400	300	30	50	20

项目五
短期经营决策分析

💡 知识结构

学习目标

知识目标： 了解决策分析的概念、分类和程序；理解相关成本和无关成本的概念、分类；掌握经营决策分析方法。

能力目标： 掌握差量分析法、边际贡献法在短期经营决策分析中的应用；掌握各种生产决策分析的运用；掌握存货管理方法的运用。

案例引入

大伟公司外聘了具有丰富管理经验的李某作为企业经理人。该公司生产特色灯具制品，除了供应给销售灯具的零售商外，还根据一些大酒店的需求生产定制的灯具等。公司的产品由于质量好、档次高，深受当地市场的欢迎。最近，在公司召开的高层管理者会议上，出现了一些棘手的问题。首先，市场部经理说："上午刚接到客户的一个订购单，需要特殊灯具 8 000 套，买家要求的单价不超过 80 元，并且要求 1 个月内交货。我们公司这种产品的正常售价是 120 元，这批订单是否可以接受呢？"生产部经理说："刚建成的新厂房已经投入使用，现在还有大量的闲置生产能力。因此，在 1 个月内生产出 8 000 套应该没有问题，但是客户对产品有特殊的要求，需要购买专用设备一台，价值 10 000 元。"财务部经理说："这种灯具的生产成本是 90 元（其中，直接材料 40 元，直接人工 20 元，变动制造费用 10 元，固定制造费用 20 元），这笔交易不合算。"作为职业经理人的李某，面对这样的问题，该从哪些方面进行考虑？如何做出正确的决策？

分析： 作为职业经理人的李某所面临的问题是企业短期经营决策的问题。李某在面对公司是否接受低价订单的问题时，应该根据管理会计的理论和方法，考虑产品的单位变动成本、单位固定成本和专属成本与决策的关系。正确区分决策的相关成本与无关成本，这样才能做出正确的决策。

由于特殊灯具是利用公司闲置的生产能力进行的生产，所以公司无论是否接受低价订单，固定成本都会发生，因此构成产品成本的固定制造费用是与决策无关的成本，决策时不需要考虑。公司只要接受订单，产品的变动成本就会发生，它是决策的相关成本，决策时需要考虑。为了满足客户的要求而购买专用设备的成本是接受订单的专属成本，也是决策时需要考虑的相关成本。通过分析，公司接受低价订单可获得的增量利润计算如表 5-1 所示。

表 5-1 公司接受低价订单可获得的增量利润计算

项目	接受订单
增加的相关收入	80×8 000=640 000
增加的变动成本	70×8 000=560 000
增加的边际贡献	80 000
减：专属成本	10 000
增量利润	70 000

通过以上计算结果，李某应该做出接受 8 000 个特殊灯具的低价订单决策，公司由此可获得

70 000 元的利润。

一、决策分析概述

管理会计中的决策分析就是针对企业生产经营中出现的各种问题进行财务可行性研究，从而为管理人员做出科学、正确的决策提供有用的信息。

1．决策及决策分析的含义

决策是指为了实现一定的目标，借助于科学的理论和方法，对可供选择的各种方案进行分析比较，权衡利弊得失，从中选择最满意（或最优）方案的过程。简单说，决策就是选择的过程，是对未来各种可能的行动方案进行选择或做出决定。在决策过程中，选择"最满意"程度的标准通常是经济效益的大小。当然，进行决策除了必须考虑财务上可靠之外，还需考虑某些非财务因素。

管理会计中的决策分析是指为实现企业的预定目标，在科学预测的基础上，结合企业内部条件和外部环境，对与企业未来经营战略、方针或措施有关的各种备选方案进行成本效益分析的过程。

2．决策的特征

（1）决策总是面向未来。决策是谋划、解决未来事件的活动。从管理学的角度分析，经济活动的未来发展及趋势是可以判断、推测的，但很难精确地予以量化。换句话说，经济活动的未来发展是一种随机变量，其发生会受多种不确定性因素的影响。决策的这一特征，为决策分析中采用定量分析与定性分析相结合的方法奠定了基础。

（2）决策要有明确的目标。决策就是要解决未来的某些问题，要明确解决问题应达到的目标，没有目标的决策是毫无意义的决策。决策目标的建立，一方面为确定各种备选方案提供前提；另一方面又可在决策实施以后，通过实际结果与目标的比较分析，对决策水平进行评估。

（3）决策要考虑人的因素。决策的结果总会是一个确定的实施方案，而任何方案的实施，总是要由一定的人员来完成，这就要求在决策过程中，除了充分考虑方案本身的优劣外，还要考虑备选方案对实施人员的要求以及实施人员对备选方案的适应程度。如果由于各种原因使得实施人员无法无法实施某备选方案时，即使该备选方案与其他备选方案相比具有明显的优点，也不能被选为实施方案。

3．决策的分类

决策贯穿于企业生产经营活动的始终，涉及面广，要解决的问题多，这就决定了决策种类的多样性。

（1）按决策对经营活动影响期的长短分类。按决策对经营活动影响期的长短不同可将决策分为短期决策和长期决策两大类。

短期决策是指对较短时间（一般为 1 年以内）的生产经营活动产生影响的决策。短期决策主要是解决在生产经营过程中如何最有效、最经济、最合理地充分利用现有资源以获取最大的经济效益，一般不涉及固定资产投资，因而又称为"经营决策"。

长期决策是指对较长时间（一般 1 年以上）的生产经营活动产生影响的决策。长期决策通常涉及需要将大量资金投资在固定资产方面，因而又称为"长期投资决策"或"资本支出决策"。

（2）按决策者所掌握的信息特点分类。按决策者所掌握的信息特点不同可将决策分为确定性决策、风险性决策和不确定性决策。

确定性决策是指与决策相关的各项条件或自然状态都是已知的，而且每个方案只有一个确定的结果，没有不确定性因素在内的决策。这类决策只要通过比较不同方案的结果就能容易地做出。

风险性决策是指与决策相关的各项条件都是已知的，但每个方案都有可能出现两种或两种以上的不同结果，并且可以依据有关资料确定各种可能的结果出现的概率的决策。由于每个方案的结果存在不确定性，所以这类决策存在一定的风险。

不确定性决策是指与决策相关的各项条件虽然是已知的，但无法确定每个方案的可能结果，或者每个方案可能出现两种或两种以上的不同结果，但无法确定各种结果出现的概率，只能依靠决策者的实践经验和判断能力来解决的决策。

（3）按决策方案之间的关系分类。按决策方案之间的关系不同可将决策分为接受或拒绝方案决策、互斥方案决策和组合方案决策。

接受或拒绝方案决策，又称贸易独立方案决策，是指每个备选方案各自独立存在，不受其他任何方案影响的决策。这种决策只需要对一个备选方案做出接受或拒绝的选择，因而也称"采纳与否决策"。

互斥方案决策是指在两个或两个以上相互排斥的备选方案中只能选出一个方案的决策。组合方案决策是指在企业资源总量受到一定限制的条件下，从多个备选方案中选出一组最优组合方案，使企业的综合经济效益达到最大。

4．决策分析的程序

决策分析的程序又称决策制定过程，这是因为决策分析本身是一个过程，而不是简单的选择方案的行为。决策分析的程序一般包括 5 个步骤。

（1）确定决策目标。确定目标是决策分析的出发点。由于决策目标是针对生产经营中存在的问题而制定的，因而，确定经营目标应以发现并明确经营问题为前提，也就是说，决策首先要明确解决什么问题、达到什么目标。由于决策目标是企业未来努力的方向，因而确定决策目标应当符合以下 3 点要求。

① 目标要具体化。即确定的目标要具体明确，不能过于笼统抽象，以免被误解。

② 目标要数量化。即尽可能地用可计量的数量指标表达决策目标。

③ 明确约束条件。即凡是附有条件的目标，应充分揭示其约束条件。

（2）收集相关信息。决策目标一经确定，就要针对决策目标广泛收集与其相关的各种信息，这是决策分析程序中的重要步骤。由于经济活动的复杂性，企业在决策过程中，除了要考虑财务上可行之外，在收集与决策目标相关的信息时，一定要将定量信息与定性信息相结合，将财务信息与非财务信息相结合。对于收集到的信息，要根据决策目标进行相关性和有用性的判断，达到"去粗取精、去伪存真"的目的。

（3）制定备选方案。收集到相关的信息资料后，应充分考虑现实与可行性，从不同的角度拟定各种备选方案。为使决策科学化，必须集思广益，制定各种可能实现目标的备选方案并尽可能详细，以有利于分析各方案的优劣。

（4）选择最满意方案。选择最满意（或可行）方案是整个决策分析程序中最关键的步骤。在这一步骤中，决策者根据所掌握的相关信息，对各种备选方案采用定量分析方法进行可行性研究，从不同的侧面论证各方案在技术上和经济上的先进性、合理性与可能性，对各方案做出初步评价。在初步评价的基础上，还要进一步对各方案进行定性分析，考虑各种非计量或非财务因素的影响。在此基础上，按照一定的原则和要求确定择优的标准及方法，通过不断比较、筛选，全面权衡利弊得失，最后选择出较为理想的最满意（或可行）方案。

（5）实施决策方案。最满意方案选定以后，就应该将其纳入企业的计划，并具体组织实施，在组织实施决策方案的过程中，可能会出现不曾预料到的新情况、新问题。根据新情况的需要修改原方案，因此，要对实施的具体情况随时进行检查和监督，以揭示偏离决策目标的程度和原因，并及时提供反馈信息。决策者根据反馈信息，采取相应的措施纠正偏差，甚至调整决策目标或修改原决策方案，使之尽量符合客观需要和适应企业内外部环境，以保证决策目标的顺利实现，从而使决策过程处于动态的良性循环之中；同时能够积累经验和数据，为今后的决策制定提供指导。

二、决策分析中的相关成本与无关成本的概念

成本是衡量企业经济效益的一个重要指标，是影响决策的关键因素。管理会计中的"成本"有着广泛的含义，常常针对不同的经营决策问题，需要使用不同的成本概念。经营决策中常用的成本概念从多个角度、多个方面为企业经营决策提供准确的、科学的信息。它可以是事前的，也可以是事中、事后的；可以是已经发生的，也可以未发生的；可以是全面的，也可以是专题的；可以是连续的，也可以是某一时期的。有的与方案的选择有关，有的则与方案的选择无关。

1. 相关成本的含义

经营决策分析中使用的成本概念通常被称为相关成本。相关成本是指由某项特定决策方案直接引起的未来成本支出，并且是不同方案之间有差别的未来成本。由于相关成本与特定决策方案相关联，能对决策产生重大影响，因此，在经营决策分析过程中，必须充分考虑每个决策方案涉及的所有相关成本，如果遗漏了某些相关成本，就有可能导致管理人员在失实的信息基础上做出错误的决策。

相关成本具有以下两方面的基本特征。

（1）相关成本是预计的未来成本。决策是面向未来的，与之相关的成本也只能是未来将要发生的成本。决策不能改变已经发生的历史成本，因而过去发生的历史成本与现在要做出的决策毫无关系。

（2）相关成本是有差别的未来成本。即使是未来成本，也只有不同方案预计成本之间存在差别的未来成本才是与决策有关的相关成本。也就是说，没有差别的未来成本不是相关成本。

2. 常见相关成本的概念

（1）增量成本。增量成本有狭义和广义之分。狭义的增量成本是指不同产量水平的两方案形成的成本差异。这种差异是由生产能力利用程度不同造成的。因实施某项具体方案而引起的成本，如果不采纳该方案，则增量成本就不会发生。在制造企业，由于实施某项方案通常会引起产量的变动，因而增量成本也可以说是由于生产能力利用程度的不同导致产量的不同而形成的成本差异。

广义的增量成本是指两个备选方案相关成本之间的差额，一般又称为差量成本。

增量成本的一种特殊形式是边际成本。例如，某制版厂为了减少人工费，引进全自动无人操作的智能电镀电雕生产线，德国某厂商报价折合人民币是 3 000 万元，日本某厂商的报价是 2 500 万元人民币。则购买德产设备和日产设备这两个方案的差量成本是 500 万元。

增量成本的一种特殊形式是边际成本。边际成本的经济学含义是指当业务量无限小变动时，成本的变动与业务量的变动之比。但在现实经济活动中，业务量无限小的变动最小只能小到一个可计量单位，如一件产品、一批产品等，如果小于一个可计量单位则会失去意义。因此，边际成本的实质就是当业务量以一个单位增加或减少时所引起的成本变动额，显然，当业务量的增量为一个单位时，边际成本就等于单位产品的变动成本。

（2）机会成本。机会成本是指在决策分析过程中，由于选择了某一方案而放弃另一方案所丧失的潜在收益。企业的某些经济资源可能会有许多不同用途，但在经济资源稀缺的情况下，将资源用于某一方面就不能同时用于另一方面。这就是说，资源在某一方面使用的所得，正是由于放弃其他方面使用的机会所带来的。这就要求在进行生产经营决策时，除了要考虑选定方案所能带来的收益，同时还要考虑因丧失掉其他方案而失去的最大收益，即机会成本。一般而言，这部分失去的收益应当由被选定方案的收益来补偿。如果被选定方案的收益不能补偿机会成本，就说明被选定的方案不是最优方案。

机会成本并不是企业的实际支出或资产耗费，因而无需在会计记录中反映，但它却是一项在进行决策分析时必须加以认真考虑的相关成本。

机会成本有多种表现形式，有些需要通过估计、推算来确定，也称假计成本。例如，企业的经营投资可以选择不同的方案，在进行决策分析时，不论是所有者权益资金还是债务资金，都应将利息收入作为机会成本进行考虑。

牢固树立机会成本观念，有利于决策者在决策时尽可能全面地考虑可供选择的行动方案，为有限的资源寻求最佳的用途，最大限度地提高资金的使用效益。但是，必须注意的是，如果某项资源只有一项用途，别无选择，那么这项资源的机会成本则为零。

（3）重置成本。重置成本又称现时成本或现行成本，是指目前从市场上购置同一项原有资产所需要支付的成本。由于通货膨胀、技术进步等因素，某项资产的重置成本与历史成本差异可能会较大，既有可能高于历史成本，也有可能低于历史成本。财务会计所提供的成本资料通常都是历史成本而非重置成本。但是很多决策，如定价决策，直接运用历史成本通常会导致决策者做出错误决策。例如，有一项存货，每单位的历史成本为 500 元，重置成本为 700 元，那么应以哪个成本作为制定出售价格的依据呢？从历史成本来看，每单位按 600 元出售，还可取得利润 100 元，这实际上是一种假象，因为出售后，再重新购进它，每单位要花费 700 元，这样不仅不能取得盈利，反而会亏损 100 元。可见，重置成本是决策中一个不可忽视的重要因素。

在短期经营决策的定价决策及长期投资决策的以新设备替换旧设备的决策中，需要以重置成本作为重点考虑的对象。

（4）可避免成本。可避免成本是指如果选择某个特定方案就可以消除的成本。可避免成本通常用于决定是否停止某产品的生产或终止某部门的经营业务等的决策。如果采纳该方案，有些成本就不会再继续发生，因而可以消除；如果不采纳该方案，则这些成本还会继续发生，这类成本就是可避免成本。

由于可避免成本构成了不同方案的增量成本，因此是相关成本。一般而言，变动成本都是可避免成本；如某些酌量性固定成本，如广告费、培训费、员工的固定工资等均属于可避免成本，因为一旦停止某项经营业务，这些费用就不再发生。

（5）专属成本。专属成本是指那些能够明确归属于某种产品或某个部门的固定成本，也称直接归属固定成本。该成本的发生仅与这些特定的产品或者部门相关，属于相关成本。例如，某种设备专门生产某种产品，那么，这种设备的折旧就是该种产品的专属成本。

选择某一决策方案有时也会增加固定成本，这些固定成本往往是为了弥补生产能力暂时的不足而增加有关装置、设备、工具等长期资产而发生的支出。

（6）可分成本。可分成本是指在联产品或半成品的生产决策中，对于已经分离的联产品或已产出的半成品进行深加工而追加发生的成本。联产品在分离点之后或半成品在产出后，有些需要进一步加工后才能出售，有些则既可以直接对外销售，也可以进一步加工后出售。可分成本就是进一步加工方案必须考虑的相关成本。

（7）付现成本。付现成本是指在决策执行当期需支付一定数额的现金成本。这种成本是未来决策必须动用的现金支付的成本，与过去动用的现金并已入账的成本有所区别。当企业资金紧张、筹资困难或筹资的成本很高时，决策者有时会把付现成本作为考虑的重点，也就是决策者有时会放弃未来收益多、获利大但需立即支付较多现金的方案。例如，某厂原有设备陈旧需立即更换新的设备，现有两个单位生产的设备可选择，甲厂生产的设备售价为 100 000 元，但要立即付清款项；乙厂生产的设备售价为 120 000 元，但可分 12 个月付清。若这时企业资金紧张，无足够的现金立即付现，短期内经济状况不可能好转，且贷款利息又高，则企业就可能放弃甲厂的设备而购买乙厂的设备。

（8）可递延成本。可递延成本是指在企业财力紧张或资源稀缺的情况下，若推迟执行选定的方案不影响企业生产经营大局，则与这一方案相关的成本就称为可递延成本或可延缓成本。例如，被推迟到下一年度的办公楼的修缮支出、被延期至下一季度的会议费或广告费支出等，都属于这类成本。

3．无关成本的概念

与相关成本概念相对的是无关成本概念。无关成本也称非相关成本，是指在决策时不需要考虑的成本。不同方案之间无差别的未来成本就是一种典型的无关成本。换句话说，无论是否存在某个决策方案均将发生某项成本，那么就可以断定该项成本是无关成本。

下面是一些常见的无关成本。

（1）沉没成本。沉没成本是指由于过去的决策所引起并已经发生的实际支出，不是现在或将来决策所能改变的成本，是与决策无关的成本，因此，决策时无须考虑。沉没成本也就是历史成本，即过去取得某项资产而发生的实际支出，通常表现为账面价值或账面净值。

例如，某企业 3 年前拟从国外引进一套先进设备，并聘请专门机构进行了项目的可行性研究，共支付各种费用 150 000 元，但由于种种原因，项目一直没有实施。现在企业技术部门要求重新启动该项目。因为已经事隔 3 年，所以企业要重新进行可行性研究。那么，在这次可行性研究中，过去为该项目支付的 150 000 元，就将成为该项目决策的沉没成本。

（2）不可避免成本。不可避免成本与可避免成本相对，是指不论管理层做出何种决策都不能改变其发生数额的成本。也就是说，这种成本的发生与特定的决策方案无关，不管决策方案是否被采纳，其金额都会发生。如企业决定是否投产某项新产品的决策，如果投产，则需要增加一台设备。该设备的成本属于可避免成本。如果无论是否投产新产品该设备都需要购买，那么设备的成本就属于不可避免成本。

（3）共同成本。共同成本与专属成本相对，是指由多个方案共同负担的固定成本，也就是各方案之间没有差别的成本，如各方案共同分享的设施和服务成本，包括车间管理人员工资、车间中的照明、取暖、空调和管理费用等。由于不论采用哪种方案，其发生额都相同，因此，属于无关成本。

（4）联合成本。联合成本与可分成本相对，是指联产品在分离之前的生产过程中所发生的，应由所有联产品共同负担的生产成本。通常，在是否进一步加工的方案中属于不必考虑的无关成本。

（5）不可递延成本。与可递延成本相对应，不可递延成本或不可延缓成本是指对于选定的方案，即使在企业财力紧张的情况下也必须立即支付，否则将对企业的生产经营产生重大影响的成本，如企业生产线的维修费、机器设备的折旧费、某种贷款的利息支出等。由于这类成本无论采取哪种方案都无法避免，因此在经营决策中一般作为不相关成本，不予以考虑。

4．相关成本、无关成本与经营决策分析

通过学习可知，相关成本是一个重要的决策成本概念，在经营决策分析中，判断每个方案的相关成本可按以下步骤进行。

（1）汇总每个方案涉及的所有成本。

（2）排除其中的沉没成本，并剔除各方案之间无差别的成本。

（3）保留下来的即为各方案之间有差别的成本，也就是相关成本。

总之，相关收入是指由某特定决策方案直接引起的，能对决策产生重大影响的、在决策中必须予以充分考虑的未来收入。如果一项收入只属于某个特定的决策方案，若该方案不存在，就不会产生这项收入，那么，这项收入就是相关收入。相关收入的计算，一般要以特定决策方案的相关销售量和单价为依据。

与相关收入相对的概念是无关收入，如果无论是否存在某决策方案均会发生一项收入，那么该项收入就是决策方案的无关收入。显然，在经营决策分析中是不考虑无关收入的。

需要注意的是，相关成本与无关成本的区分并不是绝对的。有的成本在某一决策方案中是相关成本，而在另一决策方案中却可能是无关成本。

三、经营决策分析方法

企业在经营过程中所面临的决策问题是多种多样的，因而决策分析所采用的具体方法也各有所异。经营决策分析中常用的决策分析方法一般有3种：差量分析法、边际贡献分析法和本量利分析法。

1．差量分析法

管理会计中把两个备选方案之间的差别称为差量。差量分析法就是指在进行两个互斥方案的

决策时，以差量损益指标作为评价方案取舍标准的一种决策方法。

在差量分析法中，各方案的差量损益等于差量收入与差量成本之差，表示企业多获得的利润或少发生的损失。其中差量收入等于两个方案相关收入的差额，差量成本等于两个方案相关成本的差额。差量分析法一般可通过编制差量损益分析表计算差量损益指标，如表 5-2 所示。

表 5-2　　　　　　　　　　　　差量损益分析表

方案/项目	甲方案	乙方案	差异额
相关收入 减：相关成本	$R_甲$ $C_甲$	$R_乙$ $C_乙$	ΔR ΔC
差量损益			ΔP

由表 5-2 可以看出，若差量损益 ΔP 大于零，则甲方案优于乙方案；若差量损益 ΔP 等于零，则甲、乙两个方案的效益相同；若差量损益 ΔP 小于零，则乙方案优于甲方案。差量分析法一般适合于只有两个备选方案的决策分析。

例 5-1

金汐公司有一条生产线，既可用于生产甲产品，也可用于生产乙产品。目前公司正在生产甲产品，该产品每件售价为 100 元，变动成本为 60 元，且需消耗 1 个机器小时的加工时间。现公司部门经理认为，甲产品获得能力较低，拟放弃甲产品的生产，改为生产乙产品。经过测算，乙产品预计每件售价为 140 元，变动成本为 86 元，且需消耗 1.5 个机器小时的加工时间。公司全年的固定成本为 160 000 元，该生产线全年最大生产能力为 8 100 机器小时。假定不论是生产甲产品还是生产乙产品均不会影响固定成本，而且两种产品均在满负荷状态下生产并均可顺利地销售出去。

要求：用差量分析法做出是否用乙产品来代替甲产品的决策。

解：有关的分析计算如下。

（1）计算每种产品的最大产销量。

甲产品最大产销量 $= 8\,100 \div 1 = 8\,100$（件）

乙产品最大产销量 $= 8\,100 \div 1.5 = 5\,400$（件）

（2）计算两个方案的相关收入。

甲产品销售收入 $= 100 \times 8\,100 = 810\,000$（元）

乙产品销售收入 $= 140 \times 5\,400 = 756\,000$（元）

（3）计算两个方案的增量成本。

在本决策中，由于固定成本 160 000 元无论生产哪种产品都会发生，属于共同成本，因而与方案的选择无关。方案的增量成本只需考虑变动成本。

甲产品的增量成本 $= 60 \times 8\,100 = 486\,000$（元）

乙产品的增量成本 $= 86 \times 5\,400 = 464\,400$（元）

（4）根据以上资料，编制差量损益分析如表 5-3 所示。

表 5-3	差量损益分析表		单位: 元
方案项目	生产甲产品	生产乙产品	差异额
相关收入	810 000	756 000	54 000
减: 相关成本	486 000	464 400	21 600
差量损益			32 400

由表 5-3 可见,生产甲产品会比生产乙产品多创造 32 400 元的收益,因而用乙产品代替甲产品在经济上是不合算的。

2. 边际贡献分析法

边际贡献分析法就是当各备选方案的相关成本只是变动成本时,可通过对比各方案的边际贡献大小来评价各备选方案优劣的一种决策方法。由于在生产经营决策中一般不会涉及改变生产能力,这也就意味着固定成本稳定不变。因此,通过直接对比各方案的边际贡献大小即可从经济上做出判断。然而,当备选方案的相关成本中包括专属固定成本或机会成本时,就无法使用边际贡献指标,而应使用相关损益指标进行决策。各备选方案的相关损益就是该方案的边际贡献与该方案的专属固定成本或机会成本之差,或该方案的相关收入与相关总成本之差,相关损益大的方案为最满意方案,因此,边际贡献分析法也称为相关损益分析法。边际贡献分析法一般可通过编制相关损益分析表来计算边际贡献或相关损益指标,如表 5-4 所示。

表 5-4	相关损益分析表	
方案/项目	甲方案	乙方案
相关收入	$R_甲$	$R_乙$
减: 相关成本	$C_甲$	$C_乙$
相关损益	$P_甲$	$P_乙$

由表 5-4 可以看出,若 $P_甲$ 大于 $P_乙$ 则甲方案优于乙方案;若 $P_甲$ 等于于 $P_乙$,则甲、乙两方案效益相同;若 $P_甲$ 小于 $P_乙$,则乙方案优于甲方案。边际贡献分析法一般适合于涉及两个或两个以上备选方案的决策分析。采用边际贡献分析法,当备选方案没有相关收入,只有相关成本时,通过比较各个方案的相关成本,选择相关成本最低的方案为最满意方案。

例 5-2

沿用例 5-1 的资料。

要求: 用边际贡献分析法做出是否用乙产品代替甲产品的决策。

解: 编制相关损益分析表计算各方案的边际贡献指标,如表 5-5 所示。

表 5-5	相关损益分析表		单位: 元
方案/项目	甲方案	乙方案	
相关收入	810 000	756 000	
减: 相关成本	486 000	464 400	
相关损益	324 000	291 600	

由表 5-5 可见，生产甲产品创造的边际贡献大于生产乙产品创造的边际贡献，因而用乙产品来代替甲产品在经济上是不合算的。

3．本量利分析法

本量利分析法，也称为成本无差别点分析法、临界成本分析法，是指运用本量利分析原理来评价各备选方案优劣的一种决策方法。运用此方法时，所评价的各备选方案一般不涉及相关收入，只涉及相关成本，因此可利用成本与业务量之间的关系模型计算成本无差别点的业务量，根据本方法计算出来的值的取舍标准是：若预期的业务量小于成本无差别点业务量，则固定成本较低的方案为优；若预期的业务量大于无差别点业务量，则固定成本较高的方案为优。本量利分析法的适用条件和计算方法已在项目三中做了介绍，这里不再赘述。

例 5-3

诺卡公司准备生产 A 型车用机油，现在有新旧两种工艺方案可供选择。有关成本数据资料如表 5-6 所示。

表 5-6　　　　　　　　　　　A 型机油资料表　　　　　　　　　　单位：元

工艺方案	固定成本总额	单位变动成本
新方案	8 000	20
旧方案	5 000	40

根据表 5-4 的数据，利用产量成本关系，确定新、旧方案的总成本公式如下。

$$y_1=a_1+b_1x$$
$$y_2=a_2+b_2x$$

令 $y_1=y_2$，即 8 000+20x=5 000+40x。

解得 x=150（件）。

计算结果表明，成本无差别点的业务量为 150 件。如果产量为 150 件，新、旧成本相同，均属于可行方案；如果产量小于 150 件，旧方案的总成本小于新方案的总成本，旧方案较优；如果产量大于 150 件，新方案的总成本小于旧方案的总成本，新方案较优。

四、生产决策分析

生产决策是指在短期内，围绕是否生产、生产什么、生产多少，以及如何安排生产等方面的问题而进行的决策，它是企业经营决策的重要内容之一。常见的生产决策包括是生产何种产品的决策、是否接受特殊订单的决策、亏损产品是否停产或亏损部门是否停业的决策、零部件是自制还是外购的决策、联产品或半成品是否进一步加工的决策、如何合理利用有限资源安排生产使产品达到最优组合的决策等。

1．特殊订单的决策

所谓特殊订单是指不包括在企业正常生产范围之内的一次性的、出价较低的订单。从企业长期经营的角度来看，产品的销售价格应该高于生产和销售该产品的全部成本。但在企业存在剩余生产能力的情况下，当有客户提出低于正常价格、甚至低于产品完全成本的订单时，企业是否应该接受该订单？通常从财务会计的角度来看是不应该接受的，但从管理会计的角度进行分析，有时接受该订单会给企业带来额外的收益。

是否接受特殊订单应该考虑以下几种具体情况。

（1）在剩余生产能力无其他用途的情况下，如果接受特殊订单不需要追加专属成本，那么只要该特殊订单的出价大于产品单位变动成本，也就是该特殊订单能提供边际贡献时，就可以接受该订单。其原因在于，由于特殊订单只是利用剩余生产能力进行生产，所以不会影响固定制造费用，只有变动成本才受该订单的影响。因此，特殊订单方案的相关成本中一般不考虑固定制造费用，特殊订单产生的边际贡献可全部为企业带来营业利润。

（2）在剩余生产能力无其他用途的情况下，如果接受特殊订单需要追加专属成本，那么接受此特殊订单的条件是该订单产生的边际贡献应大于专属成本，也就是特殊订单的相关损益应大于零。

（3）如果剩余生产能力具有其他方面的用途，那么就应当将在其他用途上产生的收益作为接受特殊订单的机会成本。

（4）如果特殊订单的订货数量超过了剩余生产能力的生产量，则接受该订单将会放弃部分正常生产量的销售，也就是将部分正常销售量转入了该特殊订单，这种情况下，就应将由此放弃正常销售产生的边际贡献作为特殊订单的机会成本。

例 5-4

贝贝汽车配件公司生产一种汽车配件，其年最大生产能力为 10 万件。该产品的正常销售价格为每件 160 元，单位变动成本为 110 元，因而单位边际贡献为 50 元。根据正常订货需求，2017 年度的预算销售量为 9 万件，全年预算固定制造费用为 180 万元，每件产品吸收固定制造费用 20 元，产品单位完全成本为 130 元。预算执行年度中间，有一客户向贝贝公司发来一个特殊订单，其要求的价格为每件 128 元，而且此项订单不需要增加变动销售费用。

要求：就以下各不相关的订货数量方案做出是否接受该特殊订单的决策。

（1）订货 8 000 件，剩余生产能力无其他用途。

（2）订货 11 000 件，剩余生产能力无其他用途。

（3）订货 8 000 件，但目前有一家公司打算租用贝贝公司闲置的生产设备，并愿意支付租金 120 000 元。

（4）订货 11 000 件，但目前有一家公司打算租用贝贝新公司闲置的生产设备，并愿意支付租金 120 000 元。此外，由于该订单对产品加工工艺有特殊要求，需要购入一台价值 80 000 元的专用设备，而且这台设备只能用于该特殊订单。

解：根据上述资料，分析计算如下。

（1）从表面上看，该特殊订单的价格 128 元比正常价格低很多，甚至比产品的单位完全成本 130 元还要低，接受此订单会给企业带来损失。但从管理会计的角度分析，由于该特殊订单的订货量 8 000 件在剩余生产能力范围之内，可利用剩余生产能力生产，因而不会增加固定成本。同时，该特殊订单的价格 128 元也比产品单位变动成本 110 元大，接受该特殊订单会给企业带来

144 000 元的边际贡献，从而使企业多获得利润 144 000 元。用边际贡献分析法计算如下。

接受特殊订单：

销售收入增加（128×8 000）	1 024 000 元
减：变动成本增加（110×8 000）	880 000 元
边际贡献增加	144 000 元

（2）由于剩余生产能力只能生产 10 000 件产品，特殊订货量 11 000 件超过了剩余生产能力。如果接受该特殊订单只能放弃正常销售量 1 000 件，因此，应将放弃正常销售 1 000 件的边际贡献作为接受特殊订单的机会成本。用边际贡献分析法计算如下。

接受特殊订单：

销售收入增加（128×11 000）	1 408 000 元
减：变动成本增加（110×11 000）	1 210 000 元
放弃正常销售的边际贡献（50×1 000）	50 000 元
相关收益增加	148 000 元

可见，接受该特殊订单会使企业增加 148 000 元的利润，因而应接受该特殊订单。

（3）特殊订单的订货量 8 000 件在剩余生产能力范围之内，但目前企业有一出租闲置设备的机会，如果接受该特殊订单则将会放弃出租，由此而放弃的租金收入 120 000 元应作为接受特殊订单的机会成本。用边际贡献法计算如下。

接受特殊订单：

销售收入增加（128×8 000）	1 024 000 元
减：变动成本增加（110×8 000）	880 000 元
放弃的租金收入	120 000 元
相关收益增加	24 000 元

可见，接受该特殊订单会使企业增加 24 000 元的利润，因而应接受该特殊订单。

（4）由于接受该特殊订单需要购入一台专用设备，由此会增加专属成本 80 000 元。同时，接受该特殊订单还会产生两项机会成本：一是由此而放弃正常销售 1 000 件的边际贡献；二是放弃的租金收入。用边际贡献法分析计算如下。

接受特殊订单

销售收入增加（128×11 000）	1 408 000 元
减：变动成本增加（110×11 000）	1 210 000 元
专属成本增加	80 000 元
放弃正常销售的边际贡献（50×1 000）	50 000 元
放弃的租金收入	120 000 元
相关损失增加	−52 000 元

可见，如果接受该特殊订单，将会产生 52 000 元的损失，从而使企业的全部收益减少 52 000 元，所以不应该接受该特殊订单，而应将闲置的设备出租。

运职慧慧食品厂生产点心，年生产能力为 8 000 件，单位售价为 60 元，其单位成本如下：直接材料 20 元，直接人工 15 元，变动制造费用 8 元，固定制造费用 6 元，单位成本合计 49 元。企业目前还有剩余生产能力，可用于接受追加订货。现有一客户提出订购 1 500 件该产品，每件 46 元。由于附加的特殊要求，企业需要另外购置一台设备，价值 2 500 元。

要求：对食品厂是否接受客户的特殊订单做出决策。

2. 亏损产品是否停产或亏损部门是否撤销的决策

管理人员经常面临的一项重要决策是，当某种产品或某一部门发生亏损时，应该考虑是否停产或是否撤销的问题。如果从财务会计的角度分析，一般认为应该停产或撤销，这样可以提高企业的营业利润总额，但事实未必如此。从成本性态分析的角度来看，停止某亏损产品的生产一般只减少变动成本（即可避免成本）。如果销售该亏损产品能产生边际贡献，则可以弥补一部分固定成本，这时就不该停产。因为亏损产品一旦停产，其原来产生的边际贡献就会消失，固定成本就都需要由其他产品产生的边际贡献来负担。这时，企业的营业利润不仅不会增加，反而会减少。因此，亏损产品是否停产的决策应遵循以下原则。

（1）当亏损产品的生产能力无其他用途时，只要亏损产品能产生边际贡献就不应当停产。

（2）若亏损产品的生产能力可以转作他用，即亏损产品停产后，其闲置下来的设备可用于生产其他产品，只要转产后所产生的边际贡献大于亏损产品所提供的边际贡献，那么这一转产方案就是可行的。反之，如果转产后所产生的边际贡献小于亏损产品所提供的边际贡献，那么就不应当转产，而应继续生产亏损产品。

例 5-5

运职慧慧食品厂生产和销售点心类、煮饼类、麻片类 3 类食品，有关下一年度产销量、售价、成本和人工小时的预算资料如表 5-7 所示。

表 5-7   3 种产品的有关预算资料

项目	点心类	煮饼类	麻片类
产销量（件）	8 000	2 000	4 000
销售单价（元）	60	90	80
单位变动成本（元）	32	70	42
单位人工小时	4	9	6
固定制造费用（元）	185 000（按产品人工小时分配）		
销售和管理费用（元）	135 000（全部为固定成本）		

要求：（1）按完全成本法分别计算 3 种产品的预算销售毛利和营业利润，并编制营业利润

预算表。

（2）企业管理层正在考虑停止生产亏损的煮饼类产品，问是否应该停止亏损的煮饼类产品的生产？

（3）如果点心类产品存在较大的市场，若停止生产煮饼类产品，则其生产设备可用来增加生产和销售点心类产品，但企业需要增加 10 000 元的广告费才能使点心类产品的销售量在原预计基础上增长 30%，这种情况下，是继续生产煮饼类产品，还是停产煮饼类产品而转产点心类产品？

解： 有关分析计算如下。

（1）根据上述资料编制完全成本法的营业利润预算如表 5-8 所示。

表 5-8　　　　　　　　　　　　营业利润预算　　　　　　　　　　　单位：元

项目	点心类	煮饼类	麻片类	合计
销售收入	480 000	180 000	320 000	980 000
减：销售成本				
变动成本	256 000	140 000	168 000	564 000
固定制造费用	80 000	45 000	60 000	185 000
销售毛利	144 000	（5 000）	92 000	231 000
减：销售和管理费用				135 000
营业净利				96 000

其中：

点心类产品人工小时=4×8 000=32 000（小时）

煮饼类产品人工小时=9×2 000=18 000（小时）

麻片类产品人工小时=6×4 000=24 000（小时）

$$固定制造费用分配率=\frac{185\,000}{32\,000+18\,000+24\,000}=2.5（元/小时）$$

点心类产品分配的固定制造费用=2.5×32 000=80 000（元）

煮饼类产品分配的固定制造费用=2.5×18 000=45 000（元）

麻片类产品分配的固定制造费用=2.5×24 000=60 000（元）

（2）从表 5-6 可见，销售煮饼类产品预计会发生亏损 5 000 元，为了增加企业的盈利，似乎应该停产煮饼类产品。但由于固定制造费用在各种产品之间的分配本身包含了许多主观因素，如果应用变动成本法进行分析则可以看出，由于煮饼类产品本身能提供边际贡献 40 000 元，从而可以弥补 40 000 元的固定成本，如果盲目地将煮饼类产品停产，则会丧失 40 000 元的边际贡献，而原来分配给煮饼类产品的固定制造费用还会照样发生，并将全部转嫁给点心类产品和麻片类产品，由点心类产品和麻片类产品负担。这样，不但不会使企业的总利润增加，反而会使企业的总利润减少。因而，企业不应该停止生产煮饼类产品。

（3）可用差量分析法进行转产业务分析。

转产点心类产品增加的产量=8 000×30%=2 400（件）

编制差量损益分析如表 5-9 所示。

表 5-9 差量损益分析表 单位：元

项目	停产煮饼类而生产点心类产品	继续生产煮饼类产品	差异额
相关收入	60×2 400=144 000	180 000	-36 000
相关成本			
变动成本	32×2 400=76 800	140 000	-63 200
专属成本	10 000	0	10 000
差量损益			17 200

由表 5-9 可见，转产点心类产品将比继续生产煮饼类产品多带来 17 200 元的收益，从而使企业的营业利润增加。因而，企业应该停止煮饼类产品的生产，转而生产点心类产品。

上述结论是假定固定成本保持不变。但在实际工作中，有些固定成本属于可避免成本。例如，当撤销某一亏损部门时，有些固定成本就不会发生，如部门管理人员的薪金、广告费、场地租金等，这种可避免固定成本就是决策的相关成本。

学中做　　假设融通公司生产甲、乙、丙 3 种产品，固定成本总额为 15 000 元，3 种产品的相关资料如表 5-10 所示。

表 5-10 产品资料

项目	销售数量（件）	销售单价（元）	单位变动成本（元）	固定成本总额（元）
甲产品	1 000	25	10	
乙产品	800	40	34	15 000
丙产品	600	30	15	

要求：（1）分析计算出亏损产品。

（2）判断分析亏损产品是否需要停产。

3．自制或外购的决策

在零部件是自制还是外购的决策中，有时定性因素会支配定量评价。有些企业总是自己生产零部件，原因是为了控制质量；有些企业是为了和供货商之间保持长期的互利关系而一直购买零部件。如果从定量角度分析是自制还是外购，一个关键的因素是企业是否有剩余生产能力。许多企业只有当其设备没有其他更好的用途时才自己生产零部件。

零部件自制或外购决策的一个特点是只考虑相关成本，不考虑收入。因为不论零部件是自制还是外购，其生产的产品的卖价都一样，所以在进行决策分析时，只考虑各备选方案预计的未来成本，从中选择成本较低者为最满意方案。

在零部件自制或外购决策分析中还应注意以下两点：一是由于自制零部件通常是利用剩余生

产能力来生产，无论是否自制，固定成本总是要发生的，因此，自制方案一般不需要考虑固定成本，但也应注意区分可避免固定成本与不可避免固定成本；二是如果剩余生产能力有其他用途，则必须考虑机会成本。

（1）零部件年需要量确定的情况。在零部件年需要量确定的情况下，只要比较两个备选方案的相关成本，选择成本较低的方案即可。自制方案中的相关成本，包括制造过程中的变动成本、专属成本和机会成本等。外购方案的相关成本，就是购买该零部件所支付的买价、运费、保险费和相关税费等。

例 5-6

某制版公司生产压纹版辊每年需用异形螺栓 3 000 件，如向外协厂定购，每个进货价包括运杂费 25 元，若该公司目前有剩余生产能力可制造这种螺栓，经会计部门会同技术部门进行估算，预计每件螺栓的成本资料如下。

直接材料　　　　12 元/件

直接人工　　　　5 元/件

变动制造费用　　4 元/件

固定制造费用　　4 元/件

假定该公司不制造该螺栓，生产设备也没有其他用途，请问该公司此零件是自制还是外购？

解： 由于公司有剩余的生产能力可以利用，因此维持原有生产经营能力的固定成本属于无关成本，不予考虑。因此，采用相关成本分析法编制相关成本分析表如表 5-11 所示。

表 5-11　　　　　　　　　　　　相关成本分析表　　　　　　　　　　　　单位：元

项目	自制方案	外购方案	差量
变动成本	21×3 000=63 000	25×3 000=75 000	—
相关成本合计	63 000	75 000	-12 000

该题中，相关成本只包括变动生产成本。计算结果表明，自制这些螺栓比外购节约 12 000 元，故应选择自制。

假定该公司的生产设备不选择自制，还可出租给外单位使用，每月可收租金 1 500 元。在这种情况下，请问此螺栓是自制还是外购？

解： 根据上述资料，如果该公司决定了自制这种螺栓，就相当于放弃了剩余生产能力对外出租，进行决策时，相关成本就发生了变化，除了变动的生产成本之外，还产生了机会成本。采用相关成本分析法编制相关成本分析表如表 5-12 所示。

表 5-12　　　　　　　　　　　　相关成本分析表　　　　　　　　　　　　单位：元

项目	自制方案	外购方案	差量
变动成本	21×3 000=63 000	25×3 000=75 000	—
机会成本	12×1 500=18 000	0	—
相关成本合计	81 000	75 000	6 000

在该题中，相关成本包括变动生产成本和机会成本。计算结果表明，外购螺栓比自制节约6 000元，故应选择外购。

假定该公司的生产设备选择自制，则还需要再购买热处理设备，为此每年需为此增加专属固定成本2 000元。且如果不选择自制，剩余的生产能力可对外出租，每月可收租金500元。在这种情况下，请问螺栓是自制还是外购合算？

解：根据资料，如果该公司决定了自制螺栓，就相当于放弃了剩余生产能力的对外出租以及需要增加专属固定成本。因此，进行决策时，相关成本包括变动的生产成本、机会成本和专属成本。采用相关成本分析法编制相关成本分析表如表5-13所示。

表5-13　　　　　　　　　　　相关成本分析表　　　　　　　　　　　单位：元

项目	自制方案	外购方案	差量
变动成本	21×3 000=63 000	25×3 000=75 000	—
机会成本	12×500=6 000	0	—
专属固定成本	2 000	—	—
相关成本合计	71 000	75 000	-4 000

可见，相关成本包括变动生产成本、机会成本和专属固定成本。计算结果表明，特种螺栓自制比外购节约4 000元，故应选择自制。

学中做　某公司生产B产品，每年需要耗用乙零件4 000件。该企业目前的剩余生产能力可以制造零件，自制零件的单位变动生产成本为25元，固定制造费用总额为28 000元。若外购，乙零件的单价为30元（包括运杂费）。试问：

（1）若企业的剩余生产能力不能转移，只能用于自制零部件，且不需要追加专属设备，则企业应当自制还是外购零部件？

（2）若企业的剩余生产能力不能转移，只能用于自制零部件，且需要追加专属设备，其专属固定成本为15 000元，则企业应当自制还是外购零部件？

（3）若企业的剩余生产能力可以用于出租，年租金为21 600元，则企业应自制还是外购零部件？

（2）零部件年需要量不确定的情况。在零部件年需要量不确定的情况下，不能采取比较两个备选方案的相关成本大小的方法来分析，而应该采用成本无差别点分析法来对企业是自制还是外购零部件做出决策。

例5-7

某制版公司电镀生产所需的合金铅锡条可以外购，售价为18元/公斤，如果该零件自制，每件将发生直接材料费用11元，直接人工3元，变动制造费用2元，且每年需为此增加专属固定成本1 000元，请问该公司制作铅锡条全年需要量在什么情况下应采用自制方案，什么情况下应采用外购方案？

解： 采用成本无差别点法进行分析如下。

成本无差别点的业务量=两个方案固定成本的差额/两个方案单位变动成本的差额

$$=（1\ 000-0）\div（18-16）$$

$$=500（千克）$$

计算结果表明，当该公司的年需要量大于 500 千克时，应选择自制方案；当该公司的年需要量正好是 500 千克时，则两个方案都可行；当该公司的年需要量小于 500 千克时，应选择外购方案。

假如铅锡条生产厂商有这样的销售规定：当公司年需要量大于 600 千克时价格优惠为 17 元/千克，当公司年需要量小于 600 千克时价格还是 18 元/千克。请问此制版公司全年需要量在什么情况下应采用自制方案，什么情况下应采用外购方案？

解：（1）600 千克以内成本无差别点的需要量的计算如下。

成本无差别点的业务量=（1 000-0）÷（18 16）=500（千克）

结论：当公司年需要量大于 500 千克时，应选择自制方案；当公司年需要量小于 500 千克时，选择外购方案。

（2）600 千克以上成本无差别点的需要量的计算如下。

成本无差别点的业务量=（1 000-0）÷（17-16）=1 000（千克）

结论：当年公司需要量大于 1 000 千克时，应选择自制方案；当公司年需要量小于 1 000 千克时，应选择外购方案。

计算结果表明，当该公司的年需要量小于 500 千克时，应选择外购方案；当需要量在 500～600 千克时，应选择自制；当需要量在 600～1 000 千克时，应选择外购；当需要量大于 1 000 千克时，应选择自制。

> 学中做　　某公司生产 C 产品需要丙零件，年需要量不确定。如自制，单位变动生产成本为 16 元，每年将发生相应的固定成本 30 000 元；若外购，一次性购买量在 10 000 件以内，外购单价为 20 元；若一次性购买量在 10 000 件以上，外购单价可以降低 10%。
>
> **要求：** 做出丙零件自制还是外购的决策。

4．产品是否进一步加工的决策

（1）联产品加工决策。联产品是指投入同一种原材料在同一生产过程中同时生产出来的若干种经济价值较大的产品，如石油化工厂对原油裂化加工分馏出来的汽油、柴油、重油等产品都属于联产品。

在生产联产品的企业，有些联产品在分离后既可以立即出售，也可以经进一步加工后再出售，如汽油就可进一步加工成各种标号的油品。因此，这类企业有时就会面临对联产品究竟是直接出售还是进一步加工后出售的决策问题。

在联产品是否进一步加工的决策中，联产品分离前所发生的联合成本，无论是变动成本还是固定成本，都属于无关的沉没成本，相关成本只包括与进一步加工有关的可分成本，而相关收入则包括直接出售的有关收入和加工后出售的有关收入。对这类决策问题，一般可采用差量分析法。

例 5-8

山青化工厂的同一生产过程可生产出 S 和 L 两种化工产品。其中，产品 S 的年产量为 1 000 吨，产品 L 的年产量为 500 吨。S 和 L 两种产品分离后可直接出售给一石油公司作为汽油的添加成分。产品 S 每吨售价为 900 元，产品 L 每吨售价为 600 元。生产两种产品发生的联合生产成本为 800 000 元，按分离点的销售收入比例分配联合成本，产品单位成本的计算如表 5-14 所示。

表 5-14　　　　　　　　　　单位成本计算表

产品	产量（吨）	销售收入（元）	比例	分配联合成本（元）	每吨成本（元）
S	1 000	900 000	75%	600 000	600
L	500	300 000	25%	200 000	400
合计	—	1 200 000	100%	800 000	—

假定 500 吨联产品 L 还可以进一步加工成产品 LP 后再出售给某塑料企业，进一步加工增加的变动成本为每吨 100 元，进一步加工后每吨 LP 的售价为 800 元。

要求： 做出产品 L 是直接出售还是进一步加工后再出售的决策。

解： 由于要达到分离点必定要发生联合成本，它们在两个可选方案之间没有差别，因而与直接出售还是进一步加工的决策无关。编制差量损益分析表如表 5-15 所示。

表 5-15　　　　　　　　　　差量损益分析表　　　　　　　　　单位：元

项目	进一步加工为 LP	直接出售 L	差异额
销售收入	800×500=400 000	600×500=300 000	100 000
可分成本	100×500=50 000		50 000
差量损益			50 000

由表 5-15 可见，产品 L 进一步加工后出售比直接出售多得利润 50 000 元。由此可得出结论：如果某种联产品在分离点之后进一步加工增加的收入超过增加的加工成本（即可分成本），那么继续加工联产品总是有利可图的。

（2）半成品加工决策。一般情况下，产品初加工后立即出售时的价格较低，进一步加工后出售时的价格较高，但进一步加工通常要发生一定的追加成本。为此，企业必须全面权衡产品立即出售和继续加工的利弊得失，正确制定产品是否进一步加工的决策。

就普通产品而言，经初步加工后的某种半成品究竟是否做进一步加工，关键是看该种产品经继续加工所能增加的销售收入能否补偿并超过它所需增加的加工费用，能否提供一定数额的增量边际贡献（此时的边际贡献即为利润）。

例 5-9

某企业生产甲产品，其年产量为 2 000 件。该产品既可经初步加工立即出售，单位销售价格为 60 元，单位变动成本为 45 元；也可经继续加工后再行出售，单位销售价格为 100 元。进一步加工时，除每单位产品将追加变动成本 30 元外，还需增加一台专用设备，其年折旧费为 15 000 元。试确定对甲产品是立即出售还是进一步加工后再行出售。

解： 计算与分析如下。

进一步加工的追加收入=2 000×（100-60）=80 000（元）

进一步加工的追加支出=2 000×30+15 000=75 000（元）

进一步加工的追加利润=80 000-75 000=5 000（元）

对甲产品进一步加工后再出售可以增加利润 5 000 元。因此，对甲产品应进一步加工后再行出售。

某公司每年生产甲半成品 10 000 件，单价为 46 元，单位变动成本为 20 元，固定成本总额为 150 000 元。如果将甲半成品进一步加工为乙产品后出售则单价可提高到 80 元，但需追加单位变动成本 23 元，专属固定成本 80 000 元。

要求： 做出甲半成品是直接出售还是进一步加工后出售的决策。

5．利用有限资源生产达到最优产品的决策

在现实经济生活中，企业的生产常常会受到某一种有限（或稀缺）资源的限制，如某种原材料、人工或机器小时、占地面积等。当某种有限资源限制了企业满足外部需求的产出能力时，说明企业产品的生产和销售量受到了约束。限制企业整个产出能力的有限资源通常称为"瓶颈"，由此也就产生了如何合理利用有限资源的决策问题。

当产品产量受到某一有限资源约束时，通常不能以产品单位边际贡献大小作为决策的标准。其原因在于，尽管单位边际贡献是反映产品盈利能力的重要指标，但在企业资源有限的情况下，单位边际贡献大的产品产量不一定大，因而其边际贡献总额就不一定最大，这样就不能为企业带来最大的经济利益。所以，在企业生产受到某一有限资源约束的情况下进行生产决策，必须以各种产品提供的边际贡献总额的大小来判断方案的优劣。在这种情况下，通常选择产品单位资源边际贡献指标作为评价依据。在各种产品的单位边际贡献和某一有限资源的单位产品消耗标准（如单位产品工时消耗标准、单位产品材料消耗标准）为已知的条件下，可按下式计算单位资源边际贡献。

$$单位资源边际贡献=\frac{单位产品边际贡献}{单位产品资源消耗标准}$$

用单位资源边际贡献指标进行决策，与用边际贡献总额指标进行决策，其结果是一致的。因为在资源有限的前提下，产品的资源边际贡献最大，其边际贡献总额就最大。企业生产受到一种资源约束的决策通常包括两方面的内容。

（1）生产何种产品的决策。如果企业生产产品耗用的某一种资源是有限的，但销售数量不受市场需求的限制，生产出的产品都能卖出，则应选择单位资源边际贡献最大的产品进行生产。

例 5-10

某公司现有的生产设备可以生产两种产品：普通加湿器和多功能加湿器。有关两种产品的资料如表 5-16 所示。

表 5-16　　　　　　　　　　　　　两种产品的有关资料

项目	普通加湿器	多功能加湿器
销售价格	80 元	120 元
单位变动成本	64 元	84 元
单位边际贡献	16 元	36 元
边际贡献率	20%	30%
单位产品机器小时	0.4 小时	1 小时

现假定下一预算年度两种加湿器的年需求量都超过了该企业的生产能力，而生产能力是企业产销量的唯一限制资源，该公司全年可利用的生产能力只有 23 000 机器小时。

要求：做出应生产哪一种产品的决策。

解：由于该公司是利用现有的生产能力生产，不论生产哪种产品，都不会影响固定成本总额，因而只需考虑两种产品的边际贡献。又因为该公司的生产能力为限制资源，则应利用单位资源边际贡献指标进行决策分析，有关计算如表 5-17 所示。

表 5-17　　　　　　　　　　　　　相关损益计算表

项目	普通加湿器	多功能加湿器
单位边际贡献	16 元	36 元
单位产品机器小时	0.4 小时	1 小时
每机器小时边际贡献	40 元	36 元
23 000 小时边际贡献总额	920 000 元	828 000 元

由表 5-17 可见，虽然每出售一台多功能加湿器增加的边际贡献高于普通加湿器，但普通加湿器每一机器小时提供边际贡献 40 元，而多功能加湿器每一机器小时只能提供边际贡献 36 元。因而，在有限的 23 000 机器小时的生产能力条件下，普通加湿器提供的边际贡献总额为 920 000 元，超过了多功能加湿器提供的 828 000 元的边际贡献总额。所以，该公司明年应生产普通加湿器。

企业有时是利用现有的剩余生产能力或老产品腾出来的生产能力开发新产品，对不同的新产品开发方案进行决策。

例 5-11

某企业生产甲产品，有剩余生产能力 5 000 小时，现准备开发新产品乙或丙，有关资料如表 5-18 所示。假设不管开发哪种产品都可以销售出去，但由于剩余生产能力有限，只允许开发一种产品，请问开发哪种产品更为有利？

表 5-18　　　　　　　　　　　　乙丙两种产品的资料

项目	乙产品	丙产品
单位产品定额工时（机时/件）	10	4
单位售价（元/件）	30	10
单位变动成本（元/件）	18	4

解： 由于该企业是利用剩余的生产能力来开发乙产品或丙产品，故维持原有生产能力的固定成本属于沉没成本，是无关成本。该决策问题可采用单位资源贡献边际法来分析。

乙产品的单位资源贡献边际=（30-18）÷10=1.2（元/小时）

丙产品的单位资源贡献边际=（10-4）÷4=1.5（元/小时）

计算结果表明，应当开发丙产品。

新产品的开发决策也可采用贡献边际总额法来分析。

乙产品的单位资源贡献边际=30×（5 000÷10）-18×（5 000÷10）=6 000（元）

丙产品的单位资源贡献边际=10×（5 000÷4）-4×（5 000÷4）=7 500（元）

计算结果表明，应当开发丙产品。

（2）达到产品最优组合的决策。如果生产产品耗用的某一种资源是有限的，同时销售量也受到市场有限需求的限制，请问企业在生产多种产品的情况下，怎样安排各种产品的生产量，才能使利润最大？首先分别计算各种产品的单位资源边际贡献，然后将各产品单位资源边际贡献从大到小进行排序，最后按照此排序安排各种产品的生产量直至用完该有限资源。按照此方法安排的产品生产可产生最大的边际贡献，从而使企业的利润达到最大化。

例 5-12

某企业生产甲、乙两种产品，该企业年生产能力为 6 000 工时，试问两种产品每年分别生产多少件，才能获得最多的利润？甲、乙产品生产和销售资料如表 5-19 所示。

表 5-19　　　　　　　　　　　　甲、乙产品生产和销售资料

项目	甲产品	乙产品
单位产品工时定额（台时）	6	9
销售单价（元）	200	380
单位变动成本（元）	110	200
每年市场销售量（件）	无限制	≤360

解： 由于企业的生产能力即生产设备的数量是一定的，生产的固定成本是既定的，不论各产品的生产量如何安排，固定成本总是不变的，因而固定成本是不需要考虑的。因此，能使边际贡献最大的产量组合也就是利润最大的产量组合，即最优的产品组合。

对于这一问题，首先要看各产品的生产效益，即每工时可创造的边际贡献，然后尽量多地生产效益高的产品，即可创造最多的边际贡献。这种产量安排就是最优的产品组合。

甲产品单位边际贡献=200-110=90（元）

甲产品每台时创造边际贡献=90÷6=15（元）

乙产品单位边际贡献=380-200=180（元）

乙产品每台时创造边际贡献=180÷9=20（元）

可见，乙产品的每台时创造边际贡献较甲产品大，即乙产品的生产效益高。所以，应尽量地多生产乙产品，生产能力应优先保证乙产品的需要。

由于乙产品的年市场销售限量为360件，因此乙产品每年应生产360件的最大产量，在满足乙产品的生产后，再将剩余的生产能力用来生产甲产品。

生产乙产品占用的生产能力=9×360=3 240（台时）

生产乙产品后剩余的生产能力=6 000-3 240=2 760（台时）

剩余的生产能力可生产甲产品=2 760÷6=460（件）

由于甲产品市场销售无限制，所以最优的产品组合为每年生产甲产品460件、乙产品360件，这样可使利润最大化。

最优组合的边际贡献总额=90×460+180×360=106 200（元）

这类问题的决策原则是：尽可能多地生产效益高的产品，优先满足其对生产能力资源的需要，然后将剩余的生产能力资源用于生产效益低的产品。这样可使生产能力资源的利用效益最大、利润最大。

课堂练习 某农产品收购商7月签订了两份供货合同：一份是小麦供货合同，另一份是大豆供货合同。该收购商常年收购玉米，随时可以售出，无合同限量。该收购商本月只有收购资金40 000元，请问应如何安排3种商品的收购量，才能取得最大的利润？最大利润为多少？3种商品的相关资料如表5-20所示。

表5-20　　　　　　　　　　　　3种商品的相关资料

商品	收购价（元/千克）	售出价（元/千克）	成本利润率（%）	合同供货量（千克）
小麦	1.6	1.8	12.5	10 000
大豆	2	2.4	20	5 000
玉米	1	1.1	10	无合同限量

6．不同生产工艺技术方案的决策

不同生产工艺技术方案的决策是指企业在组织生产的过程中，对不同的生产工艺技术方案所做的决策。

企业在生产某种产品或零件时，往往可以采用不同的生产工艺技术。先进的生产工艺，由于劳动生产率提高、材料消耗降低，其单位变动成本较低，但固定成本会较高；而传统的生产工艺技术则相反，其固定成本会较低，但是单位变动成本较高。在分析此类决策问题时，应充分考虑市场的需求情况和业务量水平，选择合适的生产工艺技术方案。对此，可采用成本无差别点法来进行分析。

例 5-13

运大制造公司生产一种零件，有甲、乙两种不同的生产工艺技术方案可供选择。甲方案是采用先进的生产工艺技术，其年固定成本为 500 000 元，单位变动成本为 120 元；乙方案是采用传统的生产工艺技术，其年固定成本为 260 000 元，单位变动成本为 160 元。请问应选择何种方案？

解： 采用成本无差别点法分析如下。

成本无差别点的业务量 =（500 000-260 000）÷（160-120）=6 000（件）

计算结果表明，当该公司的年需求量大于 6 000 件时，选择固定成本大的，即先进的生产工艺技术；当该公司的年需求量小于 6 000 件时，选择固定成本小的，即传统的生产工艺技术。

五、存货管理控制决策

存货是指企业在日常生产经营过程中持有的以备出售的产成品或商品，为了出售仍然处于生产过程的在产品，以及将在生产过程或提供劳务过程中耗用的材料、物料，包括原材料、在产品、半成品、产成品、商品、包装物、低值易耗品、委托代销商品等。存货决策就是在存货信息管理的基础上进行决策分析，最后进行有效控制，使存货始终保持在一个最优水平。保持最优水平是指存货量不能过高也不能过低，因为大批购买虽然在价格上有优惠，但存货量过高，就容易造成存货过时、损坏变质以及占用资金，利息、仓储费和保险费等增加；而存货量过低，则可能产生停工待料及丧失销货机会等不必要的损失。因此，进行存货管理的目标就是用科学的方法，尽力在各种成本与存货效益之间做出权衡，达到两者的最佳结合。

1. 存货成本

存货成本是指存货所耗费的总成本，是企业为存货所发生的一切支出，主要包括采购成本、订货成本、储存成本、缺货成本等。

（1）采购成本。采购成本又称为购置成本，是指货物本身的价值，包括购买价款、相关税费、运输费、装卸费、保险费及其他归属于采购成本的费用。采购成本的总额取决于采购数量和单位采购成本。一定时期内，采购数量是既定的，无论分几批采购，存货的采购成本通常是保持相对稳定的，因此，存货的采购成本在采购批量的决策中，一般属于无关成本。但当大批量采购，供应商给予数量折扣的优惠条件时，采购成本就属于相关成本。

（2）订货成本。订货成本是指从发出订单到收到存货整个过程中所付出的费用，包括采购人员的工资、采购部门的一般经费（办公费、电话费和折旧费等）和采购业务费（差旅费、邮电费和验收费等）。其中，为了维持一定的采购能力而发生的、一定期间的发生额具有相对稳定性的费用称为固定性订货成本，如采购部门的基本开支；另一部分与订货次数有关，随着订货次数的变动而成正比例变动的费用称为变动订货成本，如差旅费、邮电费等。一般来说，固定订货成本是该项决策的无关成本，而变动订货成本则是该项决策应予考虑的相关成本。在年度订货量一定的条件下，变动订货成本与订货次数成正比，与每次订货的数量成反比。

年订货成本的计算公式如下。

$$年订货成本 = 年订货固定成本 + 每批订货成本 \times （全年需要量 \div 订货批量）$$

（3）储存成本。储存成本是指物资在储存过程中发生的有关费用，包括仓储费、搬运费、保险费、占用资金应计的利息、存货破损和变质损失等。储存成本也分为固定储存成本和变动储存成本。固定储存成本与存货数量的多少无关，如仓库折旧、仓库保管员的固定工资等。变动储存成本与存货的数量有关，如存货资金的应计利息、存货的破损和变质损失、存货的保险费用等。

储存成本的计算公式如下。

$$储存成本 = 固定储存成本 + 变动储存成本$$
$$= 固定储存成本 + 单位变动储存成本 \times 平均储存量$$
$$= 固定储存成本 + 单位变动储存成本 \times （每次进货量 \div 2）$$

（4）缺货成本。缺货成本是指由于外部和内部中断供应给企业造成的损失，包括材料供应中断造成的停工损失、库存商品缺货造成延期付货或失销的销售利润损失，以及难以估量的商誉损失等。如果企业以紧急采购代用材料解决库存材料中断之急，那么缺货成本表现为紧急额外购入成本。

缺货成本是否与决策相关，视企业是否允许出现存货短缺而定。若企业允许出现存货短缺，则短缺成本与存货数量反向相关，即属于决策相关成本；若企业不允许出现存货短缺，则缺货成本为零，无需加以考虑，属于决策无关成本。

根据上述分析，企业储备存货总成本的计算公式如下。

$$存货总成本 = 采购成本 + 订货成本 + 储存成本 + 缺货成本$$
$$= 固定订货成本 + \frac{存货年需要量}{每次进货量} \times 每次变动订货成本 + 采购单价 \times 存货年需要量$$
$$+ 固定储存成本 + 单位变动储存成本 \times \frac{每次进货量}{2} + 缺货成本$$

企业存货的最大化，就是使企业存货总成本最小。

2．存货控制决策

如何控制存货，企业内部不同的部门有不同的看法。例如，企业的财务部门为了灵活调度流动资金，加速资金周转，总是力求存货占用较少的资金；销售部门为了能随时满足顾客的需要，增强竞争力，总是认为存货多多益善；采购部门为了享受大量购买的折扣和运费的优惠，希望尽量扩大每次的采购数量；生产部门为了使生产进度尽可能持续不变，总是力图建立较高的库存量，以备不时之需。因此，企业经理层对存货的控制必须建立在充分考虑各方意见和需要的基础上，做出适当的决策。

一般来说，存货控制的决策可采用 ABC 分类控制法和挂签制度等。

（1）ABC 分类控制法。ABC 分类控制法又称重点管理法，它根据存货的重要程度把存货分为 A、B、C 3 类。其中，品种数量少，但价值高且占用资金多的存货为 A 类；品种数量较多且价值较高的存货为 B 类；零碎、种类很多，但价值低的存货为 C 类。对于价值高的 A 类存货，应将其作为重点来加强管理与控制；对于价值较高的 B 类存货，可按通常的方法进行管理与控制；对于品种数量繁多但价值不大的 C 类存货，可采用最简便的方法进行管理与控制。ABC 控制系统分类标准及其管理方法如表 5-21 所示。

表 5-21　　　　　　　　　　ABC 控制系统分类标准及其管理方法

项目	特征	金额（%）	品种数量（%）	管理方法
A 类	金额巨大，品种数量较少	50～70	10～15	分品种重点管理
B 类	金额较大，品种数量相对较多	15～20	20～25	分类别一般控制
C 类	品种数量繁多，价值金额却很小	10～35	60～70	按总额灵活掌握

可见，分类标准主要有两个：一是金额标准；二是品种数量标准。其中，金额标准是最基本的，品种数量标准仅作为参考。

（2）ABC 分类控制法的步骤。

① 用各种存货的全年平均用量分别乘以其单价，计算出各种存货耗费的金额。

② 按各种存货耗费的金额大小重新排列，并分别计算各种存货耗费的金额占总耗费金额的比重，以及各种存货全年平均领用量占总领用量的比重。

③ 将耗费的金额适当分段，计算各段中存货领用量占总领用量的比重和存货耗费金额占总耗费金额的比重，并根据表 5-19 的标准将其分为 A、B、C 3 类。

例 5-14

某企业存有 9 种原材料，单价悬殊较大，其单价和平均耗用量资料如表 5-22 所示。

表 5-22　　　　　　　　　存货的单价、平均耗用量资料表

存货编号	单价（元）	平均耗用量（千克）	成本金额（元）
L0901	7	7 000	49 000
L0902	9	5 100	45 900
L0903	1.5	9 100	13 650
L0904	21	45 000	945 000
L0905	60	25 000	1 500 000
L0906	2.7	20 000	54 000
L0907	11.8	5 700	67 260
L0908	82	23 000	1 886 000
L0909	3.1	80 000	248 000
合计	—	219 900	4 808 810

要求：存货用 ABC 控制系统为其进行分类。

解： 首先将表 5-20 中各项存货按年平均耗费的成本额依次排列，然后分为 3 等，如表 5-23 所示。

表 5-23 原材料库存分类表

存货编号	成本金额（元）	占总金额比例（%）	等级	平均耗用量（%）
L0908	1 886 000	39.22	A	10.46
L0905	1 500 000	31.19	A	11.37
L0904	945 000	19.65	B	20.46
L0909	248 000	5.16	C	36.38
L0907	67 260	1.4	C	2.59
L0906	54 000	1.12	C	9.1
L0901	49 000	1.02	C	3.18
L0902	45 900	0.96	C	2.32
L0903	13 650	0.28	C	4.14
合计	4 808 810	100	—	100

表 5-23 把存货编号 L0908 和 L0905 列为 A 类，其金额占比合计高达 70.41%，数量占比合计为 21.83%；把编号 L0904 存货列为 B 类，其金额占比为 19.65%，数量比例为 20.46%；把其余的存货列为 C 类，其金额占比合计为 9.94%，数量占比合计为 57.71%。

（3）ABC 分类存货控制。在 ABC 分析法下，由于 A、B、C 3 类存货的重要程度不同，因此对其采用的控制方法也有所不同。

① A 类存货的控制。由于 A 类存货占用资金的比重最大，因此应将其作为控制的重点。控制了 A 类存货就等于控制了存货的大部分成本。对 A 类存货一般采用连续控制方式，随时跟踪库存情况，一旦库存量下降到预期水平（订货点），就要及时订货，将库存补充到目标水平。A 类存货的管理思路应注意到以下几点。

* 要保证随时得到供应，在一般情况下不允许出现缺货。
* 要控制库存的数量，因为其价值较高，控制数量可以减少流动资金的占用，缓解资金管理的压力。
* 要控制 A 类存货的在库时间，以尽量减少库存保管费用。

② B 类存货的控制。B 类存货的控制要事先为每个项目计算经济订货量和订货点，平时也要登记永续盘存记录。与 A 类存货不同的是无须经常逐项进行对比分析，只要定期进行概括性的检查即可。

③ C 类存货的控制。由于 C 类存货为数众多，而单价很低，因此不必像 A、B 两类存货那样逐项计算经济订货量与订货点，可以酌量增大每次的订货量，减少全年的订货次数。因为即使这类存货存量较大，对于保持存货的成本影响也不大，但需要考虑仓储费用。

C 类存货的日常控制不必应用永续盘存记录，可采用简易的双货箱法或警告线法。前者适用于铁钉、螺钉和螺帽等小件项目，即先将材料物资分装两个货箱，然后就其中之一发放，等第一箱用完，开始取用第二箱货时，即提出订货申请。后者适用于液体材料，先在储存容器上面距底部画一条红线，当领用量达到红线时即提出订货申请。

对 C 类存货，企业可以采用较为简单的方法进行日常管理的控制，可半年清查盘点一次，也可对其实行总额控制。

挂签制度

挂签制度是一种比较传统的存货控制方法。其基本要求是对存货的每个项目都挂上一张带有编号的标签，在存货售出或发给生产单位使用时将标签取下，记入永续盘存记录以便进行控制。在这种情况下，为了保证不致发生停工待料或临时无货供应，必须在永续盘存记录上注明最低存量（保险储备量）。一旦实际结存余额达到最低水平，应立即提出购货申请。如果企业没有使用永续盘存记录，则应将每次取下的存货标签集中存放，到规定的订购日期再将汇集的标签进行分类，统计其发出的数量并作为申请订购的依据。

需要注意的是，虽然挂签制度简便易行，但在一定的时期内，如果商品销售量或材料物资发出量起伏不定、波动很大，则往往需要有较高的保险储备量。

---

3. 经济订货量

经济订货量是指能够使存货的相关总成本达到最低的进货数量。对于存货尤其是 A 类和 B 类存货每次订货量和再订货点的确定，需要进行经济订货量的计算。

（1）经济订货量基本模型假设。影响存货总成本的因素很多，为了解决比较复杂的问题，有必要先研究简单问题，然后再扩展到复杂问题，这就需要设立一些假设，在此基础上建立经济订货量的基本模型。其假设如下。

① 能及时补充存货，即存货可随时补充。

② 能集中到货，而非陆续入库。

③ 不允许缺货，即无缺货成本。

④ 需求量稳定，并能预测。

⑤ 存货单价不变。

⑥ 企业现金充足，不会因现金短缺而影响进货。

⑦ 所需存货市场供应充足，可以随时买到。

（2）经济订货量相关成本。在上述假定条件下，由于存货单价和数量均为已知常量，故购置成本是决策的无关成本；不允许缺货也使缺货成本成为决策的无关成本；订货固定成本和储存固定成本因金额固定，也属于决策的无关成本，所以决策的相关成本就只有变动订货成本和变动储存成本。

$$变动订货成本 = \frac{存货年需要量}{每次进货量} \times 每次变动订货成本$$

由于假定需求量稳定，存货消耗或者销售均衡，以及存货可随时补充，即当存货降低为零时，下一批能马上到位，这样在存货的库存动态下，平均库存等于进货批量的一半。

$$变动储存成本 = 单位变动储存成本 \times \frac{每次进货量}{2}$$

（3）经济订货量计算公式。由于变动订货成本与订货量是反方向变化的，变动储存成本与订货量是正方向变化的，因此，假设二者相等，即可得出经济订货量基本模型的计算公式。经过求导演算，可得出如下经济订货量基本模型。

$$经济订货量=\sqrt{\frac{2\times存货年需要量\times每次变动订货成本}{单位变动储存成本}}$$

$$经济订货量下的存货总成本=\sqrt{2\times存货年需要量\times每次变动订货成本\times单位变动储存成本}$$

$$=经济订货量\times单位变动储存成本$$

$$=\frac{存货年需要量}{每次进货量}\times每次变动订货成本+$$

$$单位变动储存成本\times\frac{每次进货量}{2}$$

例 5-15

某公司集团 2017 年需耗用镍板 36 000 千克，该镍板的采购成本为 200 元/千克，年度储存成本为 16 元/千克，平均每次订货费用为 20 元。

要求：（1）计算 2017 年需耗用镍板的经济订货量。

（2）计算 2017 年镍板经济订货量下的相关总成本。

（3）计算 2017 年需耗用镍板的最佳订货批次。

解：（1）2017 年需耗用镍板的经济订货量 $=\sqrt{\dfrac{2\times36\,000\times20}{16}}=300$（千克）。

（2）在 2017 年镍板经济订货量下，

相关总成本 $=\sqrt{2\times36\,000\times20\times16}=4\,800$（元）

（3）2017 年镍板的最佳订货批次 $=\dfrac{36\,000}{300}=120$（次）。

如果批量订货有折旧，还要考虑折旧对相关总成本的影响。

例 5-16

山青公司每年需用某化工 B 材料 6 000 件，每次订货成本为 150 元，每件 B 材料的年储存成本为 5 元，该种材料的采购价为 20 元/件，一次订货量在 2 000 件以上可获 2% 的折扣，在 3 000 件以上可获 5% 的折扣。

要求：公司每次采购乙材料多少件时成本最低？

解：（1）若不享受折扣：

经济订货量 $=\sqrt{\dfrac{2\times6\,000\times150}{5}}=600$（件）

相关总成本 $=6\,000\times20+\sqrt{2\times6\,000\times150\times5}=123\,000$（元）

（2）若享受折扣：

订货量为 2 000 件时，

相关总成本=$6\,000\times20\times(1-2\%)+\dfrac{6\,000}{2\,000}\times150+\dfrac{2\,000}{2}\times5=123\,050$（元）

订货量为 3 000 件时，

相关总成本=$6\,000\times20\times(1-5\%)+\dfrac{6\,000}{3\,000}\times150+\dfrac{3\,000}{2}\times5=121\,800$（元）

由于订货量为 3 000 件时相关总成本最低，所以经济订货量为 3 000 件。

某公司每年需要耗用 A 材料 45 000 件，单位材料年存储成本为 20 元，平均每次订货费用为 180 元，甲材料全年平均单价为 210 元。假定不存在数量折扣，不会出现陆续到货和缺货的情况。

要求：（1）计算 A 材料的经济订货量。

（2）计算 A 材料的年度最佳订货批次。

（3）计算 A 材料的相关订货成本。

（4）计算 A 材料的相关储存成本。

（5）计算 A 材料经济进货批量的平均占用资金。

4.再订货点

经济订货量的确定可使存货假设在能随时补充的基础上。当存货不能及时补充时，企业必须确定订货的适宜时间以保证不缺货。再订货点就是为确保存货用完时订货刚好到达，企业再次发出订单时存货的储存量。

企业如果订货过早，会增加存货的储备量，同时增加储存成本；如果订货过迟，则会减少存货的储备量，一旦供货不及时，就会影响生产的需要，进而引起缺货成本的发生。因此，正确确定存货的再订货点是存货规划决策的又一重要问题。

一般来说，进行再订货点计算时除要考虑存货的全年需求量和经济订货量外，还应考虑预计平均每天或每周正常耗用量、预计平均每天或每周正常耗用量、订货提前期和安全储备量等因素。其中，预计平均每天或每周最大耗用量是指企业在日常生产中平均每天或每周正常消耗的可能量；预计平均每天或每周最大耗用量是指企业在日常生产中平均每天或每周最多消耗材料的可能量；订货提前期是指从提出订货到收到订货的时间间隔；安全存货量是指为防止临时用量增加或交货延误而设置的保险储备量。它们的关系如下。

保险储备量=（预计平均每天最大耗用量-预计平均每天正常耗用量）×订货提前期

再订货点=（订货提前期×预计平均每天正常耗用量）+ 保险储备量

例 5-17

假定某制版公司对铬酐的全年需求量为 7 200 千克，预计平均每天最大耗用量为 30 千克，订货提前期为 5 天（一年按 360 天计算）。

要求： 确定制版厂的再订货点。

解： 预计平均每天正常耗用量=7 200÷360=20（千克）

保险储备量=（30-20）×5=50（千克）

再订货点=（5×20）+50=150（千克）

通过计算，制版公司铬酐的再订货点为150千克。也就是说，当该公司铬酐的库存为150千克时，应立即提出订货申请，以满足电镀的需求。

最佳保险储备应该是使缺货成本和保险储备的储存成本之和达到最低。

缺货成本=一次订货期望缺货量×年订货次数×单位缺货成本

相关总成本=保险储备的储存成本+缺货成本

比较不同保险储备方案下的相关总成本，选择最低者为最优保险储备。

例 5-18

假定某制版公司对168×20钢管的年需要量为72 000千克，单位缺货成本为5元，单位储存变动成本为2元，交货时间为10天，已经计算出经济订货量为6 000千克。采购时可能发生延迟交货，延迟的时间和概率如表5-24所示。

表5-24　　　　　　　　　　　　延迟交货的时间和概率的关系

到货延迟天数（天）	0	1	2	3
概率	0.6	0.25	0.1	0.05

要求：（1）计算全年的订货次数。

（2）计算168×20钢管每天的需要数量。

（3）计算考虑保险储备的再订货点。

解：（1）每年订货次数=72 000÷6 000= 12（次）。

（2）交货期内的平均每天需要量=72 000÷360=200（千克/天）。

（3）如果延迟交货1天，则交货期为10+1=11（天）。

交货期内的需要量=11×200=2 200（千克），概率为0.25。

如果延迟交货2天，则交货期为10+2=12（天），

交货期内的需要量=12×200=2 400（千克），概率为0.1。

如果延迟交货3天，则交货期为10+3=13（天），

交货期内的需要量=13×200= 2 600（千克），概率为0.05。

① 不设置保险储备，再订货点=10×200=2 000（千克）。

一次订货期望缺货量=（2 200-2 000）×0.25+（2 400-2 000）×0.1+（2 600-2 000）×0.05

=120（千克）。

全年缺货成本=120×12×5=7 200（元）。

全年保险储备的储存成本=0（元）。

全年相关总成本=7 200（元）。

② 保险储备量为 200 千克，再订货点=11×200=2 200（千克）。

一次订货期望缺货量=（2 400-2 200）×0.1+（2 600-20 200）×0.05

$$=40（千克）。$$

全年缺货成本=40×12×5=2 400（元）。

全年保险储备的储存成本=200×2=400（元）。

全年相关总成本=2 400+400=2 800（元）。

③ 保险储备量为 400 千克，再订货点=12×200=2 400（千克）。

一次订货期望缺货量=（2 600-20 200）×0.05=10（千克）。

全年缺货成本=10×12×5=600（元）。

全年保险储备的储存成本=400×2=800（元）。

全年相关总成本=600+800=1 400（元）。

④ 保险储备量为 600 千克，再订货点=13×200=2 600（千克）。

一次订货期望缺货量=0（千克）。

全年缺货成本=0（元）。

全年保险储备的储存成本=600×2=1 200（元）。

全年相关总成本=1 200（元）。

通过比较得出，最合理的保险储备为 600 千克，再订货点为 2 600 千克。

学中做　　　　诺卡公司是一家自动洗车机制造企业，2017 年需要某型号电机 36 000 台，耗用均衡。每次订货费用为 110 元，每台电机的储存成本为 20 元，每台电机的进价为 800 元，全年按 360 天计算。根据经验，电机从发出订单到进入可使用状态一般需要 5 天，保险储备量为 200 台。

要求：（1）计算这种电机的经济订货量。

（2）计算全年最佳订货次数。

（3）计算最低存货成本。

（4）计算再订货点。

5. 零库存管理

（1）零库存概念。零库存是一种特殊的库存概念，它并不是等于不要储备和没有储备。所谓零库存，是指物料（包括原材料、半成品和产成品等）在采购、生产、销售、配送等一个或几个经营环节中，不以仓库存储的形式存在，而均是处于周转的状态。原材料只在需要时送达，零配件只在需要时提供，产品只在需要时产出，存货数量被降至最低。

零库存管理是配合"准时生产"（Just In Time，JIT）而施行的库存成本控制系统。它并不是指以仓库储存形式存储的某种或某些物品的储存数量真正为零，而是通过实施特定的库存控制策略，实现库存量的最小化。所以，零库存管理的内涵是以仓库储存形式存储的某些物品数量为零，即不保存经常性库存，它是在物资有充分社会储备保证的前提下，所采取的一种特殊供给方式。准时生产执行得越好，存货会越接近于零。

（2）零库存方式。

① 协作分包方式。协作分包方式主要是制造企业的一种产业结构形式。这种形式可以以若干企业的柔性生产准时供应，使主企业的供应库存为零，同时主企业的集中销售库存使若干分包劳务及销售企业的销售库存为零。

在许多发达国家，制造企业都是以一家规模很大的主企业和数以千百计的小型分包企业组成一个金字塔形结构。主企业主要负责装配和产品开拓市场的指导，分包企业各自分包劳务、分包零部件制造、分包供应和分包销售。例如，分包零部件制造的企业，可采取各种生产形式和库存调节形式，以保证按主企业的生产速率，按指定时间送货到主企业，从而使主企业不再设一级库存，达到推销人或商店销售，可通过配额、随供等形式，以主企业集中的产品库存满足各分包者的销售，使分包者实现零库存。

② 轮动方式。轮动方式也称同步方式，是在对系统进行周密设计的前提下，使整个环节速率完全协调，从而根本取消甚至是工位之间暂时停滞的一种零库存、零储备形式。这是在传送带式的生产基础上，进行更大规模的延伸而形成的一种使生产与材料供应同步进行，通过传送系统供应从而实现零库存的形式。

③ 准时供应系统。在生产工位之间或在供应与生产之间完全做到轮动，这不但是一件难度很大的系统工程，而且需要很大的投资；同时，有一些产业也不适合采用轮动方式。因此，企业应该广泛采用比轮动方式有更大灵活性、较易实现的准时方式。准时方式是依靠有效的衔接和计划达到工位之间、供应与生产之间的协调，从而实现零库存。如果说轮动方式主要靠"硬件"的话，那么准时供应系统则在很大程度上依靠"软件"。

④ 看板方式。看板方式是适时适量生产方式中的一种简单有效的方式，也称传票卡制度或卡片制度。采用看板方式，要求企业各工序之间、企业之间或生产企业与供应者之间采用固定格式的卡片为凭证，由下一环节根据自己的节奏，逆生产流程方向，向上一环节指定供应，其主要目的是在同步化供应链计划的协调下，使制造计划、采购计划、供应计划能够同步进行。在具体操作过程中，可以通过增减看板数量的方式来控制库存量。

⑤ 水龙头方式。这是一种像拧开自来水管的水龙头就可以取水而无需自己保有库存的零库存形式，由日本索尼公司首先采用。这种方式经过一定时间的演进，已发展成即时供应制度，用户可以随时提出购入要求，采取需要多少就购入多少的方式，供货商以自己的库存和有效供应系统承担即时供应的责任，从而使用户实现零库存。

除此之外，还可以采用按订单生产的方式，企业的一切生产活动都是按订单来进行采购、制造、配送的，仓库不再是传统意义上的储存物资的仓库。而是物资流通过程中的一个"枢纽"，是物流作业中的一个站点。从而供应企业也就消灭了"库存"。

需要注意的是，企业库存的降低，往往会导致其他方面支出的增加。例如，企业通过降低原材料的采购规模来降低库存，就会导致原材料采购成本的升高。实现零库存需要在采购、生产、物流和销售等经营活动中环环相扣。企业应用计算机等管理手段才能实现库存管理整合化、集成化、准时化、同步化，并建立计算机整合管理的沟通基础，才能提高各个环节对物资需求计划的科学、准确的预测，以降低库存水平和库存持有成本。在生产型企业中，并不是对所有物资都实现"零存货"控制。所以在选择"零存货"物资品种的时候，一定要进行全成本核算，以加强对"零存货"的量化考核。

知识总结

本项目主要介绍了短期经营决策的基本方法及这些方法在生产决策中的运用。在短期经营决策过程中，首先必须考虑决策中的相关信息。最关键的是要划分相关成本与无关成本。

短期经营决策由于其具体内容不同，所选择的决策方法也有所差异。短期经营决策的基本方法包括差量分析法、边际贡献分析法、本量利分析法。为了正确做出各种生产决策，为企业的生产经营提供科学的决策信息，必须掌握每一种决策方法，准确判断实际情况，认真分析相关信息并采用适当的决策方法，进行计算和比较。

存货控制的目的是降低存货成本。存货成本有取得成本、储存成本、缺货成本等。必须掌握经济订货量、最佳订货次数及保险储备。企业一方面要保证存货成本最低，另一方面还要保证生产不能停工等料。了解实际仓储工作中的存货 ABC 控制系统。

能力拓展训练

一、单项选择题

1. 某公司生产所需的零件全部通过外购取得，公司根据扩展的经济订货量确定进货批量。下列情形中，能够导致零件经济订货量增加的是（   ）。

    A. 供货单位需要的订货提前期延长   B. 每次订货的变动成本增加

    C. 供货单位每天的送货量增加   D. 供货单位延迟交货的概率增加

2. 缺货成本是指由于存货供应中断而造成的损失，下列各项不属于存货缺货成本的是（   ）。

    A. 材料供应中断导致的停工损失   B. 存货破损和变质损失

    C. 紧急额外购入成本   D. 不能及时供货支付的违约金

3. 以下各项存货成本中，与经济订货量呈正方向变动的是（   ）。

    A. 固定订货成本   B. 单位缺货成本   C. 固定储存成本   D. 每次订货费用

4. 采用 ABC 法对存货进行控制时，应当重点控制的是（   ）。

    A. 缺货成本   B. 占用资金较多的存货

    C. 品种较多的存货   D. 库存时间较长的存货

5. 下列各项中，与再订货点无关的因素是（   ）。

    A. 经济订货量   B. 日耗用量   C. 交货天数   D. 保险储备量

6.（   ）是指过去已经发生，或虽未发生但对未来决策没有影响的成本，也就是在决策分析时可予舍弃、无需加以考虑的成本。另外，在各个备选方案中项目相同、金额相等的未来成本，也属于这类成本。

    A. 相关成本   B. 重置成本   C. 非相关成本   D. 机会成本

二、多项选择题

1. 在确定经济订货量时，下列表述中正确的有（　　　）。

    A. 随每次订货量的变动，变动订货成本和变动储存成本呈反方向变化

    B. 变动储存成本的高低与每次订货量呈正比

    C. 变动订货成本的高低与每次订货量呈反比

    D. 在基本模型假设条件下，年储存变动成本与年订货变动成本相等时的采购量，即为经济订货量

    E. 允许少量缺货

2. 引起缺货问题的原因主要有（　　　）。

    A. 需求量的变化   B. 交货日需求量增大

    C. 延迟交货   D. 存货过量使用

    E. 存货陆续耗用

3. 下列各因素中，影响经济订货量大小的有（　　　）。

    A. 仓库保管员的固定月工资   B. 存货的年耗用量

    C. 存货占用资金的应计利息   D. 保险储备量

    E. 订货提前期

4. 产品生产决策中的边际贡献分析法，是指根据各产品所创造的边际贡献的大小来确定最优方案的方法。但这里的边际贡献大小，不是指单位产品的边际贡献大小，而是指各种产品所能创造的（　　　）的大小。

    A. 边际贡献总额   B. 每个人工小时边际贡献

    C. 销售收入总额   D. 每个机器小时边际贡献

    E. 销售利润总额

5. 短期决策分析中常用的专门方法有（　　　）。

    A. 差量分析法   B. 回收期法

    C. 本量利分析法   D. 平均投资报酬率法

    E. 边际贡献分析法

三、判断题

1. 付现成本是指那些由于过去的决策所引起，并已经支付过款项的成本。   （　　）

2. 机会成本是指目前从市场上购买同一项原有资产所需支付的成本，亦可称为"现时成本"。

    （　　）

3. 固定资产折旧费属于沉没成本，因此在决策中不予考虑。   （　　）

4. 能够明确归属于特定决策方案的变动成本不是专属成本。   （　　）

5. 沉没成本都是固定成本。   （　　）

6. 为了扭亏为盈，凡是亏损产品都应当停产。   （　　）

7. 凡是单价低于按完全成本法计算的单位成本的订货，均不宜接受。 （　　）

8. 存货的保险费用属于决策无关成本。 （　　）

9. 在允许缺货的情况下，存货的缺货成本是一种相关成本。 （　　）

四、简答题

1. 简述决策分析的程序。

2. 什么是相关成本、无关成本？它们各有哪几类？

3. 存货成本包括哪些内容？

4. 如何确定经济订货量和经济订货点？

5. 如何进行 ABC 库存分类管理？

五、分析计算题

1. 甲企业决定生产 A 产品，有甲、乙两种工艺方案可供选择。甲方案的固定成本为 300 000 元，单位变动成本为 60 元；乙方案的固定成本为 250 000 元，单位变动成本为 100 元。

要求：采用本量利分析法做出选择工艺方案的决策。

2. A 企业有一台机器设备，每年有 2 000 机时的剩余生产能力，该设备可用来加工甲产品或乙产品，其有关资料如下表所示。

甲、乙产品生产情况表

项目	甲产品	乙产品
单位产品定额工时（机时）	20	25
单位售价（元）	50	48
单位变动成本（元）	28	24

假设剩余生产能力只能生产一种产品，用差量分析法分析该企业生产哪种产品更为有利。并填写差量损益分析表，如下表所示。

差量损益分析表

项目	甲产品	乙产品	差量
相关收入			
相关成本			
差量损益			

3. 森耀公司原设计生产能力为 100 000 机器工时，但实际开工率只有原生产能力的 70%，现准备将剩余生产能力用来生产新产品 A 或新产品 B，有关资料如下表所示。

森耀公司产品资料表

项目	新产品 A（预计数）	新产品 B（预计数）
定额工时（机时）	5	7.5
销售单价（元）	70	68
单位变动成本（元）	60	61
固定成本总额（元）	20 000	

请用边际贡献法分析生产哪种新产品较为有利。

4. 某企业外购一台设备，可以生产产品 A，也可以生产产品 B。有关 A、B 的销售单价、销售量和单位变动成本的资料如下。

产品销售预测表

产品名称	A产品	B产品
预计销售量（件）	100	200
预计销售单价（元）	96	40
单位变动成本（元）	80	30

要求：根据所给资料确定该企业应生产哪一种产品。

5. 设某厂现有生产能力为直接人工小时 10 000 小时，可用于生产产品 A，也可用于生产产品 B；生产产品 A 每件需用 1/3 小时，生产产品 B 每件需用 1 小时。这两种产品的有关资料如下。

产品资料表
单位：元

产品	A	B
单位售价	20	30
单位变动成本	16	21
单位贡献毛益	4	9
贡献毛益率	20%	30%

要求：请据以确定该厂现有生产能力宜用于生产产品 A 还是产品 B。

6. 某电器公司每年需用零件甲 25 000 个，如向市场购买，每个零件的买价为 17.5 元。该企业的辅助车间还有剩余生产能力可生产这种零件。预计每个零件的生产成本资料如下。

直接材料　　　　10 元

直接人工　　　　4 元

变动制造费用　　2 元

固定制造费用　　3 元

单位生产成本　　19 元

要求：就以下各不相关情况做出零件甲是自制还是外购的决策。

（1）企业现具备生产 25 000 个零件甲的能力，且剩余生产能力无其他用途。

（2）企业现具备生产 25 000 个零件甲的能力，但剩余生产能力也可用于对外加工零件丙，预计加工零件丙可产生边际贡献 50 000 元。

（3）企业目前只具备生产 20 000 个零件甲的能力，且无其他用途。若要多生产零件甲，则需租入一台设备，年租金为 22 500 元，这样可使零件甲的生产能力达到 30 000 个。

（4）条件同（3），但企业也可采纳用剩余生产能力自制 20 000 个零件甲，其余全部外购的方式。

7. 融通大厦有 3 个主要的业务部门：超市、快餐部和酒吧。其中，酒吧连续发生亏损，该大厦经理正在考虑关掉酒吧，有关资料如下表所示。

营业利润预算表　　　　　　　　　　单位：元

项目	超市	快餐部	酒吧	合计
销售收入	4 000 000	1 800 000	1 200 000	7 000 000
减：变动成本	2 800 000	1 080 000	900 000	4 780 000
边际贡献	1 200 000	720 000	300 000	2 220 000
减：可避免固定成本			100 000	100 000
不可避免固定成本	700 000	340 000	300 000	1 340 000
营业利润	500 000	380 000	-100 000	780 000

酒吧的固定成本中有 100 000 元为员工的工资，如果关闭酒吧，这些员工将被辞退。关闭酒吧后多余的空间可用于扩大超市或扩大快餐部，扩大超市不需要增加员工，但如果扩大快餐部，则需要增加员工，年工资为 60 000 元。经理在考虑了关闭酒吧对顾客的影响后，预计扩大超市将增加年销售收入 600 000 元，扩大快餐部将增加年收入 1 000 000 元，且各自的边际贡献率保持不变。

该商场现面临 3 种选择：一是继续保留酒吧；二是关闭酒吧而扩大超市；三是关闭酒吧而扩大快餐部。

要求：（1）做出有关亏损部门是否撤销或转产的决策。

（2）编制相关损益分析表，计算各方案的损益，填入下表中。

相关损益分析表　　　　　　　　　　单位：元

项目	保留酒吧	扩大超市	扩大快餐部
销售收入			
边际贡献率			
边际贡献			
减：可避免固定成本			
相关收益（或损失）			

（3）如撤销酒吧而用来扩大快餐部，计算扩大快餐部的营业利润，填入下表中。

营业利润预算　　　　　　　　　　单位：元

项目	超市	快餐部	合计
销售收入			
边际贡献率			

续表

项目	超市	快餐部	合计
边际贡献			
减：可避免固定成本			
不可避免固定成本			
营业利润			

8. 某企业全年需用 A 材料 27 000 千克，每次进货费用为 1 000 元，单位平均储存成本为 1.5 元。

要求：（1）计算经济进货批量。

（2）计算经济进货次数。

（3）计算经济进货批量下的存货相关总成本。

项目六
产品定价决策

📖 知识结构

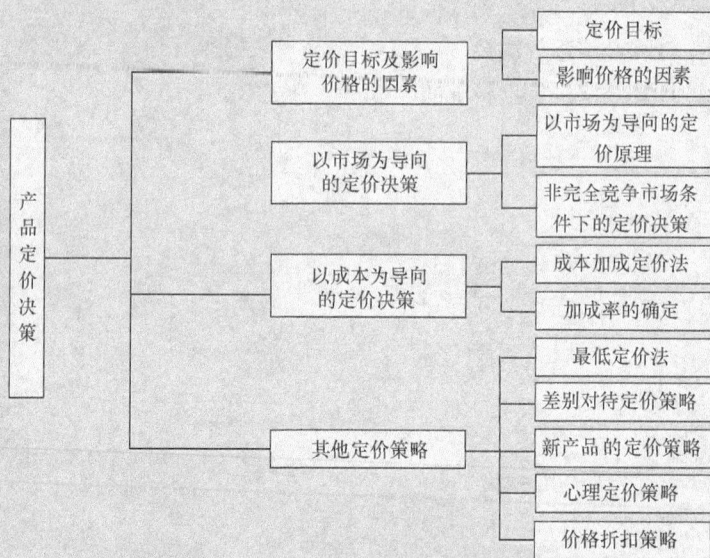

学习目标

知识目标：了解影响价格的因素；理解各种定价决策的原则。

能力目标：掌握成本加成法及加成率的确定；掌握各种定价决策的应用。

案例引入

苹果公司的 iPod 是近几年来最成功的消费类数码产品之一。第一款 iPod 零售价高达 399 美元，即使对于美国人来说，也属于高价位产品，但仍有很多"果粉"纷纷购买；苹果公司认为还可以"撇到更多的脂"，于是不到半年又推出了一款容量更大的 iPod，定价 499 美元，仍然销路很好。

iPod 在最初采取撇脂定价法取得成功后，苹果公司就根据外部环境的变化，而主动改变了定价方法。2004 年，苹果公司推出了 iPod shuffle，这是一款大众化产品，价格降低到 99 美元一台。之所以在这个时候推出大众化产品，一方面是因为市场容量已经很大，占据低端市场也能获得大量利润；另一方面是因为竞争对手也推出了同类产品，苹果公司急需推出低价格产品来与之抗衡，但是原来的高价格产品并没有退出市场，而是略微降低了价格而已，苹果公司只是在产品线形成了"高低搭配"的良好结构，改变了原来只有高端产品的格局。苹果公司的 iPod 产品在几年中的价格变化是撇脂定价和渗透式定价交互运用的典范。

一、定价目标及影响价格的因素

在日常的经营活动中，企业管理层必须要为其生产的产品或提供的服务做出合理的定价决策，以确保企业实现长远利益和最佳经济效益。在为产品制定价格之前，决策者首先应明确企业的定价目标，并考虑影响价格的各种因素；在此基础上，再采用不同的定价策略为产品制定出合理的价格。

1．定价目标

企业作为定价主体，必须在遵守国家有关法律、政策的前提下，按照企业的经营战略目标来制定产品价格。企业在采用各种定价策略之前，首先要明确定价目标。企业的定价目标一般包括以获得最大利润为定价目标、以提高市场占有率为定价目标和以适应或避免竞争为定价目标 3 大类。

（1）以获得最大利润为定价目标，包括以下 3 种。

① 以扩大当前利润为目标。这是一种常见的定价目标。企业在采纳这一目标时，应当具备 3 个条件：一是企业的产品在市场上具有一定的优势，并在计划期内产品优势不易丧失；二是同行业竞争对手不强；三是能较准确地掌握本企业产品的需求或成本状况，为实现这一定价目标提供科学依据。实现这一定价目标的方法就是通过提高产品价格，增大单位产品的利润额，以追求短期利润最大化。

② 以一定的预期利润率为目标。预期利润率是投资者将一定时期的利润水平规定为投资额或销售额的一定比率。也就是说，投资者并不追求一时的高利，而是力图保持长期稳定利润的获得。以一定的预期利润率为定价目标，其关键是确定预期利润率。不同的投资者可根据产品的销售、资金的占用等状况，确定不同的利润率。对于占用资金少、资金周转速度快的产品，可以一定的销售利润率为目标；对于占用资金多、资金周转速度慢的产品，可以一定的投资报酬率为目标。

③ 以获得合理利润为目标。有些企业为了保持销售稳定或减少竞争对手，达到长期占领市场的目的，以获得合理的利润为定价目标。合理往往是以既能获得一定量的利润，又能减少竞争者的加入为标准。这一定价目标常常被大型企业所采用。

（2）以提高市场占有率为定价目标。市场占有率是指某企业产品销售量在市场同类产品销售总量中所占的比重。不断扩大产品销售量是提高市场占有率的主要途径。根据产品需求规律，增加产品销售量就要降低产品销售价格。这样，就单位产品来说，利润水平可能降低，但从利润总额来看，产品销售量的增加，有可能弥补单个产品中利润减少的损失，甚至增加利润总额，这是企业制定和调整产品价格时所采用的定价目标之一。一般来说，这一定价目标比以扩大当前利润为目标要好一些。在产品市场不断扩大的情况下，如果只考虑短期利润，可能会降低产品的市场占有率，不会取得较好的经济效益和社会效益，从而不利于长期而稳定地获得利润。为了企业的长远利益，有时需要减少甚至放弃眼前利益。以提高市场占有率为定价目标的企业应当具备以下条件：有潜在的生产经营能力；总成本的增长速度低于总销售量的增长速度；产品的需求价格弹性较大，即薄利能够多销。

（3）以适应或避免竞争为定价目标。企业在制定产品价格时，为了适应或避免竞争，需要广泛了解竞争者有关产品价格方面的各种信息，并将本企业的产品质量与竞争者同类产品进行比较，然后在高于、低于或等于竞争者价格这 3 种定价策略中选择其中之一。

2．影响价格的因素

在市场经济条件下，尽管有许多影响产品市场需求的因素，但产品的定价策略对企业获取利润来说是至关重要的。企业在决定采用何种定价策略时，通常需要考虑影响产品价格的各种因素。

（1）产品价值。产品价值是产品价格的基础。产品价格是产品价值的货币表现，二者关系极为密切。一般来说，产品价值包含产品的正常生产成本、流通费用、应获得的合理利润和应缴纳的税金。产品价值量的大小，在很大程度上决定着产品价格的高低，它是影响产品价格发生变动的最重要的因素。其中，产品价值中的成本在定价中又起着决定性作用，产品的价格必须首先补偿成本，然后才能考虑利润等其他因素。

（2）市场供求关系。供求关系是指一定时期市场上产品供应与产品需求之间的关系。市场供求关系的变动会直接影响产品价格的变动。一般来说，产品的市场需求超过市场供应，可将价格定得高些；产品的市场供应超过市场需求，可将价格定得低些。同时，产品价格下降，将会引起产品需求量的增长；产品价格上升，将会引起产品需求量的减少。当然，不同产品的价格变动所引起的需求量变动幅度是不相同的，这又取决于产品的价格弹性。

（3）价格政策。价格政策是国家管理价格的有关措施和法规，它是国家经济政策的组成部分。企业应在国家规定的定价范围内自由决定产品的价格。

（4）产品寿命周期。产品寿命周期是指产品从进入市场到退出市场的整个期间。一个典型的产品寿命周期要经过 4 个阶段。

① 进入市场阶段。产品进入市场前，企业在产品开发方面会投入大量的资金。当产品刚进入市场时，由于需求量较小，收入也较少，企业必须通过广告引起市场对产品的关注。

② 成长阶段。随着需求量的增加，产品的市场占有率逐步提高，收入也逐步增加并开始产生盈利，同时，对新产品的投资成本也逐渐被收回。

③ 成熟阶段。产品需求量的增长逐渐放慢，并进入一个相对成熟的阶段。产品继续盈利，并逐渐被完善或改进。

④ 饱和及衰退阶段。在该阶段，需求开始下降，盈利能力也开始下降，直至最后亏损。此时，企业决定停止产品生产，产品寿命周期到达终点。

为了使利润最大化，当企业决定采用何种定价策略时，应该考虑产品处于寿命周期的哪个阶段。在寿命周期的不同阶段，应采用不同的定价策略。

（5）市场竞争类型。产品的价格会受到其所处的市场环境的影响。在市场经济条件下，企业之间必然存在着竞争。但是，竞争程度不同，企业的"定价自由"则有所不同。微观经济学根据市场交易者的数量、商品的单一性和出入市场的自由程度将市场分为完全竞争、垄断性竞争、寡头垄断竞争和纯粹垄断 4 种不同的市场类型。

在完全竞争市场中，某种产品的卖方和买方的数量都很多，没有哪一个卖方或买方对现行市场价格能有很大影响。由于每个企业的市场占有率都较低，如果擅自提价或降价，只会失去原有的市场或招致损失。因此，卖方和买方只能按照由市场供求关系决定的市场价格来买卖产品。也就是说，在完全竞争市场，卖方和买方只是"价格的接受者"，而不是"价格的决定者"。

垄断性竞争市场是一种介于完全竞争和纯粹垄断之间的市场类型。在垄断性竞争市场中有许多卖方和买方，但各个卖方所提供的产品有所差异，因此，各个卖方对其产品有相当的垄断性，能控制其产品价格。这就是说，在垄断性竞争市场中，卖方已不是消极的"价格接受者"，而是强有力的"价格决定者"。

寡头垄断竞争市场是竞争和垄断的混合物。在寡头垄断竞争市场中，少数几家大企业控制其所在行业的产品的市场价格，而且它们相互依存、相互影响。如果某个企业调整其产品的价格，就会受到行业内其他竞争对手在整体价格上的回击。因此，在这些行业内，价格是趋向稳定的。

纯粹垄断市场是指在一个行业中某种产品的生产和销售完全由一个卖方独家经营和控制。在纯粹垄断市场中，卖方完全控制市场价格，可以在国家法律允许的范围内随意定价。

除上述影响产品价格的重要因素之外，产品质量、竞争对手、通货膨胀、消费者对价格的敏感度、消费者的支付能力与心理状态等，也是影响产品价格的因素。

二、以市场为导向的定价决策

产品定价是否适当将直接影响产品的销售量，而销售量的多少又决定着生产量的高低，并影响产品成本和利润水平。因此，产品销售价格的高低与产品销售量、销售成本和销售利润的大小均有直接关系。以市场为导向的定价决策，就是通过分析不同市场竞争类型中产品价格与销售量之间的关系来确定产品最优销售价格的一种决策方法。

1．以市场为导向的定价原理

根据经济学的观点，在市场经济中由于供需规律的作用，企业若要扩大销售量，就应降低产品价格，不断改进产品，增加花色品种；企业若要提高产品价格，就会减少销售量，同时应提高产品质量。因此，在市场供需规律的作用下，如果产品价格有所降低，销售量就会增加，最初销售收入会增长得较快，但随着产品价格降低幅度的变大，销售收入的增长速度就会变缓，最终还可能出现下降趋势。与此相应，当产品价格较高时，由于产销量较低，产品的销售成本也就较低。当产品价格逐渐降低时，销售量逐渐增大，使得资源利用效率大大提高，销售成本就会以较缓慢的速度增长。当销售量增大到一定程度时，资源利用开始饱和，相关费用开始有较大幅度的上升，导致销售成本的增长速度又开始加快。所以，根据市场供需规律，销售收入和销售成本随着产品价格和销售量的不同在坐标图上都表现为曲线，如图6-1所示。

从图6-1中可以看出，产品定价越高，销售收入也越高，单位产品利润就较高，但由于定价过高，市场需求量就会减少，从而销售量趋于减少，由于达不到规模经济的效果，产品单位成本又会相应地提高，因此，利润总额就不会很大，甚至销售量可能达不到盈亏平衡点，导致企业发生亏损；如果产品定价偏低，单位产品利润就会较低，虽然市场需求会上升，从而销售量趋于增大，但利润总额也不会很大。因此，以市场为导向的定价决策的中心问题就是如何根据价格与销售量的关系确定价格与销售量的最优组合，使企业在一定的市场容量下实现利润最大化，在这个基础上形成的销售价格就是最优价格。由此可见，产品的最优销售价格，既不是水平最高的价格，也不是水平最低的价格，而是使销售收入与销售成本的差额达到最大值时的价格，也就是使企业获得最大利润时的价格。

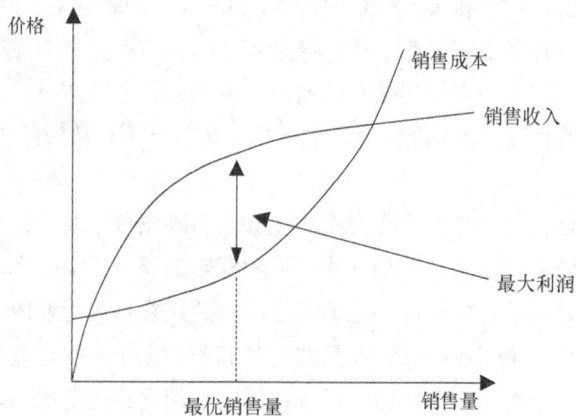

图 6-1 不同价格下销售收入和销售成本与销售量的关系

为了计算最优价格，就要引入边际收入、边际成本和边际利润概念。边际收入是指当业务量以一个可计量单位增加或减少时所引起的总收入的变化量。边际成本是指当业务量以一个可计量单位增加或减少时所引起的总成本的变化量。边际收入减边际成本即为边际利润。边际收入与边际成本之间存在着一个重要的关系，就是当边际收入等于边际成本、边际利润等于零时，企业的总利润达到最大，这时的销售价格和销售数量就是产品的最优价格和最优销售量。

例 6-1

某企业生产某产品，生产能力为每年 120 万件。目前销售量为 70 万件，产品售价为 36 元/件，单位变动成本为 12 元，年固定成本总额为 1 500 万元。据测算，产品售价每降低 2 元，年销售量可增加 10 万件，如表 6-1 所示。请问价格定在什么水平上，才能使利润最大化？

表 6-1　　　　　　　　　　　　　　定价测算表

售价（元/件）	销售量（万件）	单位变动成本（元）	单位边际贡献（元）	边际贡献总额（万元）
36	70	12	24	1 680
34	80	12	22	1 760
32	90	12	20	1 800
30	100	12	18	1 800
28	110	12	16	1 760
26	120	12	14	1 680

解： 分析结果如下。

售价降至 32 元/件时，边际贡献总额最大，达到 1 800 万元。此时利润最大，为 300 万元

（1 800-1 500），因此，应将售价定在 32 元/件的水平上。

价格降至 30 元/件时，利润与价格 32 元/件时的相同，降价已不能增加利润，所以降价已无意义，反而会增加生产任务，因此，不采用 30 元/件的售价。

从以上案例中可以看出，降低价格虽然减少了收入，但可增加销售量，即薄利多销，适当地降价可使利润总额增加。由于固定成本总额不受销售量的影响，所以能使边际贡献最大的价格水平，就是利润最大的价格水平。

> **学中做**　某商业企业经销某商品，现在的售价为 50 元/件，进价为 35 元/件，月销售量为 1 000 件左右，每月店面租金、管理费用等固定成本为 5 000 元。据经验，售价每降低 3 元，月销售量可增加 100 件。请问最佳的价格应为多少？月最大价格可达到多少元？

2. 非完全竞争市场条件下的定价决策

在现实经济活动中，绝大多数产品处于非完全竞争的市场。因此，除了完全竞争之外，在垄断性竞争、寡头垄断竞争和纯粹垄断市场中，企业都需要对产品制定适当的价格。

（1）垄断性竞争市场上，企业根据在同行业中的垄断程度制定自己的价格。在短期内，其他企业生产不出与之无差别的产品，这时企业可采取低价多销、高价少销或歧视定价；当其他企业都可以仿制这种产品时，就要考虑到价格竞争。同行业之间存在价格竞争，也存在非价格竞争。就价格竞争而言，它虽然能在短期内增加利润，但从长期来看，会导致价格的持续下降，最终使企业的利润消失。进行非价格竞争是需要花费成本的，例如，改进产品性能、加强售后服务、增加广告支出这些措施都会导致总成本的增加，也会使总收益增加。企业进行非价格竞争所支出的总成本须小于由此所得到的总收入，所以边际收益等于边际成本的利润最大化原则对于非价格竞争仍然是适用的。

（2）寡头垄断市场上，因为与其他市场结构不同，每家企业都占有举足轻重的地位。企业各自在价格或产量方面的变化都会影响整个市场和其他竞争者的行为。在制定价格时，不仅要考虑企业自身的成本与收益情况，还要考虑对市场的影响以及竞争对手可能做出的反应。在寡头垄断市场上，尽管难以确定具体价格，但仍可以确定价格变动的最高限和最低限。其最高价等于完全垄断价格，而最低价高于完全竞争下长期均衡时的市场价格。价格的确定往往不是由供求关系直接决定的，而是通过协议或默契作为行政措施而制定的。这种价格一旦形成，之后在较长时期内都不会变动。

（3）在纯粹垄断市场上，排除了任何的竞争因素，独家垄断厂商控制了整个行业的生产和销售，所以垄断厂商可以控制和操纵市场价格。但是，由于产品存在一定的需求价弹性，厂商并不能任意地抬高价格，只能在"高价少销"和"低价多销"之间进行选择，以求取得最大利润。

在现实中，垄断企业的定价策略并非单一定价，垄断厂商往往为了增加利润，存在向不同的买者索取不同价格的现象。企业以不同的价格销售同一种产品，被称为"价格歧视"或"差别价格"。实施价格歧视的目的是为了获取超额利润。要使价格歧视得以实施，通常需要具备 3 个条件。第一，市场存在不完全性。当市场不存在竞争、信息不畅通或市场由于各种原因被分割时，就可以利用这种市场不完全性实施价格歧视。第二，各个市场对于同一种产品的需求弹性不同。这样，垄断企业可根据不同的需求弹性对同一产品定出不同的价格，来获取更多的利润。一般来说，垄断企业会对需求弹性较大的市场制定较低的价格，而对需求弹性较小的市场制定较高的价格。第三，垄断企业能够有效地把不同市场或相同市场的不同部分分割开来。例如，在电力行业中只有把工业用电网和居民用电网分割开，才能实施不同的价格。

三、以成本为导向的定价决策

在现实经济工作中，多数企业是以会计上所计算的产品成本为基础制定产品价格的。这是因为大多数企业都生产多种产品，管理人员没有足够的时间为每一种产品进行需求分析和边际成本分析，他们必须依靠快速和简明易懂的方法来制定产品价格，而以成本为基础的定价方法特别适合这一要求。此外，从长远观点来看，产品成本是制定价格的最低限额，企业要想将其业务维持下去，产品的价格必须得补偿其成本。

1．成本加成定价法

以成本为导向的定价最常用的方法是成本加成定价法，其理论基础是产品的价格必须首先补偿成本，然后再考虑为投资者提供合理的利润。成本加成定价法是在单位产品成本的基础上按预定的加成率计算相应的加成额，进而确定产品的目标售价。其基本的计算公式如下。

产品价格=单位产品成本+（单位产品成本×加成率）

=单位产品成本×（1+加成率）

由于成本计算有完全成本法和变动成本法，通过它们计算出来的成本内涵各不相同，因而成本加成定价法又分为全部成本加成定价法和变动成本加成定价法。

（1）全部成本加成定价法。企业对产品定价必须要考虑到利润的要求。很多企业通过事前估计或事后计算的产品全部成本，按照事先拟订的加成率确定产品价格，这种方法称为称为全部成本加成定价法。全部成本加成定价法又包括单位产品总成本和单位产品生产成本两种全部成本基础。

单位产品总成本是产品的生产成本加上分配的销售费用和管理费用，因而也称为单位全部分配成本。以单位产品总成本为基础的定价公式如下。

产品价格=单位产品总成本×（1+加成率）

以单位产品生产成本为基础的定价公式如下。

产品价格=单位产品生产成本×（1+加成率）

以全部成本为基础的成本加成定价法具有以下几个方面的优点。

① 从长远的观点来看，产品或劳务的价格必须要补偿全部成本并应获得正常利润。如果单位总成本或单位生产成本计算正确的话，那么在一般情况下，以单位总成本或单位生产成本为基础制定的产品或劳务价格，能够保证企业获得一定的利润。

② 全部成本可以证明产品或劳务价格的正确性。消费者一般理解企业为了维持经营，必须要在其销售的产品或劳务中赚取一定的利润。因而，在产品或劳务总成本的基础上加上合理利润的价格对购买者来说是公道的。

③ 全部成本信息可以从会计部门容易地获得。一旦取得总成本或生产成本应有的估计数，则

相应价格的计算就比较简单，而且易于理解。因此，全部成本加成定价法是一种简单、快速的定价方法。

以全部成本为基础的成本加成定价法也存在以下几个方面的缺陷。

① 由于需求量是由价格决定的，因此在理论上存在着一个使企业利润最大化的价格和销售组合。因此，对于一个正常生产的产品而言，以全部成本加成确定的价格可以实现目标利润，但不可能使利润达到最大化。

② 由于单位产品总成本或单位产品生产成本中包含了分配的间接固定制造费用，而固定制造费用通常是按照预计产量进行分配，如果实际产量与预计产量之间相关很大，那么实际单位总成本或单位生产成本就会与定价基础的预计成本相关很大，企业实际取得的加成率也相应发生变化。很显然，这会使以预计产量为基础确定的最初售价显得不合理。因此，采用全部成本加成定价法定价时，合理的价格有赖于能准确地预测未来的产量。但由于市场竞争非常激烈，产量一般很难预计得准确。

③ 从长远的观点来看，全部成本加成定价法可以弥补所有的固定成本。但以全部成本为基础的成本加成并未区分变动成本和固定成本，这就不便于进行本量利分析，不能预测价格和销售量的变动对利润的真正影响程度，因此，全部成本加成定价法不适用于短期定价决策。

（2）变动成本加成定价法。企业对产品定价除了可以在产品的全部成本基础上进行加成外，还可以在事前估计或事后计算的产品变动成本基础上，按照事先拟订的加成率确定产品价格，这种方法称为变动成本加成定价法。变动成本加成定价法也包括单位产品变动总成本和单位产品变动生产成本两种变动成本基础。

单位产品变动总成本是产品的变动生产成本加上分配的变动销售费用和变动管理费用。以单位产品变动总成本为基础的定价公式如下。

产品价格=单位产品变动总成本×（1+加成率）

以单位产品变动生产成本为基础的定价公式如下。

产品价格=单位产品变动生产成本×（1+加成率）

显然，对于同一产品如果用不同的成本进行加成，为了达到企业的目标营业利润，定价决策者应该得到同样的目标价格，因此，不同的成本计算基础下的加成率是不一样的。

以变动成本为基础的成本加成定价法有以下几个方面的优点。

① 变动成本注重的是与产品或劳务相关的成本，它不要求将共同性的固定成本分配于各个产品或劳务上，所以它特别适用于短期定价决策。

② 由于变动成本法区分变动成本和固定成本，那么就可以利用本量利分析来考察价格和销售量的变动对利润的影响，并有助于管理部门建立盈亏平衡分析和边际贡献分析的相关概念，从而可以制定出使企业利润增长的价格。

③ 在短期定价决策中，通常最低价格就是接受订单所增加的变动成本，在变动成本基础上，按照企业规定的加成率所确定的价格就可以使企业增加盈利。因此，变动成本加成定价法也是一种简单易行的定价方法。

以变动成本为基础的成本加成定价法的主要缺点在于：如果以产品或劳务的变动成本作为定价的最低限额，而固定成本如果在企业成本中占很大比重，那么就有可能会把价格定得太低而不能弥补固定成本，最终会给企业带来灾难。因此，如果以变动成本作为成本加成定价法的基础，在加成率中就应该考虑相关的固定成本。特别是对正常生产和销售的产品，管理部门就应该确定较高的加成率，以确保价格能补偿全部成本。

例 6-2

凯严电器公司正在研究制定其最近开发的新产品电热器的售价。公司下一年度计划生产和销售电热器 2 000 台，有关的预计成本资料如下。

直接材料	100 000 元
直接人工	60 000 元
变动制造费用	40 000 元
变动生产成本总额	200 000 元
变动销售及管理费用	25 000 元
变动成本总额	225 000 元
固定制造费用	125 000 元
产品生产成本总额	325 000 元
固定销售及管理费用	50 000 元
成本总额	400 000 元

已知该公司在不同成本基础上要求的加成率分别为：在产品总成本的基础上加成 12.5%；在产品生产成本的基础上加成 38.46%；在产品变动总成本的基础上加成 100%；在产品变动生产成本的基础上加成 25%。

要求：根据上述加成率分别计算电热器的售价。

解：首先，计算电热器的单位成本如下。

直接材料	50 元
直接人工	30 元
变动制造费用	20 元
变动生产成本	100 元
变动销售及管理费用	12.5 元
变动成本总额	112.5 元
固定制造费用	62.5 元
生产成本	162.5 元
固定销售及管理费用	25 元
总成本	200 元

以产品总成本为基础的价格如下。

产品价格=200×（1+12.5%）=225（元）

以产品生产成本为基础的价格如下。

产品价格=162.5×（1+38.46%）=225（元）

以产品变动总成本为基础的价格如下。

产品价格=112.5×（1+100%）=225（元）

以产品变动生产成本为基础的价格如下。

产品价格=100×（1+125%）=225（元）

由计算可见，以各种成本为基础确定的新产品电热器的价格都是225元。

2. 加成率的确定

成本加成定价法的关键是如何确定合理的加成率。成本加成率的大小一般取决于企业生产该产品所希望获得的目标利润，而目标利润又取决于一个部门、一条生产线或一种产品的目标投资报酬率。其计算公式如下。

$$目标利润=平均投资总额×目标投资报酬率$$

根据例6-2的计算可知，成本加成定价法中的加成部分不只是目标利润，其中还包含了一部分成本项目在内（除了以总成本为基础外）。因此，在确定加成率时，必须谨慎从事，务必使它除能为企业提供预期的目标利润外，还需包括一切应该补偿的所有成本项目。加成率的计算公式如下。

以产品总成本为基础的加成率如下。

$$加成率=\frac{目标利润}{成本总额}×100\%$$

以产品生产成本为基础的加成率如下。

$$加成率=\frac{目标利润+非生产成本}{生产成本总额}×100\%$$

以产品变动总成本为基础的加成率如下。

$$加成率=\frac{目标利润+固定成本总额}{变动成本总额}×100\%$$

以产品变动生产成本为基础的加成率如下。

$$加成率=\frac{目标利润+（固定制造费用+非生产成本）}{变动成本总额}×100\%$$

例6-3

沿用上例的资料，假定凯严电器公司在新产品电热器上的投资总额为50万元，公司希望销售该产品应达到的投资报酬率为10%。

要求：分别计算各种成本基础下的加成率。

解：首先，计算公司销售电热器所希望实现的目标利润。

目标利润=500 000×10%=50 000（元）

以产品总成本为基础的加成率如下。

$$加成率=\frac{50\ 000}{400\ 000}\times100\%=12.5\%$$

以产品生产成本为基础的加成率如下。

$$加成率=\frac{50\ 000+75\ 000}{325\ 000}\times100\%=38.46\%$$

以产品变动总成本为基础的加成率如下。

$$加成率=\frac{50\ 000+175\ 000}{225\ 000}\times100\%=100\%$$

以产品变动生产成本为基础的加成率如下。

$$加成率=\frac{50\ 000+200\ 000}{200\ 000}\times100\%=125\%$$

需要注意的是，成本加成定价法正反加成率不是固定不变的，它一般要随经济环境的变化而变动，而且在现实经济中，产品的价格最终还是由市场决定。因此，按成本加成法制定的产品价格一定要随市场和需求的变化而进行调整，定价决策不能简单地仅仅以成本为基础。

弹性定价决策

弹性定价策略是指根据价格弹性确定价格调整方向的原则或技巧。

价格弹性又称为价格影响需求量的弹性系数，也叫需求的价格弹性系数，其经济学含义如下。

价格弹性=需求量变化的百分比/价格变化的百分比

它能反映需求量受价格变动率影响的变动程度，表示价格每增加（或减少）1%时，需求量降低（或增加）的百分比。

在经济学上，价格弹性的绝对值可以反映出需求与价格变动水平的关系，主要有以下3种情况。

（1）价格弹性的绝对值大于1，简称为弹性大，表明价格以较小幅度变动时，可使需求量产生较大幅度的反弹。

（2）价格弹性的绝对值小于1，简称为弹性小，表明即使价格变动幅度很大，需求量的变化幅度也不会太大。

（3）价格弹性的绝对值等于1，表明需求量受价格变动影响的幅度完全与价格本身的变动幅度一致。

价格弹性的大小说明了商品价格与需求之间反方向变动的水平的大小。就某一种产品在不同时期及不同销量而言，其弹性可能有大有小；即使同一条件下的不同商品，也会出现弹性有大有小的情况。弹性大，则价格下降，促使需求大大提高，因此，对弹性大的商品应采取调低价格的方法，薄利多销；弹性小，当价格变动时，需求量的增减幅度相应很小，因此，对弹性小的商品不仅不应调低价格，相反，在条件允许的范围内应适当调高价格。

四、其他定价策略

除了成本加成定价法外，定价决策分析还包括一些其他定价方法或策略，如最低定价法、差别对待定价策略、新产品定价策略等。

1．最低定价法

在某些情况下，特别是当企业满负荷工作时，可以按照以下原则对产品定价：如果企业进一步生产盈利性更强的其他产品不会导致企业的利润下降，则此时的价格就是该产品的最低价格。在最低价格之上的任何增量金额都将会给企业带来更高的利润。

企业在确定某产品的最低价格时，如果资源是稀缺的，则必须考虑生产和销售该产品所耗用资源的机会成本。因此，生产某产品的最低价格应该由以下两个部分构成。

（1）生产和销售该产品所发生的增量成本。

（2）生产和销售该产品所耗用资源的机会成本。

确定产品的最低价格是以相关成本为基础的，但它不可能是产品的最终价格，因为它没有为企业带来任何增量利润。然而，计算产品最低价格对决策是非常有用的，因为低于最低价格的定价是不能被接受的，而任何超过最低价格的定价都会给企业带来增量利润。

例 6-4

金汐公司决定生产一种新产品，预计该产品的成本如下。

直接材料	108 元
直接人工	4 小时，20 元/小时，80 元
变动制造费用	0.5 机器小时，24 元/小时，12 元
变动成本	200 元

如果公司决定生产和销售该新产品，则会受到可用的机器小时的限制，需要占用生产其他产品的机器生产工时。公司每月固定制造费用预算为 500 000 元，制造费用分配率按直接人工小时分配，每月人工小时预算为 25 000 小时。由于可用的机器生产能力不足，公司规定一年中生产该新产品的机器时间为 8 000 小时，公司在生产除新产品以外的其他产品时，每机器小时可获得最低边际贡献 40 元。

要求：（1）确定新产品的最低价格

（2）如果公司希望在新产品的最低价格之上，再获得额外 20%的利润，那么新产品的价格应为多少？公司可获得多少额外利润？

解：有关的计算分析如下。

（1）新产品的最低价格就是生产新产品的增量成本和机会成本之和。

直接材料	108 元
直接人工	80 元
变动制造费用	12 元

机会成本　　放弃生产其他产品的边际贡献 20 元（0.5 机器小时×40 元）

最低价格　　220 元

（2）如果公司希望在新产品的最低价格之上加成 20%，则新产品的价格如下。

新产品的价格=220×（1+20%）=264（元）

每个新产品可为企业带来额外利润=264-220=44（元）

因每年有 8 000 机器小时生产新产品，则：

新产品的生产量=8 000÷0.5=16 000 单位

增加利润=16 000×44=704 000（元）

同样，企业在接到特殊订单的情况下，也可以采用最低定价法确定接受特殊订单的保本价格，它是企业所能接受的最低价格。

例 6-5

凯达印刷公司为客户提供印刷服务，最近接到一个重要客户的订单，希望公司为其提供一项特殊的印刷服务，而且要求价格特别优惠。公司总经理考虑到该客户的重要性倾向于接受此订单。

公司成本会计人员提供了与此订单有关的成本预测资料。

A 级工人（50 小时，30 元/小时）	1 500 元
B 级工人（10 小时，40 元/小时）	400 元
普通纸成本	900 元
特种纸成本	600 元
变动制造费用（60 小时，6 元/小时）	360 元
固定制造费用（60 小时，40 元/小时）	2 400 元
成本总额	6 160 元

其他信息包括以下内容。

（1）所有 A 级工作工资按照每周 40 小时的基本标准支付。该订单将主要在正常工作时间以内完成，完成此订单只需要 10 小时的 A 级工人加班。

（2）与此类似，所有 B 级工人工资按照每周 40 小时的基本标准支付。该订单将主要在正常工作时间以内完成，完成此订单只需要 5 小时的 B 级工人加班。

（3）不需要 A 级工人和 B 级工人做其他工作。

（4）所有加班工资均按照正常工资率的 150%支付。

（5）企业的存货中已经没有足够的普通纸，但企业的正常生产要使用该纸张。纸张的供应商刚刚通知，该纸张将涨价 10%。

（6）企业的存货中也已经包括了完成订单所需的特种纸，这是几个月前为某客户的订单购进的。这些纸张没有其他用途，正打算以 200 元出售。

要求：（1）确定企业既不获利，也不亏损条件下的最低可接受的价格。

（2）如果企业决定在此价格基础上再加10%的成本加成率，则价格应为多少？

解：有关的分析如下。

（1）正常工作时间支付的工资属于无关成本，只有加班工资才是相关成本。

（2）如果此订单使用普通纸后，公司就要另行购进纸张，而且价格比现在库存纸张的价格高10%，因而，普通纸张的重置成本是相关成本。

（3）特种纸张的相关成本是机会成本，即重新出售的价格。

（4）变动制造费用是相关成本，而固定制造费用是无关成本。

相关成本汇总如下。

A级人工（30×10×150%）	450元
B级人工（40×5×150%）	300元
普通纸（900×110%）	990元
特种纸	200元
变动制造费用	360元
最低价格	2 300元

加成后的价格=2 300×（1+10%）=2 530（元）

2．差别对待定价策略

差别对待定价是指企业对同一种产品或劳务根据消费者不同的需求而制定不同的价格。这种价格差异主要反映需求的不同，而不反映成本费用上的差异。差别对待定价策略主要有以下4种。

（1）依据消费者对象差别定价。即按照不同的价格把同一种产品或劳务卖给不同的消费对象。由于消费者的收入水平、需求层次不同，造成对同一产品或劳务的需求状况也不相同。为了满足不同层次的需要，企业对同一产品或劳务可以实行差别定价。例如，铁路客运对学生实行半价，对军人实行优惠价。

（2）依据产品型号或形式差异定价。即对不同型号或形式的产品分别制定不同的价格，但是，这些不同型号或形式产品的内部结构及成本大致相同。

（3）依据位置差异定价。即同一产品或劳务依据所处地理位置的不同分别制定不同的价格，即使这些产品或劳务的成本费用没有任何差异。例如，剧院中的座位，其成本费用都一样，但按远近和偏斜程度制定不同的票价。

（4）依据时间差异定价。即对不同季节、不同日期甚至不同钟点的同一产品或劳务分别制定不同的价格。例如，旅馆在旅游旺季收全价，而在淡季则收较低的费用，甚至有些旅馆在一天中某些时间、周末和平常日子的收费标准也有所不同。

对产品实行差别对待定价，有利于企业在不同的市场上获得尽可能大的利润，有利于满足不同需求层次的消费者的需求。但是，实行差别对待定价不能引起顾客的反感，而且某种差别对待定价不得违反有关法规。

3．新产品的定价策略

当企业向市场推出一种新产品时，必须要做出定价决策。如果新产品没有明显的竞争产品，企业会选择决定产品是采用高价策略还是低价策略。高价格会提供较高的单位利润，但是销售量较小；低价格会提供较低的单位利润，但销售量较大。新产品的定价一般有两种策略：撇油性定价和渗透性定价。

（1）撇油性定价。撇油性定价是指在新产品刚上市时，把产品的价格定得很高，同时花费巨额广告费用和销售费用进行促销。这一定价策略就像从牛奶中撇取上面的奶油一样，取其精华，所以称为撇油定价策略。以后随着市场的扩大，竞争加剧，再将价格逐步降低。这样，在不同时期，产品利润的"油脂"被逐步撇掉，直到以低价维持销售。

这种策略的目标是保证产品在销售初期获得高额利润，以补偿新产品在研究开发方面所耗费的大量资金以及在产销方面无法预知的成本。但上市初期的高额利润会迅速引来竞争对手，从而使高价不能持久，因此这是一种短期性的定价策略，一般适用于初期没有竞争对手、专利受到保护、需求价格弹性小的产品、流行产品以及未来市场形势难以测定的产品。例如，手机市场方兴时的"大哥大"体积庞大，并且只有通话功能，价格却要1万~2万元，但当时人们还是以手持"大哥大"为荣，相继购买。

撇油定价策略还有以下优点。

① 利用人们对新产品的新奇心理，通过制定较高的价格，为新产品创造高价、优质的名牌形象。

② 先制定高价，在新产品进入成熟期后拥有的调价空间比较大，再逐步降价，这不但能保持企业的竞争力，而且又能从目标市场吸引潜在的需求者。

③ 利用高定价，既可以缓解期初产品供不应求的状况，还可以获取高额利润进行投资，逐步扩大现在的生产规模，适应市场的需求。

撇油定价策略也存在着某些缺点，如过高的价格不利于市场开拓，容易导致新产品开发失败；高价高利润会导致竞争者大量涌入，仿制品和替代品迅速出现，迫使价格急剧下降；价格高于价值，损害了消费者的利益，容易招致消费者的抵制，甚至会被当成暴利商品来加以取缔。所以，如果撇油定价策略处置不当，将会影响企业的长期发展。在消费者日益成熟、购买行为日趋理性的今天，采用撇油定价策略须谨慎。

（2）渗透性定价。渗透性定价是指在新产品刚上市时，为了开拓新产品市场，把产品的价格定得较低，以吸引大量顾客，提高市场占有率，赢得竞争优势后再逐步提价。这是与撇油定价策略相反的一种定价策略。这种策略尽管在初期获利不多，但它能有效地排除其他企业的竞争，便于在市场上建立长期的领先地位，能持久地为企业带来日益增长的经济效益，因而是一种长期性的定价策略。例如，日本精工手表就是采用渗透定价策略，以低价在国际市场上与瑞士手表角逐，最终夺取了瑞士手表的大部分市场份额。

对于那些同类产品差别不大、需求弹性大、易于仿制、市场前景光明的新产品应考虑采取渗透性定价策略。

4．心理定价策略

市场上商品价值与消费者的心理感受有着很大的关系。根据消费者购买心理和行为习惯的不同，在零售价格中常用到以下策略。

（1）尾数定价。这种定价策略在确定零售价格时，以零头数结尾，使消费者在心理上有一种便宜的感觉，或者按照风俗习惯的要求，价格尾数取吉利数，也能促进消费者购买。例如，很多商品的价格以 8、9 作为尾数，既给顾客一种价格较低的印象，又使顾客认为企业定价认真、准确，从而产生信任感。该策略适用于非名牌和中低档产品。

（2）整数定价。这种定价策略与尾数定价策略相反，利用顾客"一分钱一分货"的心理，采用整数定价，在消费者心目中树立高档、高价、优质的产品形象。该策略适用于高档、耐用、名牌产品或消费者不太了解的商品。

（3）声望定价。该策略主要适用于名牌企业和名牌产品。由于声望和信用高，用户也愿意支付较高的价格去购买。但是，滥用此法可能会失去市场。

（4）特价定价。这是利用部分顾客追求廉价的心理，有意识地将价格定得低一些，达到打开销路或者扩大销售的目的，如常见的大减价就属于这种策略。该策略主要适用于竞争较为激烈的产品。

5．价格折扣策略

（1）数量折扣。数量折扣是一种按购买者购买数量的多少所给予的价格折扣。购买者的购买数量越多，折扣越大；反之，折扣越小。数量折扣鼓励购买者大量或集中地向本企业购买商品。

（2）季节折扣。季节折扣是企业给那些过季商品或服务的一种减价，使生产和销售在一年四季保持相对稳定。季节折扣有利于减轻库存，加速商品流通，迅速收回资金，促进企业均衡生产，避免因季节需求变化所带来的市场风险。

季节折扣比例的确定，应充分考虑成本、储存费用、基价和资金利息等因素。

（3）现金折扣。现金折扣是对在规定的时间内提前付款或用现金付款者所给予的一种价格折扣，其目的是鼓励顾客尽早付款，加速资金周转，降低销售费用，减少财务风险。

知识总结

定价决策是指根据市场情况和有关的资料对产品制定出一个合理的价格。本项目首先阐述了定价目标及影响价格的因素，分别解释成本为导向和市场为导向的两种定价决策下的各种定价方法，最后在其他定价决策中讲述了差别定价、新产品定价及心理定价等方法的适用情况。

企业在进行定价决策时，既要定量计算分析，也要凭借丰富的实践经验，采用灵活的定价策略。企业应根据具体环境和条件，选择相应的定价决策方法。

能力拓展训练

一、简答题

1．影响产品价格的因素有哪些？

2．产品寿命周期要经过哪几个阶段？

3. 简述以市场为导向的定价原理。

二、分析计算题

1. 金汐公司正在研究制定其最近开发的新产品的售价。公司下一年度计划生产和销售新产品 1 000 件，有关的预计成本资料如下：成本总额 200 000 元，其中，变动生产成本总额 100 000 元；变动销售及管理费用 12 500 元；固定制造费用 62 500 元；固定销售及管理费用 25 000 元。公司在新产品上的投资总额为 25 万元，公司希望销售该产品应达到的投资报酬率为 10%。

要求：分别计算各种成本基础下的加成率。

2. 凯严公司决定生产一种新产品，预计该产品的成本如下。

直接材料	54 元
直接人工（4 小时，10 元/小时）	40 元
变动制造费用（0.5 机器小时，12 元/小时）	6 元
变动成本	100 元

如果公司决定生产和销售该新产品，则会受到可用的机器小时的限制，需要占用生产其他产品的机器生产工时。

公司每月固定制造费用预算为 250 000 元，制造费用分配率按直接人工小时分配，每月人工小时预算为 25 000 小时。

由于可用的机器生产能力不足，公司规定一年中生产该新产品的机器时间为 8 000 小时，公司在生产除新产品以外的其他产品时，每机器小时可获得最低边际贡献 20 元。

要求：（1）确定新产品的最低价格。

（2）如果公司希望在新产品的最低价格之上，再获得额外 20% 的利润，那么新产品的价格应为多少？公司可获得多少额外利润？

项目七
长期投资决策分析

💡 知识结构

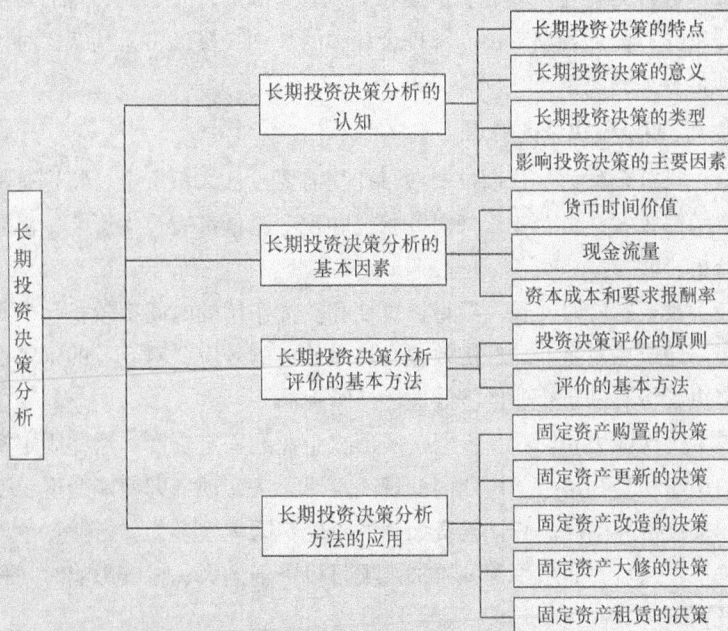

学习目标

知识目标： 了解影响长期投资决策的因素。

能力目标： 掌握长期投资决策方案分析评价的基本方法。

案例引入

金汐集团经过多年发展，市场占有率逐年提高。为了进一步提高产品竞争力，公司拟建设一条新的生产线，需投资 2 000 万元，投产后每年可回收资金 200 万元。经过财务可行性分析，该项目收回投资至少需要 10 年时间。公司管理层认为，该项目回收期过长，不可控因素较多，决定放弃此项投资。

分析：项目投资决策影响因素很多，如资金时间价值、现金流量、资金成本、风险问题等，如何才能做出正确的项目投资决策？相对于短期经营决策而言，项目投资涉及的资金数额通常较大，项目成功与否对企业的财务状况具有较大的影响，关系到企业的可持续发展。

一、长期投资决策分析的认知

长期投资是指为了适应生产经营上的长远需要，并能使企业在较长时间内（一般为一年以上）获得报酬或收益而进行的资金投放活动。从广义上看，长期投资包括两个方面内容：一是对外投资，即证券投资，如购买其他公司发行的股票和债券，通过掌握其股权或债权，对发行证券的公司进行控制或产生影响；二是对内投资，即直接投资以兴办新企业或扩大原有企业的规模，如对固定资产进行的新建、改建、扩建和更新，资源的开发利用，现有产品的换型、改造，新产品的研制开发等方面的各项支出。管理会计中的长期投资通常是指第二种。长期投资决策是指与长期投资项目有关的决策。

1．长期投资决策的特点

（1）投资金额大。长期投资项目往往需要投入大量资金，特别是战略性扩大生产能力的投资金额一般都较大，对企业未来财务状况和现金流量都有重大影响，需要认真地进行项目投资的可行性分析。

（2）投资影响时间长。项目投资期和发挥作用的时间都较长，少则几年，多则十几年，甚至几十年。建成后对企业的经济效益会产生长久的效应，对企业的未来发展会产生深远影响。正确的投资决策将有助于企业经济效益的持续提高。

（3）变现能力差。项目投资一般形成企业的固定资产，这些固定资产一旦建成就很难改变其原有的用途和实物形态，短期内变现困难或无法变现，即使能变现，变现成本也较高。

（4）投资风险高。长期投资面临的不确定因素很多，如行业竞争程度、技术进步速度、市场供求关系、通货膨胀水平等，再加之项目投资金额大、投资影响时间长、变现能力差，会进一步加大投资风险。

2．长期投资决策的意义

由于长期投资方案涉及资本支出，故又称为资本支出决策。资本支出具有资金投入量大，在支出发生的当期不能直接转化为本期费用，不能全部由本期销售收入补偿，而是在未来若干期内连续分次转化为各期费用，分批回收补偿等特点。长期投资决策一经确定，还要编制资本支出预算，以便进行控制与考评，因而也被称为资本预算决策。

长期投资决策是指拟定长期投资方案，用科学的方法对长期投资方案进行分析、评价，选择最佳长期投资方案的过程。长期投资决策是涉及企业生产经营全面性和战略性问题的决策，其最终目的是为了提高企业总体经营能力和获利能力。因此，长期投资决策的正确进行，有助于企业生产经营长远规划的实现。

在激烈竞争的市场经济条件下，很多企业常常会进行大量的资金投放，而大量的资金投放活动将在未来较长时期内影响企业的财务状况和经营成果，并最终影响企业的未来发展。一个正确的投资决策可以使企业的利润大幅度增长，从而使企业很快地发展壮大；而一个错误的投资决策则有可能导致企业损失惨重，甚至倒闭破产。因此，在对投资方案进行选择时，不仅要考虑技术上的先进性，还要着重从成本与效益的关系上进行深入细致的分析，正确评价投资方案在经济上的合理性，通过分析对比，确定出最优投资方案。

3．长期投资决策的类型

一般来说，企业对投资项目需要设计不同的投资方案，再利用投资决策方法对这些方案的经济效益进行分析评价。一个企业要想维持较强的竞争力，就要不断地发掘新的投资机会，再经投资决策程序进行决策，以寻找最好的投资方案。因此，作为一个决策者，首先要明确所做的投资决策属于什么样的类型。投资决策可按以下不同的标准进行分类。

（1）按企业发展战略的不同分类。按企业发展战略的不同可将投资决策分为扩充型投资决策与重置型投资决策。

扩充型投资决策是指对企业未来发展前景将产生长时间重大影响的投资决策。例如，投资创办新企业或扩大生产线、研究开发新产品、对其他企业进行投资等。扩充型投资决策又包括两种类型：一是与现有产品或现有市场有关的扩充型投资决策，如为了增加现有产品的产量或扩大现有销售渠道所进行的投资决策；二是与新产品或新市场有关的扩充型投资决策，如为了生产新产品或打入新市场所进行的投资决策。扩充型投资决策通常涉及企业的重大经营方针，影响企业未来的持续发展和成败。

重置型投资决策通常涉及企业经营中的某一方面，主要是为了改进现有产品的工艺技术、改善企业的生产经营条件或状况而做出的决策。重置型投资决策又包括两种类型：一是与维持企业现有生产经营规模有关的重置型投资决策，如更换已经报废或已损坏的生产设备的决策；二是与提高产品质量或降低产品成本有关的重置型投资决策，如对旧的生产设备进行更新改造的决策，这类决策的目的是利用效率更高的新设备来提高产品质量以及降低人工成本、原材料消耗等。

（2）按投资内容的不同分类。长期投资决策按其内容的不同，可分为固定资产的投资决策和有价证券的投资决策。

（3）按投资目的的不同分类。长期投资决策按投资目的的不同，可分为资产更新项目决策、扩大经营项目决策、法定投资项目决策。

（4）按投资项目之间相互关系的不同分类。长期投资决策按投资项目之间关系的不同可分为独立项目决策、互斥项目决策和组合项目决策。

独立项目决策：某一项目的决策不会对其他项目产生影响，选择其中一个项目并不排斥另一项目，如企业拟购置设备、新建厂房或办公楼就是独立项目决策。独立项目决策主要是判别该项目是否具备财务可行性，不涉及项目之间的比较选优问题。

互斥项目决策是某一项目的决策将对其他项目产生相反的影响，如企业拟新增一台设备，有进口设备和国产设备两种选择，选择其中一个项目必然会放弃另一个项目，就是互斥项目决策。在对互斥项目进行决策时，主要是根据各项目的经济效益比较选优。

组合项目是指既不相互独立又不相互排斥的项目。组合项目决策是在不超过现有投资资金总量的前提下，在所有独立项目以及互斥项目的最优项目中选择能使企业经济效益最大的一组项目的决策，即资本限量决策。

4．影响投资决策的主要因素

在进行项目投资决策时主要考虑现金流量、资金时间价值、资金成本和风险价值4个因素。

（1）现金流量。投资初期会发生现金流出，项目建成后通过销售产品形成现金流入，比较现金流入能否高于现金流出是决策的前提条件。如果一个项目的现金流入不能弥补现金流出，那么这个项目就不能实施。

（2）资金时间价值。项目投资的时间较长，资金在不同的时点价值量不等。要科学、合理地评价某一项目投资的可行性，需要考虑资金的时间价值。

（3）资金成本。企业使用的资金不管是自有的还是外借的，都要付出代价，这就是资金成本。如果一个项目的投资报酬率小于资金成本，那么该项目就不能实施。

（4）风险因素。项目投资的风险是指投资过程中可能出现的收益或损失的不确定性，主要来自于资金、技术、政治等诸多因素，在项目投资决策中应该加以充分考虑。

二、长期投资决策分析的基本因素

由于长期投资所投入的资金数额大、涉及时间长，因而在长期投资决策中必须重视时间因素的影响，而时间因素的影响是通过货币时间价值、现金流量、投资报酬率等因素加以体现的。

1．货币时间价值

（1）货币时间价值的含义从西方经济学的观点看，是即使在没有通货膨胀的条件下，今天1元钱的价值应大于一年以后1元钱的价值。今天投资一笔货币，就放弃了使用或消费这笔货币的机会或权利，按放弃时间的长短来计算的代价或报酬就称为货币的时间价值。一般情况下，银行存款利率、各种债券利率或股票股利都可以看成是投资报酬率，但它们与货币时间价值都是有区别的，即只有在没有风险和通货膨胀的情况下，上述各种报酬率才可视同货币时间价值。

（2）货币时间价值的计算。在实际工作中，一般以银行存款利息或利率代表货币时间价值，而利息的计算又有两种方式：一种是单利计算；另一种是复利计算。单利只对本金计息，而复利不仅对存入的本金计息，而且对累积的利息同样计息。以 P 表示本金，F 表示本金和利息之和，i 表示利率，n 表示存款年数。

按单利计息本利的计算公式如下。

$$F=P\times(1+i\times n)$$

按复利计息本利的计算公式如下。

$$F=P\times(1+i)^n$$

例7-1

假设某人于年初存入5 000元（P），年利率（i）为10%，存期（n）为4年，每年的利息和年末存款余额按单利和复利公式分别计算如表7-1和表7-2所示。

表7-1			单利计息表	单位: 元
期数	年初计息余额	年利率	年利息	年末存款余额
1	5 000	10%	500	5 500
2	5 000	10%	500	6 000
3	5 000	10%	500	6 500
4	5 000	10%	500	7 000

表7-2			复利计息表	单位: 元
期数	年初计息余额	年利率	年利息	年末存款余额
1	5 000	10%	500	5 500
2	5 500	10%	550	6 050
3	6 050	10%	605	6 655
4	6 655	10%	665.5	7 320.5

可以看出，同样数额的货币，复利计息要比单利计息增值得快。

（3）一次性收付款项的复利终值和现值。分析货币时间价值的影响，通常按复利计算，用复利计算一次性收付款的复利终值和复利现值。所谓复利终值是指一定数额的本金按复利计算若干期后的本利和。在例 7-1 中，现在存入银行一笔 5 000 元的现金，年等量利率为 10%，经过 4 年后一次取出本利和 7 320.5 元。这里的 7 320.5 元就是 5 000 元本金在利率 10%、4 年后的复利终值。可见，终值就是现在一定数量的货币按规定利率计算的未来价值。相反，将一定期间后收取或支付的一定数额款项按规定的利率折算为现在的价值，称为复利现值，用 P 表示，该折算过程称为贴现或折现。

计算复利终值和复利现值需要采用复利计算公式。设现值为 P，终值为 F，则复利终值与复利现值有如下关系。

$$F=P\times(1+i)^n=P\times(F/P,\ i,\ n)$$

$$P=F\times\frac{1}{(1+i)^n}=F\times(1+i)^{-n}=F\times(P/F,\ i,\ n)$$

其中，i 为利息率，n 为复利期数。

上式中的 $(1+i)^n$ 称为复利终值系数或复利终值因子，简称终值系数，记作 $FVIF_{i,n}$。$(1+i)^{-n}$ 称为复利现值系数或复利现值因子，简称现值系数，记作 $PVIF_{i,n}$。现值系数也称折现系数，所用的利息率又叫折现率。

现值系数和终值系数可通过查表直接得到。通过现值和终值的计算，就可以把不同时间的货币置于同一可比的基础上。

例 7-2

某企业现在有一个投资机会，预计 3 年后可取得现金收入 100 000 元，若目前市场上同样期限的存款年利率为 10%，那么现在投资的数额为多少才考虑该项投资？

解： 解决这个问题可以把 3 年后取得的 100 000 元现金按 10%的利率折算为现值，查 1 元现值表得现值系数为 0.751 31。有关计算如下。

$P=F\times(1+10\%)^{-3}=100\,000\times(P/F,\ 10\%,\ 3)=100\,000\times0.751\,31=75\,131$（元）

由计算可见，3 年后取得 100 000 元现金的现值为 75 131 元，这表明，如果投资金额不超过 75 131 元，则该项投资是可行的；如果投资金额超过 75 131 元，则该项投资就不应加以考虑了，因为其投资收入还不能补偿借款利息，或者说还不如存入银行稳收利息。

> 🕐 **学中做** 宏源集团某员工现在存入银行 5 万元，存期 5 年，银行存款年利率为 4%，每年复利计息一次，则这笔资金到期时的终值是多少？（查附录中的终值表）

（4）年金的终值和现值。所谓年金是指在一定时期内，每隔相同时间就发生相同数额的系列收款或付款，也称等额系列款项。例如，按期支付相同金额的保险费、租金、偿债基金、债券利息、优先股股息，以及每年投入相等金额的款项或每年等额收回的投资额等，都属于年金。

年金按其付款的具体方式不同，又分为普通年金、先付年金和永续年金等几种形式。普通年金是年金最基本的形式，是指从第一期起在一段时期内每期期末出现的系列等额收付款，又称为后付年金。先付年金是指从第一期起在一段时期内每期期初出现的系列等额收付款。永续年金是指无限期收付的年金。其中，普通年金应用最为广泛。本教材凡涉及年金问题均指普通年金。

① 普通年金终值和现值的计算。凡在每期期末收入或支出相等金额的款项，均称为普通年金。按一定利率计算的若干期普通年金的本利总和称为普通年金终值，简称年金终值；按一定利率将若干期普通年金折算到现在的价值总和称为普通年金现值，简称年金现值。

年金用字母 A 来表示，F_A 为年金终值，P_A 为年金现值，则其计算公式如下。

$$F_A=A\times\frac{(1+i)^n-1}{i}=A\times(F/A,\ i,\ n)$$

$$P_A=A\times\frac{1-(1+i)^{-n}}{i}=A\times(P/A,\ i,\ n)$$

其中，i 为利息率，n 为复利期数。

上式中，$\frac{(1+i)^n-1}{i}$ 称为年金终值系数或年金终值因子，记作 $FVIFA_{i,\ n}$；$\frac{1-(1+i)^{-n}}{i}$ 称为年金现值系数或年金现值因子，记作 $PVIFA_{i,\ n}$。年金现值系数和年金终值系数可通过查表直接得到。

例 7-3

假定某人连续 5 年于每年年末存款 1 000 元，年利率为 10%。请问第 5 年年末可一次取出多少钱？

解： 根据题意，$A=1\,000$，$n=5$，$I=10\%$，查表可得 $FVIFA_{10\%,\ 5}=6.105\,1$，则 $F_A=A\times(F/A,\ 10\%,\ 5)=1\,000\times6.105\,1=6\,105$（元）

即 5 年后可一次取出 6 105 元。

例 7-4

诺卡公司准备购买一台新设备，现有两种付款方式可供选择：一是一次性支付 18 万元；二是分 5 年付款，每年年末支付 40 000 元。若银行存款年利率为 4%，每年复利计息一次，则哪种付款方式最优？

解： 由于两种付款方式的货币支付时点不同，不便直接进行比较，故需要将第二种付款方式的货币量按现在决策时点折算。

$$P_A = 40\,000 \times (P/A, 4\%, 5) = 40\,000 \times 4.451\,8 = 178\,072\,(元)$$

可见，分 5 年支付的现值小于一次性支付的金额。因此，应采取分 5 年付款的方式。

> **学中做** 王某出国 5 年，请人代付房租，每年年末付 1 万元，银行存款年利率为 4%。请问王某临走时应在银行存入多少钱才能够支付每年的房租？

② 偿债基金和年资本回收额的计算。偿债基金（已知终值，求年金）是指为了在约定的未来某一时点清偿某笔债务或积累一定金额的资金，每期期末应准备的年金数额。

由普通年金公式 $F_A = A \times (F/A, i, n)$ 可知，偿债基金公式如下。

$$A = F_A \times \frac{1}{(F/A, i, n)} = F_A (A/F, i, n)$$

偿债基金与普通年金终值互为逆运算，只需要利用普通年金终值系数表查出普通年金终值系数，即可代入计算。

例 7-5

赵某预计 6 年后孩子将上大学，需要准备 100 000 元的子女教育资金，从现在起每年年末等额投资某理财产品，平均收益率为 8%，则每年需要投入多少元？

解： 已知 $F = 100\,000$，$i = 8\%$，$n = 6$，则

$$A = F_A \times \frac{1}{(F/A, i, n)}\ 100\,000 \times \frac{1}{7.335\,9} = 13\,631.59\,(元)$$

年资本回收额（已知现值，求年金）是指已知目前初始投入资本，计算约定年限内的等额回收额；或已知目前所欠债务，计算约定年限内的等额清偿额。

由普通年金现值公式 $P_A = A \times (P/A, i, n)$ 可知，年资本回收额的计算公式为

$$A = P_A \times \frac{1}{(P/A, i, n)} = P_A (A/P, i, n)$$

年资本回收额与普通年金现值互为逆运算，只需要利用普通年金系数查出普通年金现值系数，即可代入计算。

例 7-6

金沙公司欲投资 100 万元购置一台生产设备，预计可使用 5 年，社会平均利润率为 10%。

请问该设备每年至少给公司带来多少收益才是可行的？

解： $A = P_A \div (P/A, 10\%, 5) = 100 \div 3.7908 = 26.38$（万元）

2. 现金流量

（1）现金流量的含义及作用。现金流量是长期投资决策分析中的又一重要因素，对投资项目的效益进行评价分析就是建立在现金流量基础上的。所以，对投资项目各期现金流量的估计是否准确，将直接关系到投资方案评价的可靠性。

在管理会计中，现金流量是指由一项长期投资项目引起的，在该项目寿命期内所发生的各项现金流入量与现金流出量的统称。这里需要注意的是，现金流量是以收付实现制为基础的，而且管理会计中的现金流量与财务会计中的现金流量表所使用的现金流量相比，无论在具体构成内容方面，还是在计算口径方面都存在较大的差异，不应将它们混为一谈。

在长期投资决策分析中，通常需要计算的是投资项目寿命期内预计各年发生的净现金流量，又称现金净流量。它是指项目寿命期内，每年的现金流入量与现金流出量之间的差额。它是计算投资项目决策评价指标的重要依据。其理论计算公式如下。

$$NCF_t = CIF_t - COF_t \ (t = 0, 1, 2, \cdots, n)$$

式中，NCF_t 为第 t 年的净现金流量；CIF_t 为第 t 年的现金流入量；COF_t 为第 t 年的现金流出量。

在长期投资决策分析中，通常是用现金流量而不是用会计利润来评价投资项目的价值。与会计利润相比，现金流量在评价长期投资项目中具有以下几个方面的作用。

① 有利于正确评价投资项目的经济效益。

② 使投资决策更符合客观实际。

③ 有利于科学地应用货币时间价值。

（2）确定现金流量应考虑的因素。确定现金流量时，不能仅计算投资项目本身的现金流量，而必须计算增量现金流量，即接受一个投资项目后整个企业的总现金流量所发生的变动。在确定增量现金流量时，还应考虑以下几个方面。

① 对企业其他部门或产品的影响。对企业而言，接受一个投资项目后，该项目可能会对企业的其他部门或产品产生影响，并可能减少现有产品的销售。例如，企业有一个生产新产品的投资项目，这种产品也许会与企业现有产品构成竞争，因而，在确定与该新产品投资相关的现金流量时，应该考虑新产品推出后使企业现有产品销售减少的后果。如果销售只是从企业的一种产品转到另一种产品，则实质上没有给企业带来新的增量现金流量。但如果销售量是从其他竞争对手那里争夺而来的，则会给企业带来相关的增量现金流量。所以，在投资决策分析中，应将企业作为一个整体来比较接受新的投资项目之前和之后的现金流量的变动状况，从而确定新投资项目的增量现金流量。

② 营运资金的需求。在正常情况下，当企业实施一项新的投资项目且销售量也因而扩大时，其对应的收账款和存货等流动资产的需求也会跟着增加，同时企业也可能占用供应商的部分资金，如应付账款，导致流动负债也同时增加。营运资金的需求是指增加的流动资产与增加的流动负债之间的差额。对营运资金的需求应视为新投资项目的现金流出。此外，当投资项目的寿命期结束时，企业将与该项目有关的存货出售且不再补充，而应收账款也可被转为现金，当然流动负债也

要随之偿还。由此而收回的营运资金即可作为一项现金流入。

除了增加营运资金外，实施新的投资项目也可能会增加一些费用支出，如新项目发生的筹建费用、生产人员和销售人员的重新培训费用等支出，这些支出应作为该项目的现金流出。

③ 全投资假设。在评价投资项目和确定现金流量时，要以全投资假设为前提，将投资决策和筹资决策分开，也就是说，应将投资资金全部视为自有资金，即使接受投资的项目需要举债来筹集资金，与筹集的资金相关的利息支出及债务本金的偿还也不应看成是该项目的增量现金流量。这是因为当以企业要求的收益率为折现率对投资项目的现金流量进行折现时，该折现率中已经包含了此项目的融资成本。

在对长期投资项目进行评价时，除了考虑以上因素外，与短期决策一样，也应该考虑投资项目带来的机会成本，同时要牢记沉没成本不是增量现金流量。

（3）现金流量的估计。一个投资项目的现金流量一般由初始现金流量、营业现金流量和终结现金流量3个部分构成。

① 初始现金流量。初始现金流量是指投资项目开始投资时所发生的现金流量，一般包括以下部分。

- 固定资产投资：包括厂房的建造成本、机器设备的购买价格以及运输费用、安装费用等。
- 增加的营运资金：一般包括对原材料、在制品、产成品、现金和应收账款等流动资产的垫支。
- 其他投资费用：指与长期投资项目相关的谈判费、注册费等筹建费用，以及员工的培训费。
- 原有固定资产的出售收入：指在固定资产更新决策时，变卖原有旧资产所得的现金收入，属于现金流入量。

② 营业现金流量。营业现金流量是指投资项目建成投产后，在其经济寿命期内，由于开展生产经营活动所带来的现金流入量和现金流出量，一般按年度进行计算。营业现金流量一般包括以下部分。

- 营业收入：指项目投产后，在其经济寿命期内每年实现的销售收入或业务收入。它是生产经营阶段主要的现金流入量。作为现金流入项目，营业收入本应当按当期现销收入额与收回前期应收账款的合计数确认，但为了简化计算，可假定正常经营年度内每年发生的赊销额与收回的应收账款大体相当。
- 付现成本：又称付现的营运成本或经营成本，是指在项目寿命期内为满足正常生产经营需要而动用现金支付的成本费用。它是生产经营阶段最主要的现金流出量。某年的付现成本等于当年的总成本费用扣除该年的折旧费用、无形资产和开办费的摊销额等项目后的差额。这是因为总成本费用中包含了一部分非现金流出的内容，这些项目大多与固定资产、无形资产和开办费等长期资产的价值转移有关，不需要运用现金支出。
- 各项税款：指项目投产后依法缴纳、单独列示的各项税款，包括营业税、消费税、所得税等。新建项目通常只估算所得税。

根据上述内容，有关营业净现金流量的计算公式如下。

$$各年营业净现金流量（NCF_t）=该年营业收入-该年付现成本-该年所得税$$

上式也可简化为如下形式。

各年营业净现金流量（NCF_t）=该年税后净利润+该年折旧+该年摊销额

如果营业现金流出量中不考虑所得税因素，则上述简化公式中的利润应为该年营业利润。

③ 终结现金流量。终结现金流量是指投资项目寿命期结束时所发生的各项现金回收，主要包括以下两个部分。

- 固定资产残值收入：指在投资项目寿命期结束时，对固定资产进行报废清理所回收的价值，属于现金流入量。

- 营运资金的收回：指在投资项目寿命期结束时，因不再发生新的替代投资而回收的原垫支的全部流动资金，也属于现金流入量。

回收的固定资产残值和回收的流动资金统称为回收额。

例 7-7

金沙公司准备建设一条新的生产线用于生产其开发的一种新产品。有关预计资料如下。

（1）固定资产投资 1 000 万元，营运资金增加 200 万元，建设期为 1 年，固定资产投资全部于建设起点投入，而增加的营运资金全部于建设工程完工时（即第 1 年年末）投入。

（2）预计项目的经济寿命期为 5 年，固定资产按直线法计提折旧，期满有 40 万元的净残值。

（3）该项目投产后，每年增加的销售收入为 800 万元，每年增加的付现成本为 328 万元。

（4）企业所得税税率为 40%。

要求：（1）计算各年的净现金流量。

（2）编制该投资项目的现金流量表。

解：根据上述资料计算现金流量如下。

（1）初始投资的净现金流量。

$$NCF_0 = -1\ 000（万元）$$

$$NCF_1 = -200（万元）$$

（2）各年的营业净现金流量。

每年折旧费=（1 000-40）/5=192（万元）		
每年销售收入	①	800 万元
每年付现成本	②	328 万元
每年折旧	③	192 万元
税前利润	④=①-②-③	280 万元
所得税	⑤=④×40%	112 万元
税后净利润	⑥=④-⑤	168 万元
营业净现金流量⑦=①-②-⑤		
或=⑥+③		360 万元

（3）终结净现金流量。

$$项目寿命期结束时的回收额=40+200=240（万元）$$

则项目寿命期内各年的净现金流量表示如下。

$$NCF_{2\sim5} = 360（万元）$$

$$NCF_6 = 360+240=600（万元）$$

在投资决策实务中，所估计的各期净现金流量的计算通常是通过编制投资项目现金流量表来列示的。本例中投资项目现金流量表如表 7-3 所示。

表 7-3　　　　　　　　　　　　　投资项目现金流量表

项目	建设期		经济寿命期					合计
	0	1	2	3	4	5	6	
现金流入量：								
销售收入			800	800	800	800	800	4 000
回收固定资产残值							40	40
回收营运资金							200	200
现金流入量合计	0	0	800	800	800	800	1 040	4 240
现金流出量：								
固定资产投资	1 000							1 000
营运资金		200						200
付现成本			328	328	328	328	328	1 640
所得税			112	112	112	112	112	560
现金流出量合计	1 000	200	440	440	440	440	440	3 400
净现金流量	-1 000	-200	360	360	360	360	600	840

3．资本成本和要求报酬率

在评价投资方案时，企业要考虑资本成本并确定投资要求的报酬率。

（1）资本成本。资本成本是指使用资本所要支付的代价，通常包括资金使用费用和筹资费用两个部分。资金使用费是指企业在生产经营、投资过程中因使用资金的而付出的代价，如向股东支付的股利、向债权人支付的利息等。筹资费用是指企业在筹措资金的过程中为获取资金而付出的费用，如向银行支付的借款手续费，发行股票、债券需支付的发行费等。在管理会计中，一般用相对数表示资本成本，即表示为资金使用费与实际筹得资金（即筹资数额扣除筹资费用后的差额）的比率。不同资金来源的成本不同，如银行借款筹集资金需要支付利息和借款手续费，发行股票筹集资金要向股东支付股息，发行时要向券商、中介机构支付相关发行费用等。下面，以发行债券筹集资金为例。

企业应向债权人支付利息。根据税法，利息费用属于从税前利润中扣除的费用，可以按税率抵免部分所得税。债务资本成本的计算公式如下。

$$K = \frac{I \times (1-T)}{P-F}$$

式中，k 为资本成本，以百分率表示；I 为利息费用；T 为所得税率；P 为筹资数额；F 为筹资费用。

例 7-8

金汐公司为建造一条产品生产线发行公司债券筹集资金 100 万元，每年支付利息费用 10 万元，即利率为 10%，企业适用所得税税率为 25%，发行债券时支付给券商及各项发行费用合计 62 500 元，则资本成本计算如下。

10×（1-25%）÷（100-6.25）=8%

筹资实得资本 937 500 元，资本的使用成本为 8%。

在实际经营活动中，企业获取长期投资资金的来源不同，因此资本成本也就不同。关于不同来源资本成本的计算，本教材不做介绍，具体内容在"财务管理"课程中可以得到详细的了解。

（2）要求报酬率。要求报酬率是指企业期望投资项目获取的最低报酬率。因为资本成本是获取资金的代价，所以在长期投资决策中，资金成本是评价投资项目效益、取舍投资项目的标准，是投资者要求在投资项目上获取的最低报酬率。因为投资者筹集资本需要支付成本，所以取得的资本用于项目后，要求从该项目取得的投资报酬率至少应能补偿所支付的资本成本。只有获得的投资报酬率大于或至少等于付出的资本成本，投资者才愿意投资。这样，资本成本就自然成为一个投资项目是否能被接受的最低报酬率。

一般来说，企业长期投资所用的资本来源可能不是单一的，可能有多种渠道，这种情况下要计算资本的加权平均成本。资本的加权平均成本以单项筹资资本成本为基础、以各类资本所占比例为权数，计算公式如下。

$$K = \sum_{i-1}^{n} W_i K_i \quad (i \text{ 的取值为 } 1 \quad n)$$

式中，K 为加权平均资本成本；W_i 为第 i 种资本来源所占比重；K_i 为第 i 种资本来源筹资成本。

例 7-9

金汐公司为扩大产品生产线需要投资 500 万元，其中银行借款 200 万元，筹资成本为 8%；发行公司债券筹集资金 100 万元，资本成本为 10%；发行普通股筹集资金 200 万元，资本成本为 6%。加权平均资本成本的计算如下。

8%×40%+10%×20%+6%×40%=7.6%

上述计算的加权平均资本成本为 7.6%，就是该项投资的最低报酬率。若该值低于 7.6%，则该公司的投资就会亏损。

三、长期投资决策分析评价的基本方法

1. 投资决策评价的原则

要确定一个项目投资决策是否可行，需要采用一定的决策方法去评价项目的经济可行性。项

目投资决策评价要遵循以下原则。

（1）"具体问题具体分析"原则。评价指标自身特征的差异，导致其适用范围不同。因此，应根据不同的项目类型和项目之间的关系进行分析，决定运用何种评价指标。

（2）"确保财务可行性"原则。无论项目投资的数目有多少、项目之间的关系如何，所有项目投资决策的首要标准就是财务可行性。运用投资决策评价指标对具体项目进行财务可行性评价是项目投资决策的重要环节。

（3）"分清主次指标"原则。在对同一项目进行财务可行性评价时，运用不同指标评价可能导致相互矛盾的结论。在这种情况下，需要分清主要指标、次要指标和辅助指标，并以主要指标的评价结论为准。

（4）"讲求效益"原则。在项目投资时，要以效益最大化为目标，充分考虑经济效益、环境效益和社会效益。项目投资应以经济效益最大化为基本的衡量标准，同时重视对环境的影响。此外，从承担社会责任的角度出发，项目投资应遵循"社会效益最佳"原则，使项目投资对劳动就业、社会稳定等做出贡献。

2．评价的基本方法

评价投资项目经济效益的方法一般可以分为两大类：一类是静态指标分析，是指不考虑资金时间价值因素的评价方法，也叫非折现的现金流量法，包括投资回收期和平均投资报酬率，计算较为简便；另一类是动态指标分析，是指考虑资金时间价值因素的评价方法，也叫折现的现金流量法，包括净现值、现值指数、净现值率和内部报酬率，计算较为复杂，但更加科学、合理。

（1）静态指标分析法——回收期法。

① 投资回收期法的概念及计算。回收期法是指根据投资项目的投资回收期的长短来进行投资决策的方法。投资回收期用 PP 表示，简称回收期，是指以投资项目寿命期内各期的营业净现金流量来回收该项目原始投资总额所需要的时间，一般以"年"为单位。

一般而言，投资者总希望尽快地收回投资，因而投资回收期越短越好。

对投资回收期的计算，要根据寿命期内各年的营业净现金流量是相等还是不相等两种情况，分别采用不同的方法进行。

● 如果一项长期投资决策方案在寿命期前若干年（假设为 m 年）内每年的营业净现金流量相等，且以下关系成立：

$$m×经营期前 m 年每年相等的净现金流量 \geqslant 原始投资总额$$

则可按以下公式直接计算投资回收期。

$$回收期（PP）= \frac{初始投资总额}{每年相等的净现金流量}$$

例 7-10

金沙公司拟购入一台设备，需投资 15 000 元，使用 5 年，预计净残值为 0，用直线法计提折旧。投产后，每年增加销售收入 10 000 元，新增付现成本 4 500 元。

要求：计算该项目的投资回收期（不考虑所得税因素）。

解： 每年现金净流量=10 000-4 500= 5 500（元）

投资回收期=15 000÷5 500=2.73（年）

● 如果一项长期投资决策方案在寿命期内各年的净现金流量不相等，则可通过列表计算累计净现金流量的方式来确定回收期。其计算公式如下。

$$回收期 = M + \frac{第M年尚未回收额}{第M+1年净现金流量}$$

式中，M 为净现金流量由负变正的头一年。

例 7-11

金沙公司拟购入一台设备，需投资 20 000 元，使用 5 年，预计净残值为 2 000 元，用直线法计提折旧，流动资金投资 3 000 元。投产后，每年增加销售收入 12 000 元，第一年新增付现成本 4 000 元，从第二年起逐年增加修理费 400 元。所得税税率为 25%。

要求： 计算投资回收期。

解： 计算该项目投资回收期，如表 7-4 所示。

表 7-4　　　　　　　　　　　项目投资回收期

项目	第 0 年	第 1 年	第 2 年	第 3 年	第 4 年	第 5 年
各年现金净流量	-23 000	6 900	6 600	6 300	6 000	10 700
年末尚未收回的投资	-23 000	-16 100	-9 500	-3 200	2 800	

$$投资回收期 = 3 + \frac{3\ 200}{6\ 000} = 3.53（年）$$

② 投资回收期的决策原则。运用此法进行投资决策时，应将投资方案的投资回收期与企业期望的投资回收期相比。

对独立项目决策时，如果投资方案回收期≤期望回收期，则此项目投资具有财务可行性；如果投资方案回收期>期望回收期，则不可行。

在互斥项目决策中，在投资方案回收期≤期望回收期的项目投资中，选择投资回收期最短的项目投资。

例 7-12

金沙公司开发了两种新产品 A 和 B，并准备投资生产其中的一种产品。经过预测分析，对生产两种产品分析拟定了投资方案 A 和投资方案 B。两种方案的初始投资额均为 800 000 元，寿命期均为 5 年，各年的净现金流量预计如表 7-5 所示。

表 7-5　　　　　　　　　投资方案净现金流量　　　　　　　　单位：元

年份	方案 A			方案 B			
	净利润	折旧	NCF	净利润	折旧	NCF	累计 NCF
0			-800 000			-800 000	-800 000
1	110 000	160 000	270 000	0	160 000	160 000	-640 000
2	110 000	160 000	270 000	20 000	160 000	180 000	-460 000
3	110 000	160 000	270 000	40 000	160 000	200 000	-260 000
4	110 000	160 000	270 000	100 000	160 000	260 000	0
5	110 000	160 000	270 000	500 000	160 000	660 000	660 000
合计	550 000	800 000	550 000	660 000	800 000	660 000	—

要求：计算两个方案的投资回收期。

解：方案 A 的各年营业净现金流量相等，则

$$方案 A 的回收期 = \frac{800\,000}{270\,000} = 2.96（年）$$

由于方案 B 不满足上述条件，故应通过计算累计净现金流量的方式求得回收期。由表 7-5 可见，累计净现金流量在第 4 年年末等于零，说明方案 B 的回收期为 4 年。

如果两个方案的回收期都小于公司期望回收期，则两个方案都可以接受。现在该公司只能从两者中选择一个方案，由于方案 A 的投资回收期比方案 B 的投资回收期短，故采用回收期法进行决策应选择方案 A。

例 7-13

假设某一投资方案的净现金流量和累计净现金流量如表 7-6 所示。

要求：计算该方案的投资回收期。

表 7-6　　　　　　　　　现金流量表　　　　　　　　单位：元

项目寿命年限	净现金流量	累计净现金流量
0	-200 000	-200 000
1	90 000	-110 000
2	70 000	-40 000
3	60 000	20 000
4	40 000	60 000

根据上述资料，回收期大于 2 年又小于 3 年，计算如下。

$$回收期 = 2 + \frac{40\,000}{60\,000} = 2.67（年）$$

③ 回收期法的优缺点。

优点：投资回收期考虑到初始投资的回收速度，概念容易理解，计算简单。根据投资回收期的长短来衡量项目的优劣，实际上与项目的风险联系起来；关注项目现金流量产生的速度。

缺点：首先，没有考虑资金的时间价值，只是将现金流量简单相加，而没有考虑现金流量发生的时间；其次，只关注收回投资以前的现金流量，没有考虑收回投资后的现金流量，因而不能充分说明问题。

> **学中做** 某公司考虑购买价值 10 万元的一台机器，使用 8 年，无残值，用直线法计提折旧。投产后，每年营业现金净流量为 2 万元。所得税税率为 25%。
>
> **要求**：计算该项目的投资回收期（税后）。

（2）静态指标分析法——平均报酬率法。平均报酬率法是指根据投资项目的平均报酬率的高低进行投资决策的方法。平均报酬率是指一项投资方案的年平均净利润与初始投资额的比率，也称会计报酬率，用 ARR 表示。这个比率越高，说明获利能力越强。平均报酬率的计算公式如下。

$$平均报酬率（ARR）= \frac{年平均净利润}{初始投资额} \times 100\%$$

进行投资决策时，应将投资方案的平均报酬率同投资者期望的平均报酬率相比。

若投资方案的平均报酬率≥期望的平均报酬率，则接受投资方案；若投资方案的平均报酬率<期望的平均报酬率，则拒绝投资方案。

如果有若干投资方案可供选择，应该选择平均报酬率最高的投资方案。

例 7-14

仍以例 7-12 中的数据为例，计算平均报酬率如下。

① 计算方案 A 的平均报酬率。

$$方案 A 的平均报酬率 = \frac{110\,000}{800\,000} = 13.75\%$$

② 计算方案 B 的平均报酬率。

方案 B 的年平均净利润 = 660 000÷5 = 132 000（元）

$$方案 B 的平均报酬率 = \frac{132\,000}{800\,000} = 16.5\%$$

解：可见，用平均报酬率法进行决策，两个方案的平均报酬率都超过了期望平均报酬率，由于方案 B 的平均报酬率高于方案 A，因此用平均报酬率法进行决策，则方案 B 较优。

平均报酬率法虽然考虑到了投资方案在其整个寿命期内的全部净利润，但它没有使用现金流量指标，也不能显示投资方案的相对风险，同时也没有考虑货币时间价值因素。由于计算平均报酬率所涉及的期限远远长于回收期，因此在这一点上，平均报酬率法忽视货币时间价值所产生的后果也比回收期法严重得多。这种方法在实际工作中应用得越来越少。

（3）动态指标分析法——净现值法。折现的现金流量法主要包括净现值法、获利指数法和内部报酬率法 3 种。净现值是指将各年的净现金流量按照要求的报酬率或资本成本折算为现值的合计。其计算公式如下。

$$NPV = \sum_{t=0}^{n} \frac{NCF_t}{(1+k)^t} = \sum_{t=0}^{n} NCF_t \times PVIF_{k,t}$$

式中，NPV 为净现值；NCF_t 为第 t 年的净现金流量（$t=0\sim n$）；k 为要求的报酬率或资本成本；n 为项目寿命期（包括建设期和经营期）；$PVIF_{k,t}$ 为 t 年、折现率为 k 的复利现值系数。

净现值也可表述为项目投产后各年的净现金流量按照规定的折现率折算的现值合计与项目的初始投资额折算的现值合计之间的差额。

有关净现值的计算可按以下步骤进行。

① 计算各年的净现金流量。

② 按照要求的折现率将未来经营期间各年的净现金流量折算成总现值，这又分成 3 步。

• 将各年的营业净现金流量折成现值。如果每年的营业净现金流量相等，则按年金法折成现值；如果各年的营业净现金流量不相等，则需分别按复利折成现值，然后加以合计。

• 将终结净现金流量（即回收额）按复利折成现值。

• 将上述两项相加，即可求得未来经营期间各年净现金流量的总现值。

③ 将建设期间各期的初始投资额折成现值。

④ 计算投资方案的净现值，公式如下。

$$NPV = 经营期各年净现金流量的总现值 - 初始投资额的现值$$

$$= \sum_{t=m+1}^{n} \frac{NCF_t}{(1+k)^t} - \sum_{t=0}^{m} \frac{I_t}{(1+k)^t}$$

式中，m 为建设期或投资的年数；I_t 为第 t 年的投资额；n 为项目寿命期（包括建设期和经营期）；NCF_t 为经营期第 t 年的净现金流量。

如果全部投资均在建设起点一次投入，且当年投资当年生产，则建设期为零，上式可变为如下形式。

$$NPV = 经营期各年净现金流量的总现值 - 初始投资总额$$

$$= \sum_{t=1}^{n} \frac{NCF_t}{(1+k)^t} - I_0$$

采用净现值法的决策标准是：若投资方案的 $NPV \geq 0$，则接受投资方案；若投资方案的 $NPV < 0$，则拒绝投资方案。

如果有多个互斥方案，它们的投资额都相同，且净现值均大于零，那么净现值最大的方案为最优方案。

例 7-15

仍以例 7-12 中的数据为例，假定企业对两个投资方案所要求的报酬率均为 10%。

要求：计算两个方案的净现值。

解：（1）由于方案 A 各年的营业净现金流量相等，且无回收额，因而各年的营业净现金流量可按年金折现，其净现值如下。

$$NPV_A = 营业净现金流量 \times PVIFA_{10\%,5} - I_0$$

$$= 270\,000 \times 3.790\,79 - 800\,000$$

$$= 1\,023\,513 - 800\,000$$

$$= 223\,513（元）$$

（2）由于方案 B 各年的营业净现金流量不相等，故应分别按复利折现，然后加总。其计算过程如表 7-7 所示。

表 7-7　　　　　　　　　　　方案 B 的 NPV 计算表

年次	净现金流量（NCF）	复利现值系数（10%）	现值
1	160 000	0.909 09	145 454
2	180 000	0.826 45	148 761
3	200 000	0.751 31	150 262
4	260 000	0.683 01	177 583
5	660 000	0.620 92	409 807
营业净现金流量的总现值			1 031 867
初始投资额			（800 000）
净现值（NPV）			231 867

以上计算表明，方案 A 和方案 B 的净现值均大于零，两个方案都可行。由于两个方案的初始投资额相等，而且方案 B 的净现值大于方案 A，所以用净现值法决策，则方案 B 较优。

净现值法的优点如下。

① 考虑了货币的时间价值。

② 考虑了项目寿命期内的全部净现金流量，体现了流动性与收益性的统一。

③ 考虑了投资的风险性。因为企业要求的报酬率或资本成本的大小与风险大小有关。投资的风险越大，要求的报酬率或资本成本越高。

净现值法的局限性如下。

① 不能揭示各个投资方案本身可达到的实际报酬率水平。

② 净现值是一个绝对数指标，只能反映某个单独投资方案的投资与收益关系。如果几个投资方案的初始投资额不相同，那么仅以净现值的大小是无法确定投资方案获得水平的高低的，因而就不能做出正确的评价。

③ 投资者所要求的报酬率或资本成本的确定比较困难。

（4）动态指标分析法——获利指数法。获利指数又称现值指数，是指投资方案投产后各年净现金流量按照要求的报酬率或资本成本折算的现值合计与初始投资额的现值合计之比。其计算公式如下。

$$获利指数（PI）= \frac{经营期净现金流量的现值合计}{初始投资的现值合计}$$

$$\frac{\sum_{t=m+1}^{n} \frac{NCF_t}{(1+k)^t}}{\sum_{t=0}^{m} \frac{I_t}{(1+k)^t}} = \frac{\sum_{t=m+1}^{n} NCF_t \times PVIF_{k,t}}{\sum_{t=0}^{m} I_t \times PVIF_{k,t}}$$

PI 表示获利指数，其他字母的含义同净现值的计算公式一样。

获利指数是一个折现的相对数评价指标，利用这一指标进行投资项目决策的标准是：若投资方案 PI≥1，则接受投资方案；若投资方案 PI<1，则拒绝投资方案。

如果几个互斥方案的投资额都相同，且获利指数均大于 1，那么获利指数越大，投资方案越好。

例 7-16

仍以例 7-12 为例，假定企业对两个投资方案所要求的报酬率均为 10%。

要求： 计算两个方案的获利指数。

解： 根据前例中的数据可得如下结论。

方案 A：$PI_A=\dfrac{1\ 023\ 513}{800\ 000}=1.28$

方案 B：$PI_B=\dfrac{1\ 031\ 867}{800\ 000}=1.29$

由于方案 A 和方案 B 的投资规模相同，都是 800 000 元，因此，结论同净现值法一致。两个方案的获利指数均大于 1，为可行方案。又因为方案 B 的获利指数大于方案 A，所以方案 B 较优。

（5）内部报酬率法。内部报酬率又称内部收益率，是指一项长期投资方案在其寿命期内预期可达到的报酬率。内部报酬率的实质就是未来净现金流量的现值之和正好等于初始投资的现值之和时的折现率，也就是使投资项目的净现值等于零时的折现率。显然，内部报酬率满足下列等式。

$$\sum_{t=0}^{n}\frac{NCF_t}{(1+IRR)^t}=0$$

用 IRR 表示内部报酬率。内部报酬率法的标准是：若投资方案的 $IRR\geq$ 要求的报酬率或资本成本，则接受投资方案；若投资方案的 $IRR<$ 要求的报酬率或资本成本，则拒绝投资方案。

如果几个互斥方案的投资额都相同，且内部报酬率均大于要求的报酬率或资本成本，则内部报酬率越大的方案越好。

内部报酬率的计算比较复杂，一般有两种计算方法。

① 年金法。如果初始投资额全部于建设起点一次投入，建设期为零，且项目投产后每年的净现金流量相等，即第 1 至第 n 期每期的净现金流量为普通年金形式，则有下列关系。

$$NCF\times PVIFA_{IRR,\ n}-I_0=0$$

$$PVIFA_{IRR,\ n}=\frac{I_0}{NCF}$$

式中，I_0 为在建设起点一次投入的初始投资额；NCF 为项目投产后每年相等的净现金流量；$PVIFA_{IRR,\ n}$ 为以 IRR 为折现率、n 期的年金现值系数。

在此种情况下，内部报酬率的具体计算步骤如下。

- 计算年金现值系数 $PVIFA$。

$$年金现值系数\ PVIFA=\frac{初始投资额}{每年相等的净现金流量（NCF）}$$

- 根据计算出来的年金现值系数 $PVIFA$，查 n 年的年金现值系数表。
- 若在年金现值系数表 n 年所对应的一栏上恰好能找到等于上述 $PVIFA$ 值的年金现值系数，

则该系数所对应的折现率即为所求的内部报酬率 IRR。

- 若在年金现值系数表 n 年所对应的一栏上找不到 $PVIFA$ 值，则应找出系数表上同期略大于和略小于 $PVIFA$ 值的两个相邻的系数 $PVIFA_{大}$ 和 $PVIFA_{小}$，以及相对应的两个折现率 $r_{小}$ 和 $r_{大}$，就可利用内插法计算近似的内部报酬率。

$$IRR = r_{小} + \frac{PVIFA_{大} - PVIFA}{PVIFA_{大} - PVIFA_{小}} \times (r_{大} - r_{小})$$

例 7-17

假定某投资项目在建设起点一次投入 820 000 元，当年完工并投产，经营期为 5 年，每年的净现金流量为 200 000 元。

要求：计算该项目的内部报酬率。

解：已知 $I_0 = 820\ 000$，$NCF_{1-5} = 200\ 000$，则

$PVIFA = 820\ 000 \div 200\ 000 = 4.1$

查 5 年一栏所对应的年金现值系数，则系数 4.1 所对应的折现率为 7%，因而该项目的 IRR 为 7%。

例 7-18

仍以例 7-12 中的数据为例，计算方案 A 的内部报酬率。

解：已知 $I_0 = 800\ 000$，$NCF_{1-5} = 270\ 000$，则

$PVIFA = 800\ 000 \div 270\ 000 = 2.962\ 96$

查 5 年的年金现值系数表：$PVIFA_{20\%,\ 5} = 2.990\ 61$，$PVIFA_{22\%,\ 5} = 2.863\ 64$，则

$$IRR_A = 20\% + \frac{2.990\ 61 - 2.962\ 96}{2.990\ 61 - 2.863\ 64} \times (22\% - 20\%) = 20.44\%$$

② 试错法。若投资项目的净现金流量不属于上述情况，则无法应用年金法，此时就必须采用试错法计算内部报酬率。试错法下内部报酬率的具体计算步骤如下。

- 自己设定一个折现率 r_1，并将其代入有关计算净现值的公式，求出净现值 NPV_1，然后进行下面的判断。
- 若 $NPV_1 = 0$，则内部报酬率 $IRR = r_1$，计算结束；若 $NPV_1 > 0$，则内部报酬率 $IRR > r_1$，应重新设定 $r_2 > r_1$，再将 r_2 代入有关计算净现值的公式，求出净现值 NPV_2，并继续进行下一轮的判断；若 $NPV_1 < 0$，则内部报酬率 $IRR < r_1$，应重新设定 $r_2 < r_1$，再将 r_2 代入有关计算净现值的公式，求出净现值 NPV_2，并继续进行下一轮的判断。
- 经过逐次测试判断，如果仍未求得内部报酬率 IRR，则可利用最为接近零的两个正负净现值 $NPV_m > 0$ 和 $NPV_{m+1} < 0$ 及相应的折现率 r_m 和 r_{m+1}，利用内插法计算近似的内部报酬率。

$$IRR = r_m + \frac{NPV_m}{NPV_m - NPV_{m+1}} \times (r_{m+1} - r_m)$$

例 7-19

仍以例 7-12 中的数据为例，计算方案 B 的内部报酬率。

解： 由于方案 B 的净现金流量不是呈年金形式的，因而应使用试错法进行逐步测试，其测试过程如下。

当折现率为 10%时，$NPV = 231\ 867 > 0$。

当折现率提高到 20%时，NPV 的计算如下。

$NPV = 160\ 000 \times 0.833\ 33 + 180\ 000 \times 0.694\ 44 + 200\ 000 \times 0.578\ 7 + 260\ 000 \times 0.482\ 25 + 660\ 000 \times$
　　　$0.401\ 88 - 800\ 000$

　　$= -353\ 02 < 0$

当折现率降至为 18%时，NPV 的计算如下。

$NPV = 160\ 000 \times 0.847\ 46 + 180\ 000 \times 0.718\ 18 + 200\ 000 \times 0.608\ 63 + 260\ 000 \times 0.515\ 79 + 660\ 000 \times$
　　　$0.437\ 11 - 800\ 000$

　　$= 9\ 190 > 0$

此结果说明 IRR 在 18%与 20%之间。根据上述公式用内插法计算 IRR 如下。

$$IRR_B = 18\% + \frac{9\ 190}{9\ 190 - (-35302)} \times (20\% - 28\%) = 18.41\%$$

因该公司对投资方案要求的报酬率为 10%，而两个方案的内部报酬率均大于 10%，因而两个方案都是可行的。但由于方案 A 的内部报酬率大于方案 B 的内部报酬率，根据内部报酬率法的决策标准，方案 A 优于方案 B。

内部报酬率法的理论依据是：如果一项投资方案的内部报酬率大于其要求的报酬率，则其产生的收益在扣除该方案的投资后，还有剩余收益，结果是增加了企业的价值；相反，如果投资方案的内部报酬率小于其要求的报酬率，则该方案产生的收益将使企业收不回投资，结果将导致企业价值的减少。

四、长期投资决策分析方法的应用

固定资产购置、租赁和更新是长期投资决策分析应用中的重要问题。一方面，企业扩大再生产需购置或租赁设备；另一方面，固定资产形成以后，经过使用，其性能会下降，此时，是继续使用还是重新购置，这些决策是否正确、合理，都从整体上关系到资本投资经济效益的大小。因此，做长期投资决策必须细致、慎重，应在科学预测的基础上，运用合理的方法做出正确的决策。

1．固定资产购置的决策

企业为增强市场竞争力，必须不断地开发新产品，提高产品质量；扩大市场规模，增加产品产量，就会受到生产设备不足的限制，为此许多企业涉及增加固定资产的投资、购置新的机器设备等方面的决策分析问题。固定资产购置的决策是指计算购置有关设备所需要的投资额和购置设备后所增加的净现金流量的现值，然后进行比较。如果前者低于后者，说明该固定资产购置方案可行；否则，方案不可行。

例 7-20

金汐公司准备购买一套大型设备，以增加产量，扩大现有的销售量。预计该套设备的购置成本为 80 万元，运输、安装、调试等方面的费用共计 6 万元。该设备使用年限为 5 年，期满预计净残值为 6 万元，按直线法计提折旧。该设备投入使用后，可使公司每年增加销售收入 76 万元，每年增加营业付现成本 44 万元，企业所得税税率为 25%。该公司要求投资报酬率为 10%。

要求： 用净现值法做出该项投资方案是否可行的决策。

解： 计算各年的净现金流量 NCF。

每年设备折旧费=（80+6-6）÷5=16（万元）

设备初始现金流量 NCF_0--（80+6）=-86（万元）

每年增加的现金流量 NCF_{1-5}=76×（1-25%）-44×（1-25%）+16×25%=28（万元）

终结点增加的现金流量 NCF_5=6（万元）

购买设备的净现值 NPV=28×（P/A，10%，5）+6×（P/F，10%，5）-86=23.87（万元）

由于该投资方案的净现值为正数，故方案可行。

2. 固定资产更新的决策

随着技术的快速发展，先进的生产设备不断涌现，原来的设备会显得陈旧过时，生产效率低下，如果用新设备替代旧设备，就会增加投资支出，但可提高生产效率，可节约成本或增加收入，因此就面临使用旧设备还是提前更新的决策问题。这里的更新是指对旧设备的提前更新。

生产设备如何更新取决于何种设备更新方式在经济上更为有利。在实际工作中，现有设备的更新方式有多种，如另行购入替代旧设备，对现有设备予以翻新、以旧换新等。在这种情况下，企业管理者必须对有关备选方案进行全面的经济评价，从中选取预期投资效益最佳的设备更新方式。

（1）更新设备不增加生产能力。在有些情况下，设备更新并不增加生产能力，也就是生产量不增加，不增加收入，只会节约工时，减少能源消耗、废品损失和维修费用等。在这种情况下，旧设备和新设备的收入相同，只是成本不同，因此只要比较新、旧设备的使用成本即可。设备的残值收入，将被视为成本的抵减。

例 7-21

诺卡公司有一台旧设备，原值为 20 000 元，已使用 4 年，还可使用 6 年，目前的可变现价值为 6 000 元，使用期满残值预计为 2 000 元，使用旧设备的年运行成本（包括人工成本、能耗成本、废品损失和维修费用等）为 7 000 元。现在市场上有一种新设备，购价为 25 000 元，可使用 10 年，使用期满预计净残值为 3 000 元，使用新设备的年运行成本为 4 000 元。使用新旧设备的年收入相同。企业预期的投资报酬率为 15%。

要求：分析企业是否应该对旧设备提前更新。

解：由于使用新、旧设备的年收入相同，所以只需比较其使用成本。又由于新、旧设备未来可使用年限不同，所以不能用总成本比较，只能用平均年成本比较。

平均年成本=年均投资成本+年均运行成本-年均残值收入

旧设备的平均年成本=6 000÷（P/A，15%，6）+7 000-2 000÷（F/A，15%，6）

    =6 000÷3.784+7 000-2 000÷8.753

    =1 585.62+7 000-228.49

    =8 357.13（元）

新设备的平均年成本=25 000÷（P/A，15%，10）+4 000-3 000÷（F/A，15%，10）

    =25 000÷5.019+4 000-3 000÷20.303

    =4 981.07+4 000-147.76

    =8 833.31（元）

由计算结果可见，旧设备的年平均使用成本较小，所以不应提前更新。

学中做　某运输公司有一辆汽车已使用 5 年，还可以使用 5 年，现在可卖 20 000 元，5 年后预计残值为 500 元，年营运成本（油料费、修理费）为 15 000 元。现若更新，同样的新车购价为 150 000 元，使用期限为 10 年，预计残值为 800 元，新车年营运成本可降为 10 000 元。资金成本率为 10%。

要求：做出该车是否应提前更新的决策。

（2）更新设备可增加生产能力。大部分情况下，更新设备不仅可以节约运行成本，而且可以增加生产能力，增加产销量，进而增加收入。这时，使用新、旧设备的收入、成本均不相同，因此，就要用净现值来比较。但由于新、旧设备的可使用年限不同，因而需用现金流量净现值进行比较。

例 7-22

某公司考虑用一台效率更高的新设备来取代旧设备。旧设备原始成本为 100 000 元，使用期限为 10 年，已使用 5 年，已计提折旧 50 000 元，使用期满无残值，如果现在出售可获收入 50 000 元，若继续使用每年可获收入 104 000 元，每年付现成本 62 000 元；若采用新设备，购置成本 190 000 元，使用年限为 5 年，使用期满有残值 10 000 元，每年可获收入 180 000 元，每年付现成本 84 000 元。假定该公司的资本成本为 10%，所得税税率为 25%，新旧设备均采用直线法计提折旧。

要求：做出该企业是否心购买新设备代替原有旧设备的决策。

解：根据资料分析，做投资方案营业现金净流量计算表，如表 7-8 所示。

表 7-8   投资方案营业现金净流量计算   单位：元

项目	使用旧设备	采用新设备
销售收入	104 000	180 000
付现成本	62 000	84 000
年折旧额	10 000	36 000
税前利润	32 000	60 000
所得税	8 000	15 000
税后利润	24 000	45 000
营业现金净流量	34 000	81 000

做投资方案现金流量计算表如表 7-9 所示。

表 7-9   投资方案营业现金流量计算   单位：元

项目	0 年	1 年	2 年	3 年	4 年	5 年
使用旧设备方案						
原始投资	-50 000					
营业现金净流量		34 000	34 000	34 000	34 000	34 000
现金流量合计	-50 000	34 000	34 000	34 000	34 000	34 000
更新设备方案						
原始投资	-190 000					
营业现金净流量		81 000	81 000	81 000	81 000	81 000
固定资产残值						10 000
现金流量合计	-190 000	81 000	81 000	81 000	81 000	91 000

旧设备方案的净现值 $NPV = 34\ 000 \times (P/A,\ 10\%,\ 5) - 50\ 000$

$$= 34\ 000 \times 3.790\ 8 - 50\ 000$$

$$= 78\ 887.20（元）$$

新设备方案的净现值 $NPV = 81\ 000 \times (P/A,\ 10\%,\ 5) + 10\ 000 \times (P/F,\ 10\%,\ 5) - 190\ 000$

$$= 81\ 000 \times 3.790\ 8 + 10\ 000 \times 0.620\ 9 - 190\ 000$$

$$= 123\ 263.80（元）$$

通过两个方案的比较，新设备方案的净现值大于旧设备方案的净现值，所以应进行固定资产更新。

3.固定资产改造的决策

对落后的旧设备，除更新外，也可以加以改造，通过增加新装置或改装，使旧设备的效能得到提高。设备改造后会增加生产能力，使收入增加，也可能降低运行成本，最终可增加利润。设备改造后，一般可以达到与新设备相似的效能，而且投资较少。所以，在旧设备可以并且值得改造的条件下，改造方案通常优于更新方案。设备改造如果可以增加净现值，则改造方案就是可行的。

例 7-23

诺卡公司计划对一台旧设备进行改造，改造需投资 320 000 元，改造后设备可使用 10 年，期满残值可增加 20 000 元。每年可增加产品产量 5 000 件（原产量为 10 000 件），节约单位成本 1 元。产品售价为 11 元/件，每件销售税金为 1 元，所得税税率为 25%，折旧采用平均年限法。投资的资金成本率为 10%。

要求： 分析改造方案是否可行。

解： 每年增加的销售利润=5 000×（11-1）+15 000×1=65 000（元）

每年增加的净利润=65 000×（1-25%）=48 750（元）

每年增加的折旧额=（320 000-20 000）÷10=30 000（元）

每年增加的营业现金净流量=48 750+30 000=78 750（元）

增加的净现值=78 750×（P/A，10%，10）+20 000×（P/F，10%，10）-320 000

=78 750×6.145+20 000×0.386-320 000

=171 639（元）

改造后可增加净现值 171 639 元，所以改造方案可行。

4．固定资产大修的决策

固定资产到了后期已经陈旧，但如果加以大修理，仍可使用几年。此时，就需要考虑是大修合算还是更新合算。大修虽然投资少，但每年运行成本大；更新虽然投资多，但每年运行成本小。大修只能恢复固定资产的效能，不能增加其生产能力，即不能增加收入，假定与更新设备的收入相同，只需比较大修方案与更新方案的成本即可。但由于更新的固定资产的使用年限比大修的旧固定资产长，因此应该用平均年成本进行比较。

例 7-24

制版厂有一台旧卷管机，若加以大修，还可以正常使用 5 年。大修需投资 6 000 元，以后每年运行成本为 750 元，报废时残值为 500 元，旧设备现在可变现价值为 3 000 元。若弃旧购新，需投资 15 000 元，年运行成本可减少至 500 元。新设备可使用 10 年，期满残值为 1 000 元。投资的资金成本率为 12%。

要求： 做出该设备大修还是更新的决策。

解： 大修平均年成本 $= \dfrac{6\,000 + 3\,000}{(P/A，12\%，5)} + 750 - \dfrac{500}{(F/A，12\%，5)}$

$= 9\,000 \div 3.605 + 750 - 500 \div 6.353$

$= 3\,167.8$（元）

更新平均年成本 $= \dfrac{15\,000}{(P/A，12\%，10)} + 500 - \dfrac{1\,000}{(F/A，12\%，10)}$

$= 15\,000 \div 5.650 + 500 - 1\,000 \div 17.549$

$= 3\,097.9$（元）

结论： 更新设备的平均年成本较小，所以应该更新。

增伟运输公司有一辆旧车,现在可卖 10 000 元。若进行大修后仍可使用 5 年,5 年后预计残值为 400 元,大修费用需 50 000 元,大修后车辆年营运成本(油料费、修理费)为 12 000 元。若更新,新车购价为 150 000 元,使用寿命为 10 年,预计残值为 800 元,新车年营运成本为 9 000 元。资金成本率为 10%。

要求: 做出该旧车应大修还是更新的决策。

5. 固定资产租赁的决策

固定资产租赁指的是固定资产的经营租赁,与购买设备相比,每年将多支付一定的租赁费用。另外,由于租赁费用是在成本中列支的,因此企业还可以减少缴纳所得税,即得到纳税利益。在进行固定资产租赁或购买的决策时,由于所用设备相同,即设备的生产能力与产品的销售相同,同时设备的运行费用也相同,因此只需比较两种方案的成本差异及成本对企业所得税产生的影响差异即可。购买固定资产是一种投资行为,企业将支出一笔可观的设备款,但同时每年可计提折旧费进行补偿,折旧费作为一项成本,也能使企业得到纳税利益,并且企业在项目结束或设备使用年限到期时,还能够得到设备的残值变现收入。

例 7-25

金汐公司在生产中需要一种设备,若企业自己购买,需支付设备买入价 100 000 元,该设备预计使用年限为 5 年,预计净残值率为 10%;若采用租赁的方式进行生产,每年将支付 20 000 元的租赁费用,租赁期为 5 年。假如贴现率为 10%,企业所得税税率为 25%。

要求: 做出购买还是租赁的决策。

解:(1)购买设备净现值分析。

设备净残值=100 000×10%=10 000(元)

年折旧额=(100 000-10 000)÷5=18 000(元)

购买设备的支出=100 000(元)

因折旧税负减少的现值=18 000×25%×(P/A,10%,5)=17 058.6(元)

设备净残值的现值=10 000×(P/F,10%,5)=37 908(元)

合计:100 000-17 058.6-37 908=45 033.40(元)

(2)租赁设备净现值分析。

租赁费用的支出=20 000×(P/A,10%,5)=75 816(元)

因租赁税负减少的现值=20 000×25%×(P/A,10%,5)=18 954(元)

合计:75 816-18 954=56 862(元)

通过比较可知,租赁设备方案的净现值大于购买设备方案的净现值,因此企业应采用购买设备的方案。

知识总结

长期投资是现代企业经营过程中必须要涉及的业务。基于长期投资项目期限长、金额大、资金不可回收生等特点，企业对投资方案进行选择时，不仅要考虑技术上的先进性，还要着重结合货币时间价值、现金流量、投资报酬率等因素，从成本与效益的关系上进行深入细致的分析，以确定出最优的投资方案。

本项目首先阐述了长期投资决策分析的基本因素，其次解释了长期投资分析评价的基本方法，最后是长期投资决策分析方法的实践应用。

能力拓展训练

一、单项选择题

1. 下列选项中与长期投资决策无关的是（   ）。

   A. 机会成本　　　　B. 沉没成本　　　　C. 时间价值　　　　D. 风险水平

2. 某企业发行 5 年期债券，面值 100 万元，发行价 110 万元，债券票面利率为 6%，每年付息一次，筹资费率为 2%，所得税税率为 25%。该债券的资金成本为（   ）。

   A. 4.59%　　　　　B. 4.17%　　　　　C. 4.41%　　　　　D. 4.5%

3. 下列项目中，不属于现金流出项目的是（   ）。

   A. 折旧费　　　　　B. 经营成本　　　　C. 各项税款　　　　D. 建设投资

4. 已知某投资项目的净投资额为 100 000 元，平均每年的现金净流量为 28 000 元，若项目期为 5 年，其回收期为（   ）。

   A. 3.4 年　　　　　B. 3.5 年　　　　　C. 3.57 年　　　　　D. 3.6 年

5. 求现值时，折现率越大，所求现值（   ）。

   A. 越大　　　　　　B. 越小　　　　　　C. 不变　　　　　　D. 无法确定

6. 净现值随贴现率的变动而（   ）。

   A. 正比例变动　　　B. 反比例变动　　　C. 同方向变动　　　D. 反方向变动

7. 如果净现值大于 0，则（   ）

   A. 净现值率不一定大于 0　　　　　　　B. 获利指数一定大于 1

   C. 获利指数一定大于 0　　　　　　　　D. 投资方案一定可行

二、多项选择题

1. 一定量的货币资金在一定时期后的价值称为（   ）。

   A. 本利和　　　　　B. 单利终值　　　　C. 复利终值

   D. 复利现值　　　　E. 终值

2. 一项投资项目完工投产后，它每年的（   ）就等于该项投资所引起的未来的每年现金流入量超过其每年现金流出量的净额。

    A. 现金流量   B. 现金净流量   C. 净现金流量

    D. 利润   E. 成本

3. 下列项目中属于现金流出的有（　　　）。

    A. 流动资产投资   B. 所得税支出   C. 折旧费

    D. 经营成本   E. 固定资产投资

4. 长期投资决策分析过程中，需要考虑的重要因素有（　　　）。

    A. 货币的时间价值   B. 边际贡献

    C. 边际贡献率   D. 投资的风险价值

    E. 资本成本

5. 下列长期投资评价指标考虑了时间价值的有（　　　）。

    A. 净现值   B. 投资回收期   C. 平均投资利润率 D. 内部报酬率

6. 如果其他因素不变，一旦贴现率提高，则下列指标中数值会变小的是（　　　）。

    A. 净现值率   B. 净现值   C. 投资利润率   D. 内部报酬率

7. 适合多个投资方案比较的分析方法有（　　　）。

    A. 净现值法   B. 现值指数   C. 回收期法   D. 内部报酬率法

三、判断题

1. 一定量的货币资金在一定时期后的本利和，称为复利终值。（　　）

2. 无论投资额是否相等，净现值大的方案就是最好的方案。（　　）

3. 长期借款利息通常被认为是没有风险的时间价值的表现。（　　）

4. 对原始投资额不同的方案，净现值不具有可比性。（　　）

5. 在更新改造投资项目中，如果差额投资内部收益率小于设定折现率，就应该进行更新改造。（　　）

6. 两个等额的投资方案中，内部报酬率高的方案更优。（　　）

7. 如果某方案的净现值大于零，则其静态投资回收期一定小于基准回收期。（　　）

四、简答题

1. 长期投资有哪些特征？长期投资决策要考虑哪些重要因素？

2. 什么是资金的时间价值？为什么长期投资决策要考虑资金的时间价值？

3. 净现值法的基本原理是什么？

4. 什么是独立方案？什么是互斥方案？

5. 长期投资决策分析常用的方法有哪些？

五、分析计算题

1. 某钢铁公司用自有资金购建一套轧钢设备，第一年初始投资100万元；以后每年年末投资170万元，预计4年建成。投资部门估计该设备投产后，每年可获现金净流量80万元，轧钢设备的使用年限为12年，期末残值为10万元，按直线法计提折旧，资金成本为12%。

要求：采用净现值法对上述投资方案进行评价。

附：（P/A，12%，12）=6.194；（P/F，12%，12）=0.257；（F/A，12%，4）=4.779。

2. 某公司目前拟购买一台自动化设备，价款 12 000 元，该设备可用 6 年，使用期满有残值 600 元。使用该项自动化设备每年可为企业增加净利 1 300 元，同时按直线法计提折旧。该公司的资金成本为 14%。

要求：用净现值法和内部收益率法来评价此方案是否可行。

附：（P/A，14%，6）=3.899；（P/A，16%，6）=3.685；（P/A，18%，6）=3.498；（P/F，14%，6）=0.456。

3. 新华铸钢厂有一设备需要更新，现有两个方案：一个方案是购买同类新设备，新设备买价为 40 000 元。可使用 10 年，该设备每年营运成本为 12 000 元，估计 5 年后需大修一次，其成本为 2 500 元，10 年后该设备残值为 5 000 元；另一个方案是将旧设备翻新，其翻修成本为 20 000 元，估计 5 年后还需大修一次，其成本为 8 000 元，如果按时翻修和大修，该设备也可使用 10 年，每年营运成本为 16 000 元，10 年后的残值也是 5 000 元。该旧设备现时转让价格为 7 000 元，年折现率为 18%。

要求：从净现值角度来做是购买还是翻新设备的决策。

项目八
全面预算管理

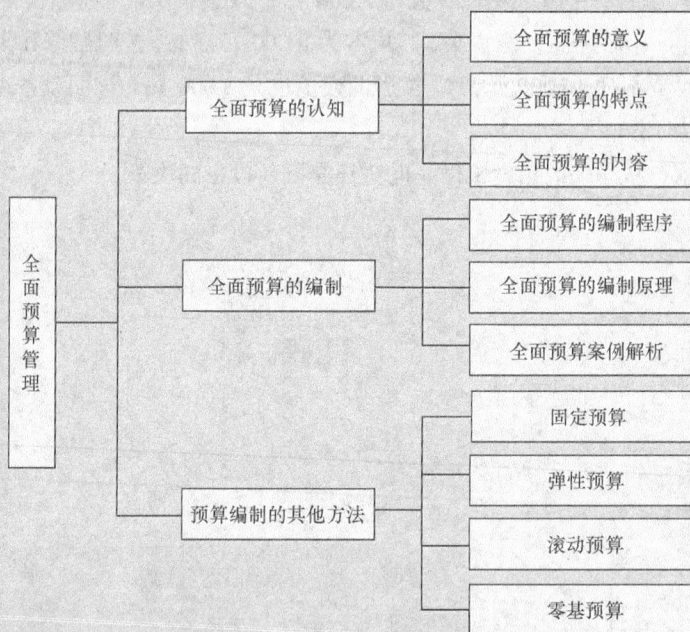

知识结构

全面预算管理

- 全面预算的认知
  - 全面预算的意义
  - 全面预算的特点
  - 全面预算的内容
- 全面预算的编制
  - 全面预算的编制程序
  - 全面预算的编制原理
  - 全面预算案例解析
- 预算编制的其他方法
  - 固定预算
  - 弹性预算
  - 滚动预算
  - 零基预算

学习目标

知识目标：理解全面预算的含义；理解全面预算的作用；理解弹性预算、零基预算和滚动预算的编制。

能力目标：掌握全面预算的主要内容和编制方法。

案例引入

单某毕业后开办了一家家具生产公司，注册资金为 150 万元。由于该公司生产的家具新颖，加上价格便宜，生意一直比较红火。2017 年年末，财务主管把本年度的会计报表拿给他看，利润表显示本年亏损 20 万元。单某很不理解，明明生意很红火，怎么会亏损？于是单某请了从事财务工作的叔叔来想办法。

单某的叔叔对该公司过去的财务成本资料深入分析后，提出如下建议：首先，加强资金的收支预算管理，要求各部门编制月度、季度资金使用计划；其次，实行现金流量周报制度，及时反映企业营运、投资和融资情况；再次，完善成本核算制度，强化目标成本管理；最后，在加强预算管理的同时，建立各项费用的授权制度。2018 年，该公司实施全面预算管理制度，成本大大降低，利润也有明显的增长。

分析：全面预算为何如此行之有效？其奥秘何在？俗话说："凡事预则立，不预则废。"对于追求主体价值最大化的经济组织而言，资源的稀缺性特质要求它们以尽可能少的资源投入获取尽可能多的产出。而企业想以有限的资源取得尽可能多的经济效益，就必须事先编制全面预算。

一、全面预算的认知

全面预算反映的是企业未来某一特定期间（一般不超过一年或一个经营周期的全部生产、经营活动的财务计划），它以实现企业的目标利润（企业一定期间内利润的预计额，是企业奋斗的目标，根据目标利润制定作业指标，如销售量、生产量、成本、资金筹集额等）为目的，以销售预测为起点，进而对生产、成本及现金收支等进行预测，并编制预计损益表、预计现金流量表和预计资产负债表，反映企业在未来期间的财务状况和经营成果。因此，它是企业管理当局未来各计划及其如何实施的全面概括。

1．全面预算的意义

全面预算的意义主要体现在以下几个方面。

（1）可通过全面预算明确企业各级各部门工作的目标。企业总目标需要各级各部门的共同努力才能实现。各级各部门在实现企业总目标的过程中所要做的工作需要通过总预算的编制才能实现。所以，预算是具体化的经营目标。总预算的编制过程就是企业的总目标具体分解、落实到各级各部门的过程。只有明确了各级各部门的工作目标，才能促使其想方设法地去完成各自的责任目标，从而最终实现企业的总目标。

（2）全面预算是企业内部各部门间工作的协调工具。企业内部各级各部门之间是相互依存的，只有它们协调一致地工作，才能最大限度地实现企业的总目标。各级各部门因其职责不同，从本部门的角度提出的设想与需求，往往会与其他部门的工作互相冲突。例如，销售部门根据市场需求变化提出生产销售某新产品的设想，可能会因生产部门的能力限制而无法实现；生产部门提出新设备的购置计划，可能会因财务部门资金周转上的困难而无法实施。预算计划过程和预算指标数据直接体现了（集团公司）各子公司和各部门使用资源的效率以及对各种资源的需求。通过全面预算的编制和平衡，企业可以对有限的资源进行最佳的安排，避免资源的浪费和低效使用。全面预算运用货币量度来表达，具有高度的综合能力，经过综合平衡以后可以使各级各部门的目标与企业的整体目标一致。

（3）全面预算有助于提升收入与节约成本。全面预算管理和考核、奖惩制度共同作用，可以激励并约束相关主体追求尽量高的收入增长和尽量低的成本费用。通过对于收入、成本、费用的预测，并配合以管理报告、绩效评价及奖惩措施，可以对下一年度的实际经营水平进行日常监控与决策。当公司的收入、成本费用水平偏离预算时，企业决策者就可以针对管理报告中所反映的问题采取必要的管理措施，加以改进。而且考虑到收入与成本费用间的配比关系，全面预算体系可以为收入水平增长情况下的成本节约提供较为精确的估计。

（4）全面预算提供了企业进行工作业绩评价的标准。全面预算是业绩评价的基础，科学的预算目标值可以成为公司与部门业绩评价指标的比较标杆。预算管理在为业绩评价提供参照值的同时，管理者也可以根据预算的实际执行结果去不断修正、优化业绩评价体系，确保评价结果更加符合实际，真正发挥评价与激励的作用。作为判断实际结果的标准，全面预算可以克服以过去的业绩作为标准所带来的局限性：①过去的业绩包含了无效的低水平业绩；②未来或许与过去的业绩相差太远。

（5）全面预算有助于提升战略管理能力。全面预算可以初步揭示企业下一年度的经营情况，使可能的问题提前暴露。参照预算结果，公司高级管理层可以发现潜在的风险所在，并预先采取相应的防范措施，从而达到规避与化解风险的目的。而且战略目标通过全面预算加以固化与量化，预算的执行与企业战略目标的实现成为同一过程；对预算的有效监控，将确保最大限度地实现企业战略目标。通过预算监控可以发现未能预知的机遇和挑战，这些信息通过预算汇报体系反映到决策机构，可以帮助企业动态地调整战略规划，提升企业战略管理的应变能力。

2．全面预算的特点

全面预算的核心在于"全面"二字，它具有全员、全额、全程的特点。

（1）全员参与。"全员"是指预算过程的全员发动，包括两层含义：一层含义是"预算目标"的层层分解，人人肩上有责任，让每一个参与者学会算账，建立"成本""效益"意识；另一层含义是企业资源在企业各部门之间的协调和科学配置的过程。通过企业各职能管理部门和生产部门对预算过程的参与，把各部门的作业计划和公司资源通过透明的程序进行配比，从而可以分清"轻重缓急"，达到资源的有效配置和利用。

（2）全额预算。"全额"是指预算金额的总体性，不仅包括财务预算，更重要的是包括业务预算和资本预算。现代企业经营管理不仅关注日常经营活动，还关注投资和资本运营活动；不仅要考虑资金的供给、成本的控制，还要考虑市场需求、生产能力、产量、材料、人工及动力等资源间的协调和配置。只有在业务预算即销售和生产预算、资本预算的基础上形成资金预算和预计的财务报表，才能合理预测、统筹安排企业的资源，才能将资源的使用与相关活动结合起来以达到有效控制，保证目标的实现，即预算因业务活动而产生，我们称之为作业基础上的预算。

（3）全程实施。"全程"是指预算管理流程的全程化实施，即预算管理不能仅停留在预算指标的下达、预算的编制和汇总上，更重要的是要通过预算的执行和监控、预算的分析和调整、预算的考核与评价，真正发挥预算管理的权威性和对经营活动的指导作用。这就要求企业的预算管理和会计系统密切配合。会计处理过程同时也是预算的执行过程。预算执行过程中的任何反常现象都应该通过会计处理系统体现出来，通过预算的预警制度，及时发现和解决预算执行过程中出现的经营问题或预算目标问题，并通过预算的考核和评价制度，有效地激励经营活动按照预期的计划顺利进行。

3．全面预算的内容

全面预算以企业经营目标为出发点，以市场需求的研究和预测为基础，以销售预算为主导，进而包括生产、成本和现金收支等各方面，并落实到生产经营活动对企业财务状况和经营成果的影响，最后以预计财务报表作为终结。全面预算的内容一般由营业预算和财务预算两个部分构成，两者缺一不可，构成一个整体，相互支撑、相互依赖，是一个完整而紧密的系统。财务预算作为总预算体系中的最后环节，可以从价值方面总括地反映营业预算的结果。

（1）业务预算。业务预算是指与企业在预算期的日常营业活动，即生产和购销活动相关的预算，是企业具有实质性的基本活动的预算。这种预算以实物量指标和价值量指标分别反映企业收入与费用的构成情况。

商业企业的营业预算具体包括根据销售预测编制的销售预算、销售成本和存货预算、购货预算、预计利润表。

制造业企业的营业预算具体包括销售预算、生产预算、直接材料采购预算、直接人工预算、制造费用预算、期末存货预算、销售成本预算、营业费用预算（或称销售及管理费用预算）、预计利润表。

（2）专门决策预算。专门决策预算是指企业不经常发生的，需要根据特定决策临时编制的一次性预算，也称为特种决策预算。专门决策预算主要包括根据长期投资决策结论编制的与购置、更新、改造、扩建固定资产决策有关的资本支出预算；与资源开发、产品改造和新产品试制有关的生产经营决策预算等。

（3）财务预算。财务预算是一系列专门反映企业未来一定预算期内有关投资和筹资、预计财务状况和经营成果，以及现金收支等价值指标的各种预算的总体，具体包括现金预算、预计利润表、预计资产负债表和预计现金流量表等内容。财务预算作为全面预算体系中的最后环节，可以从价值方面概括地反映专门决策预算与业务预算的结果。

企业的业务预算、专门预算和财务预算相互联系、相互衔接、形成了一个完整的预算体系。其相互关系如图 8-1 所示

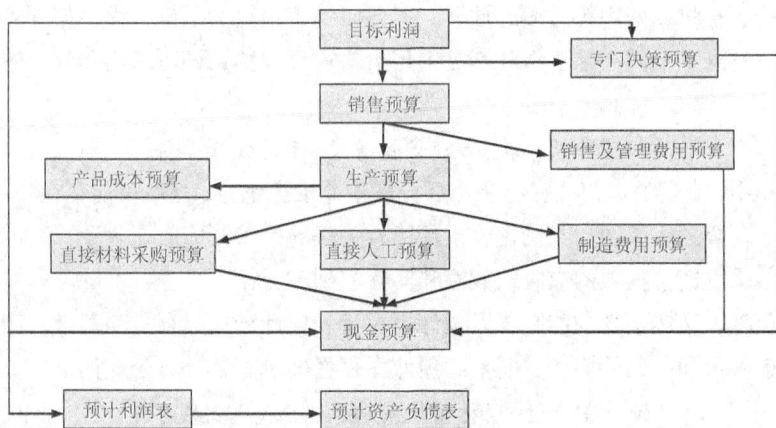

图 8-1　全面预算体系

二、全面预算的编制

1．全面预算的编制程序

全面预算的编制是一项工作量大、涉及面广、时间性强、操作复杂的工作。为了保证预算编

制工作有条不紊地进行，一般要在企业内部专设一个预算委员会负责预算的编制和监督实施。预算委员会一般由企业的总经理和分管销售、生产、财务等各职能部门的副总经理组成，其主要任务是：制定和颁布有关预算制度的各项政策；协调和审查各部门所编制的预算；解决在编制预算时可能发生的矛盾和争议；批准最终预算，并随时检查预算的执行情况，促进各部门协调一致地完成预算所规定的目标和任务。

企业全面预算的编制涉及经营管理的各个部门，只有执行人参与预算的编制，才能使预算成为他们自愿努力完成的目标。在有些企业里，下级管理人员的意见由其上级汇集成为有条理的规划，构成预算初稿；也有目标从上级传达到下级管理部门的。因此，预算编制主要采用的是自上而下或自下而上的方法，不断地反复和修正，最终由有关机构综合平衡，并以书面形式传达，作为正式的预算落实到各职能部门付诸实施。

编制全面预算通常应遵循以下程序。

（1）明确战略规划；预算委员会提出预算期的企业生产经营总体目标及各部门的具体任务，确定预算的总目标及实现目标的方针和原则。

（2）编制分项预算草案；汇总上报分项预算草案；编制全面预算草案。

（3）确定全面预算；审议批准；下达执行。

（4）定期对预算的执行情况进行分析，取得反馈信息用于监控及决策。

在全面预算编制的程序中，企业的战略规划、预算编制和业绩评价三者相互联结形成闭环，形成一个密不可分的有机整体。只有通过三者的高效互动，企业才能达成其既定的战略目标。而在此过程中，全面预算正是起到了承前启后的重要作用。

2．全面预算的编制原理

（1）销售预算。在一个制造型企业中，生产经营全面预算的编制通常要以销售预算为出发点，生产、材料采购、存货、费用等方面的预算，都要以销售预算为基础，而销售预算又必须以销售预测为基础，一旦未来期间的销售量和产品销售价格得到预测，即可求出预计的销售收入。其计算公式如下。

$$预计销售收入=预计销售量×预计销售单价$$

在实际工作中，当期的销售往往有相当部分属于非现金销售，这就可能存在一部分应收账款。为了方便以后的现金预算编制，与销售收入预算相关联的是编制应收账款预算。应收账款预算包括预算年度中各季度销售款项的应收款数额和实际收到款数额。

（2）生产预算。生产预算的编制要以预计销售量和预计产成品存货为基础。产品的预计生产量可根据预计销售量和产成品期初、期末的预计库存量确定。其计算公式如下。

$$预计需求量=预计销售量+预计期末产成品存货$$
$$预计生产量=预计需求量-预计期初产成品存货$$

需要注意的是，在生产量、销售量和库存量之间应保持一定的比例关系，以避免储备不足、产销脱节或超储积压等。

（3）直接材料预算。直接材料预算是一种以生产预算为基础编制的显示计划年度直接材料数量和金额的计划。其基本计算公式如下。

$$预计需求量=预计材料消耗量+预计期末存货$$
$$预计材料采购量=预计需求量-预计材料期初存货$$

其中，预计材料消耗量=预计生产量×单位产品材料耗用量。

实际工作中，当期采购的材料，其款项并非均在当期支付，这样就可能存在一部分应付账款。为了方便现金预算的编制，在直接材料预算编制后，应编制应付账款预算。应付账款预算包括预算年度内各季度采购款项的应付账款数额和实际支付的账款数额。

（4）直接人工成本预算。直接人工成本预算也是以生产预算为基础进行编制的，其计算公式如下。

$$预计生产用人工总工时=预计生产量×单位产品直接人工小时$$
$$预计的直接人工成本=预计生产用人工总工时×小时工资率$$

（5）制造费用预算。制造费用预算是指除直接人工和直接材料以外的产品生产过程中所有的其他成本预算，也称为间接成本预算。为编制预算，制造费用常按成本性态分为变动性制造费用和固定性制造费用两部分。固定性制造费用可在上年的基础上根据预算期变动进行适当的修正来预计；变动性制造费用根据预计生产量乘以预定分配率进行预计；而混合成本则可以利用项目二中所学的方法进行分解，根据分析得出的公式进行预算。

制造费用中有的费用需要在当期支付现金，如水电费；而有些费用则无需当期支付现金，即为非现金费用，如折旧费。为了更便捷地编制现金预算，只要在制造费用预算总额中扣除非现金支付的制造费用数额，便可得出以现金支付的制造费用数额。据此，制造费用预算可按以下方式计算。

$$预计制造费用=预计变动制造费用+预计固定制造费用$$
$$预计需用现金支付的制造费用=预计制造费用-预付费用摊销、折旧等$$

（6）单位生产成本预算。编制单位生产成本预算的目的有两个：一是为编制预计利润表提供产品销售成本数据；二是为编制预计资产负债表提供期末产成品存货数据。在实际工作中，单位生产成本预算（也称标准成本单）还需附有"期末存货预算"，以便编制财务预算，因此该预算也称为"单位生产成本和期末存货预算"。

（7）销售及管理费用预算。销售及管理费用预算包括预算期内将发生的除制造费用以外的各种费用。如果费用项目的数额比较大，则销售费用与管理费用可以分别编制预算。其编制方法一般可根据成本性态区分为变动销售费用与管理费用和固定销售费用与管理费用分别预算。

除了生产经营过程中发生现金收支外，企业还有其他业务发生现金收入和支出，如出售旧固定资产收入、清理固定资产变价收入、购置固定资产的支出、预缴所得税的支出等。为了便于编制现金预算，对于这些支出，应编制其他现金收支预算。

（8）现金预算。根据以上各项预算中的现金收支预算资料，可以编制现金预算。现金预算一般由现金收入、现金支出、现金多余或不足以及现金的筹集与运用4个部分构成。其基本关系如下。

$$当期筹资前可得到的现金=期初现金余额+各项预算现金收入$$
$$现金多余（不足）=当期筹资前可得到的现金-预算现金支出$$
$$期末现金余额=现金多余（不足）+现金的筹集（运用）$$

现金预算是企业现金管理的重要工具，它有助于企业事先对其日常的现金需要进行有计划的安排。没有现金预算可能会使企业陷入财务困境。

（9）预计利润表。在前述各经营预算的基础上，根据权责发生制即可编制预计利润表。预计利润表是企业财务预算中最主要的预算表之一，它可以揭示企业预算的盈利情况，从而有助于管理人员及时调整经营策略。

（10）预计资产负债表。预计资产负债表是反映预算期末企业财务状况的报表。预计资产负债表的编制是在预算期初资产负债表的基础上，对经营预算和现金预算中的有关数字进行适当调整后编制完成的。预计资产负债表旨在观察企业预算期的财务状况，及时发现问题，消除隐患，并采取适当的预防性措施。

3．全面预算案例解析

设 A 公司生产和销售单一产品。2018 年度全面预算编制过程如下。

（1）销售预算。2018 年预计销售量和销售额如表 8-1 所示。

销售预算以销售预测为基础，预测的主要依据是对各种产品历史销售量的分析，结合市场预测中各种产品的发展前景等资料，先按产品、地区、顾客和其他项目分别加以编制，然后加以归并汇总。一方面，销售预算为其他预算提供基础；另一方面，销售预算本身就可以起到对企业销售活动进行约束和控制的作用。

表 8-1　　　　　　　　　　　　　　　2018 年度销售预算表

季度	一	二	三	四	全年
预计销售量（件）	2 000	3 000	4 000	3 000	12 000
单位产品售价（元）	80	80	80	80	80
预计销售收入（元）	160 000	240 000	320 000	240 000	960 000

解：销售预算通常以产品销售数量和销售金额表示。例如，第一季度预计销售收入的计算如下。

预计销售收入=预计销售量×预计销售单价=2 000×80=160 000（元）

由于企业可能采用赊销方式，当期的销售收入发生额与同期的现金收入可能不一致，因此销售预算中通常还包括一个应收账款预算，以反映预算期内因销售而发生的现金收入，作为以后各期编制现金预算的依据之一。设本例中该企业每季度的销售收入 60%于当季以现金收讫。计算如表 8-2 所示。

表 8-2 中，期初余额 50 000 元为已知数；第一季度预计销售 160 000 元，其中 60%即 96 000元于当季收回现金，剩下的 40%即 64 000 元在第二季度收取现金。其他各季度的计算相同。期初应收账款余额在第一季度收回现金，期末应收账款余额将于下年第一季度收回。

（2）生产预算。设例 8-1 中各季度的期末存货按下一季度销售量的 10%计算。该企业 2018年的生产预算如表 8-3 所示。

表 8-3 中，第四季度期末存货 220 件为估计数。其余数据根据前面的销售预算和生产预算公式计算，生产预算的编制要以预计销售量和预计产成品存货为基础。通常，企业的生产和销售不

能做到"同步同量",需要设置一定的存货,以保证能在发生意外需求时按时供货,并可均衡生产,节省赶工所需的额外支出。

表 8-2   2018 年度应收账款预算表   单位:元

	余额及本期发生额	每季度实际收回现金			
		一	二	三	四
期初余额	50 000				
第一季度销售收入	160 000				
第二季度销售收入	240 000	50 000	64 000	96 000	128 000
第三季度销售收入	320 000	96 000	144 000	192 000	144 000
第四季度销售收入	240 000				
期末余额	96 000				
合计	914 000	146 000	208 000	288 000	272 000

表 8-3   2018 年度生产预算表   单位:元

季度	一	二	三	四	全年
预计销售量	2 000	3 000	4 000	3 000	12 000
加:期末存货	300	400	300	220	220
合计	2 300	3 400	4 300	3 220	12 220
减:期初存货	200	300	400	300	200
预计生产量	2 100	3 100	3 900	2 920	12 020

(3)直接材料预算。设例 8-1 中各季度材料期末库存量按下一季度材料耗用量的 20%计算。年初预计库存材料 840 千克,年末预计库存材料 920 千克。该企业 2018 年直接材料预算如表 8-4 所示。

表 8-4   2018 年度直接材料预算   单位:件

季度	一	二	三	四	全年
预计生产量(件)	2 100	3 100	3 900	2 920	12 020
单耗(千克)	2	2	2	2	2
材料耗用量(千克)	4 200	6 200	7 800	5 840	24 040
加:期末库存(千克)	1 240	1 560	1 168	920	920
减:期初库存(千克)	840	1 240	1 560	1 168	840
预计材料采购(千克)	4 600	6 520	7 408	5 592	24 120
单位采购成本(元)	5	5	5	5	5
预计采购金额(元)	23 000	32 600	37 040	27 960	120 600

直接材料预算是一种以生产预算为基础编制的显示预算内直接材料数量和金额的计划。直接材料预算要根据生产需要量与预计采购量以及预计原材料存货进行编制,而预计采购量与预计原

材料存货的情况，要根据企业的生产组织特点、材料采购的方法和渠道进行统一的计划，其目的是为了在保证生产均衡有序进行的同时，避免直接材料存货不足或过多，影响资金的运用效率。表 8-4 中第一季度材料预计采购金额的计算如下。

预计采购金额=（预算耗用量+期末材料库存数量-期初材料库存数量）×单位采购成本
= (4 200+1 240-840) ×5=23 000（元）

设例 8-1 中该企业每季度采购的材料中，40%于当季度以现金付讫，60%于下一季度支付。预算期的现金支出包括应由本期支付的上期购货款和应由本期支付的本期购货款。该企业 2018 年应付账款预算如表 8-5 所示。

表 8-5 　　　　　　　　　　　2018 年度应付账款预算　　　　　　　　　单位：元

	余额及本期发生额	每季度实际支付现金			
		一	二	三	四
期初余额	12 000				
第一季度采购数	23 000				
第二季度采购数	32 600	12 000	13 800	19 560	22 224
第三季度采购数	37 040	9 200	13 040	14 816	11 184
第四季度采购数	27 960				
期末余额	16 776				
合计	115 824	21 200	26 840	34 376	33 408

表 8-5 中，期初余额 12 000 元为已知数；第一季度材料采购金额为 23 000 元，其中 40%即 9 200 元当期支付现金，剩余的 60%第二季度支付。第一季度材料采购现金支出包括年初余额 12 000 元和当期的 92 000 元，合计材料采购现金支出金额为 21 200 元。其他各季度的计算相同。期初应付账款余额在第一季度支付，期末应付账款余额将于下年第一季度支付。

（4）直接人工预算。设单位产品人工小时为 5 小时，小时工资率为 5 元/小时，则例 8-1 中该企业 2018 年的直接人工预算（均以现金支付）如表 8-6 所示。

表 8-6 　　　　　　　　　　　2018 年度直接人工预算

季度	一	二	三	四	全年
预计生产量（件）	2 100	3 100	3 900	2 920	12 020
单位产品直接人工小时	5	5	5	5	5
预计小时	10 500	15 500	19 500	14 600	60 100
小时工资率（元/小时）	5	5	5	5	5
直接人工成本（元）	52 500	77 500	97 500	73 000	300 500

与直接材料预算相同，直接人工预算的编制也要以生产预算为基础进行。直接人工预算中主要有预计产量、单位产品工时、人工总工时、每小时人工成本和人工总成本等。其中，预计产量数据来自生产预算，单位产品工时和每小时人工成本数据来自标准成本资料。人工总工时为预计产量和单位产品工时之积，人工总成本为人工小时工资率与人工总工时之积。表 8-6 中第一季度人工成本计算如下。

$$预计需要的人工总工时=预计生产量×单位产品直接人工小时$$
$$=2\,100×5$$
$$=10\,500（小时）$$
$$预计的直接人工成本=预计需要的人工总工时×人工小时工资率$$
$$=10\,500×5$$
$$=52\,500（元）$$

（5）制造费用预算。设变动费用分配率为 2 元/小时，固定制造费用为 40 000 元，则例 8-1 中，该企业 2018 年度制造费用预算如表 8-7 所示。

表 8–7　　　　　　　　　　2018 年度制造费用预算

季度		一	二	三	四	全年
变动制造费用	预计工时（小时）	10 500	15 500	19 500	14 600	60 100
	费用分配率（元/小时）	2	2	2	2	2
	小计（元）	21 000	31 000	39 000	29 200	120 200
固定制造费用（元）		40 000	40 000	40 000	40 000	160 000
合计（元）		61 000	71 000	79 000	69 200	280 200
减：折旧（元）		7 500	7 500	7 500	7 500	30 000
制造费用中需以现金支付部分（元）		53 500	63 500	71 500	61 700	250 200

制造费用预算是一种能反映除直接人工和直接材料以外的所有产品成本的计划。为编制预算，制造费用常按其成本性态分为变动制造费用和固定制造费用两部分。固定制造费用可在上年的基础上根据预期变动加以适当修正进行预计。变动制造费用根据预计生产量乘以单位产品预定分配率进行预计。

（6）单位产品成本和期末存货预算。假定该企业采用变动成本法计算损益，所以产成品和年末库存产成品按产品生产中发生的变动成本计算。年末产成品库存成本按加权平均法计算。2018 年年末该企业单位产品成本和期末存货预算如表 8-8 所示。

表 8–8　　　　　　　　　　2018 年度单位产品成本和期末存货预算

成本项目	单耗材料	金额（元）	单位成本（元）
直接材料	2 千克	5	10
直接人工	5 小时	5	25
变动制造费用	5 小时	2	10
本年投入单位变动生产成本			45
加权平均单位变动生产成本=（9 000+12 020×45）/（200+12 020）=45（元）			

期末产成品存货预算有两个基本目的：一是为编制预计损益表提供销售产品成本数据；二是为编制预计资产负债表提供期末产成品存货数据。其基本内容为：首先计算预计产成品的单位成本，这是根据企业的各种技术和产品设计资料来确定的，包含产成品的人工、材料、间接费用以及其他费用的预计，按照完全成本法或变动成本法模拟预计得出；或根据企业生产的历史情况并

考虑优化及因素设计。将产品单位成本乘以预计期末产成品存货数量，即可得出预计期末产成品存货金额。

（7）销售及管理费用预算。设销售及管理费用中单位变动费用为 5 元，固定费用为 21 000 元，则例 8-1 中，该企业 2018 年销售及管理费用预算（假设均以现金支付）如表 8-9 所示。

表 8-9 2018 年度销售及管理费用预算

季度	一	二	三	四	全年
预计销售量（件）	2 000	3 000	4 000	3000	12 000
单位变动费用（元）	5	5	5	5	5
变动费用（元）	10 000	15 000	20 000	15000	60 000
固定费用（元）	21 000	21 000	21 000	21 000	84 000
合计（元）	31 000	36 000	41 000	36 000	14 4000

销售及管理费用预算的依据是销售预算和生产预算。销售费用是指在产品的销售过程中需要支出的有关费用，如销售人员工资、广告费以及包装和运输费等。在草拟销售费用预算时，既要参考过去年度实际发生的销售费用，分析各项费用是否合理，又要与本年度的销售预算相协调，其最终目的是为了以最小的投入得到最大的产出。管理费用是指企业一般性的行政管理费用，如管理人员薪金、福利费和保险费等，管理费用多属固定成本。在编制管理费用预算时，应以过去的实际开支为基础，按预算期的可预见变化来调整，充分考查每种费用支出的合理性，务必做到费用使用的高效率。

学中做　　某公司是一家以加工定制零件为主业的小型机械加工企业。2018 年该公司预备为一大客户生产 4 600 件某种专用备件。公司经理估计，如果接下这份订单，公司将再无剩余生产能力生产其他产品。根据合同规定，该专用备件的价格是每件 1 200 元，公司需按季度向客户交货，4 个季度的供货量分别为 800 件、1 100 件、1 500 件和 1 200 件。合同规定的付款方式为：各季度的货款应在当季支付 60%，其余 40%在下季付讫。目前，客户尚欠本公司 50 万元货款，预计将在 2018 年第一季度付清。

要求： 编制如表 8-10 所示的 2018 年度销售预算表。

表 8-10 2018 年度销售预算表 单位：元

项目	第一季度	第二季度	第三季度	第四季度	全年
预计销售量（件）					
预计单位售价					
预计销售金额					
期初应收账款					
本期销售收入					
期末应收账款					
现金收入合计					

（8）其他现金收支预算。假设 2018 年度该企业其他现金收支预算如表 8-11 所示。

表 8-11　　　　　　　　　　　　　2018 年度其他现金收支预算　　　　　　　　　单位：元

季度	一	二	三	四	全年
添置固定资产	40 000				40 000
预付所得税	10 000	10 000	10 000	10 000	40 000
支付股利	4 000	4 000	4 000	4 000	16 000
合计	54 000	14 000	14 000	14 000	96 000

　　其他现金收支预算主要是指长期投资方面的现金支出计划，综合反映为投资各年的现金流量预计表，是企业编制预计财务报表的重要数据。它主要包括固定资产投资预算、权益性资本投资预算和债券投资预算。

　　（9）现金预算。上述各项预算编制完成后，企业就可以根据上述预算资料编制现金预算了。假设例中该企业根据以往情况确定各季度末至少备有现金结存 20 000 元，即期末理想的现金结存余额为 20 000 元。假设企业年初现金余额为 24 000 元，根据现金预算表中的现金收入减去现金支出后的现金结余数额，企业在第一、二季度末余额不足 20 000 元，分别借款 62 200 元、9 840 元；第三、四季度现金充裕，可以归还借款，于第三季度末归还银行借款 25 000 元，于第四季度末归还银行借款 47 040 元。假定银行利率为 10%，其 2018 年现金预算如表 8-12 所示。

表 8-12　　　　　　　　　　　　　　　2018 年度现金预算　　　　　　　　　　　单位：元

季度	一	二	三	四	全年
期初余额	24 000	20 000	20 000	22 749	24 000
本期收入	146 000	208 000	288 000	272 000	914 000
小计	170 000	228 000	308 000	294 749	938 000
本期支出					
材料采购	21 200	26 840	34 376	33 408	115 824
直接人工	52 500	77500	97 500	73 000	300 500
制造费用	53 500	63500	71 500	61 700	250 200
销售、管理费用	31 000	36 000	41 000	36 000	144 000
预计所得税	10 000	10 000	10 000	10 000	40 000
预计购置设备	40 000				40 000
预计支付股利	4 000	4 000	4 000	4 000	16 000
现金支出小计	212 200	217 840	258 376	218 108	906 524
现金结余（或不足）	（42 200）	10 160	49 624	76 641	31 476
银行借款	62 200	9 840			72 040
偿还借款			25 000	47 040	72 040
支付利息			1 875	4 458	6 333
期末现金余额	20 000	20 000	22 749	25 143	25 143

　　现金预算是反映企业在预算期现金收入、现金支出、现金结余和资本融通情况的预算。编

制现金预算的主要依据是销售预算、采购预算、销售及管理费用预算、其他现金收支预算中涉及现金收支的部分。

现金预算通常由以下 4 个部分构成。

① 现金收入：包括预算期初现金余额及预算期内的现金收入，由经营活动、投资活动、筹资活动产生的现金收入组成。经营活动产生的现金收入，主要来源于销售商品或提供劳务的现金收入、租金收入、其他与经营活动有关的收入；投资活动产生的现金收入，主要来源于对外投资收到的回报、收回投资、处置固定资产、无形资产和其他长期资产收到的现金；筹资活动产生的现金收入，等于吸收权益性投资收到的现金、发行债券收到的现金和借款收到的现金。

② 现金支出：包括预算期内可能发生的全部现金支出，如购货费用、营业费用、购置长期资产等方面的支出，由经营活动、投资活动和筹资活动产生的现金支出组成。经营活动的现金支出，包括购买商品或接受劳务支付的现金、支付职工工资以及为职工支付的现金、经营租赁所支付的现金、支付税金及其他与经营活动有关的现金；投资活动的现金支出，包括购建固定资产、无形资产和其他长期资产支付的现金、企业权益性投资及债权性投资支付的现金以及其他与投资活动有关的现金支出；筹资活动的现金支出，包括分配股利或利润所支付的现金、支付利息所支付的现金、支付其他与筹资活动有关的现金。

③ 现金结余（或不足）：现金多余或不足部分，是现金流入合计与现金流出合计的差额。如果流入大于流出，那么现金多余。现金多余可用于偿还以前年度或季度的银行借款，或用于短期投资。如果流出大于流入，那么现金不足，为了弥补现金不足，可向银行借款。

④ 资金融通：在编制预算时，根据预算期现金余缺的具体情况，确定是否通过短期投资或归还借款以充分利用多余的现金；或通过举债、出售证券、发行股票等方式筹集资金，以弥补现金不足，保证企业正常营业活动和投资方面的现金需要。

（10）预计利润表。归集销售收入预算、生产预算和成本及制造费用、销售和管理费用预算，就可以编制预计利润表。该企业 2018 年预计利润表如表 8-13 所示。

预计利润表是有关企业预算期财务成果的计划，是整个预算过程的一个重要环节。经营成果是企业业绩目标的最基本的表现，任何企业的预算目标中均少不了利润这一基本指标，而这一目标是否得以落实，还需要预计利润表的检验。同时，通过对预计利润表与上期实际或业内先进指标的比较分析，还能发现企业的薄弱环节或预算的不实之处，从而使预算或经营更趋完善。通过预计利润表的编制，可以概括地了解企业在整个预算期间的生产经营状况及最终盈利能力，从而有助于企业管理者对各项预算进行检查和修订，使企业的预算更趋合理和切实可行。编制预算收益表的主要依据是销售预算、销售成本预算、销售及管理费用预算等有关资料。在前几项经营预算的基础上，根据一般会计原则（权责发生制），按完全成本法或变动成本法即可编制预计利润表。

（11）预计资产负债表。根据前面编制的各项预算，结合 2018 年年初资产负债表，可以编制出预计资产负债表。假设实收资本项目的期末数和期初数一样，该企业 2018 年预计资产负债表如表 8-14 所示。

预计资产负债表是反映预算期末资产分布和资产结构的报表。预计资产负债表是计划综合结果的反映，旨在观察企业预算期的财务状况，及时发现问题，消除隐患，以保持企业财务状况的稳定。编制预计资产负债表以资产负债表期初数为基点，充分考虑预计利润表、预计现金流量表的数据对资产、负债、所有者权益期初数的影响，采用平衡法加以增减后获得。

表 8-13　　　　　　　　　2018 年度预计利润表（变动成本法）　　　　　　　　　单位：元

项目	一	二	三	四	全年
销售收入	160 000	240 000	320 000	240 000	960 000
减：变动成本					
产品期初存货	9 000	13 500	18 000	13 500	9 000
加：本期发生成本	94 500	139 500	175 500	131 400	540 900
减：产品期末存货	13 500	18 000	13 500	9 900	9 900
变动生产成本	90 000	135 000	180 000	135 000	540 000
变动销售及管理费用	10 000	15 000	20 000	15 000	60 000
边际贡献	60 000	90 000	120 000	90 000	360 000
减：固定成本					
固定制造费用	40 000	40 000	40 000	40 000	160 000
固定销售及管理费用	21 000	21 000	21 000	21 000	84 000
营业利润	（1 000）	29 000	59 000	29 000	116 000
减：利息支出			1 875	4 458	6 333
税前利润	（1 000）	29 000	57 125	24 542	109 667
减：所得税	10 000	10 000	10 000	10 000	40 000
税后利润	（11 000）	19 000	47 125	14 542	69 667

表 8-14　　　　　　　　　　　2018 年度预计资产负债表　　　　　　　　　　　单位：元

资产	年初数	年末数	负债及所有者权益	年初数	年末数
现金	24 000	25 143			
应收账款	50 000	96 000			
原材料	4 200	4 600	应付账款	12 000	16 776
产成品	9 000	9 900			
流动资产小计	87 200	135 643	流动负债小计	12 000	16 776
固定资产原值	200 000	240 000	实收资本	80 000	80 000
减：累计折旧	80 000	110 000	未分配利润	115 200	168 867
固定资产净值	120 000	130 000	所有者权益	195 200	248 867
合计	207 200	265 643	合计	207 200	265 463

预计现金流量表

　　预计现金流量表是反映企业一定期间现金流入与现金流出情况的一种财务预算。它是从现金的流入和流出两个方面，揭示企业一定期间经营活动、投资活动和筹资活动所产生的现金流量。

预计现金流量表是按照现金流量表主要项目编制的，反映企业预算期内一切现金收支结果的预算。它以业务预算、资本预算和筹资预算为基础，是其他预算有关现金的汇总，主要作为企业可用资金调度和调控管理的依据，是企业能否持续经营的基本保障预算。

预计现金流量表的编制可以弥补编制现金预算的不足，有利于了解预算期内企业的资金流转状况和经营能力，而且能突出表现一些长期资金筹集与使用的方案对预算期内企业的影响。

三、预算编制的其他方法

1．固定预算

固定预算是以业务量水平为基础编制的，也就是说，作为固定预算编制依据的成本费用和利润信息都只是在一个预定的销量和生产量水平的基础上确定。

（1）固定预算的特点。固定预算有下列两个特点：①预算仅以某个估计的生产数量或者销售数量为编制基础，不考虑实际产销量与预算产销量发生的差异；②在一个控制期（1个月或者4个星期）内，当实际产销量已经确定时，固定预算产销量不根据实际产销量进行相应调整。固定预算的主要目的是在计划阶段帮助企业确定目标。

（2）固定预算的不足之处。固定预算的不足之处是：①在市场变化较快、较大时，实际发生的业务量与编制预算所依据的固定业务量会产生差异，因而实际发生额与预算数额不便相互比较，不利于控制经济活动和进行工作成果评价；②通常它在计划期开始前两三个月进行编制，对预算期某些情况并不是十分清楚，特别对预算期后期的情况只能进行轮廓性描述，实际执行时会发生一些困难；③编制预算时所预计的一年的经营活动和推测的数据在预算执行时常常发生变动，使原预算不能适应新的变动情况；④在执行一个阶段后，常使管理人员只考虑剩下阶段的活动，而忽视了企业的长远打算。

例8-1

假定甲公司预计3月份生产衬衫共计10 000件，其变动制造费用固定预算如表8-15所示。

表8-15　　　　　　　　　　　甲公司固定预算表　　　　　　　　　　单位：元

预算产量（件）	10 000
预计变动制造费用	
间接材料	40 00
润滑剂	1 000
动力费用	3 000
合计	8 000

假设甲公司3月份的实际生产量为9 400件。如果甲公司使用固定预算，则甲公司本月的固定预算业绩报告如表8-16所示。

表 8-16	甲公司固定预算业绩报告		单位：元
项目	实际	预计	差异
生产量（件）	9 400	10 000	600U
变动生产制造费用			
间接材料	3 800	4 000	200F
润滑剂	950	1 000	50F
动力费用	2 900	3 000	100F
合计	7 650	8 000	350F

解： 表 8-16 说明，本月实际比预计的产量少 600 件，可见，固定预算对于生产控制能够做出比较明确的评价。但在成本控制的评价方面也显示出了不足：虽然此例中有利差异为 350 元，但由于预算的成本是建立在产量 10 000 件的基础之上的，而公司的实际产量只有 9 400 件，两者的比较基础不同，因而公司无法据此对成本费用做出确切的评价。为了弥补全面预算在固定预算中无法反映出不同业务量水平的预计成本这一缺陷，产生了弹性预算。

2．弹性预算

弹性预算是为克服固定预算缺点而设计的，它是在成本性态分析的基础上，分别按一系列可能达到的预计业务量水平而编制的能适应多种情况的预算。由于它能规定不同业务量条件下的预算收支，适用面宽、机动性强、具有弹性，故称为弹性预算，也称为变动预算。在预算期终了，便于将实际指标与实际业务量相应的预算额进行对比。这种预算是随着业务量的变化而进行动态调整的，本身具有弹性。

（1）弹性预算的特点。弹性预算和按特定业务量水平编制的固定预算相比，有两个显著特点：①弹性预算是按一系列业务量水平编制的，从而扩大了预算的适用范围；②弹性预算是按成本的不同性态分类列示的，便于在计划终了时计算实际业务量的预算成本，使预算执行情况的评价和考核以及各项费用的实际发生数与相应产量下的费用预算数具有可比性。

例 8-2

承接例 8-1，假定甲公司每月的生产量预计在 9 000～11 000 件，其单位变动制造费用如表 8-17 所示。

表 8-17	单位变动制造费用	单位：元
成本项目	金额	
间接材料	0.40	
润滑剂	0.10	
动力费用	0.30	
合计	0.80	

则甲公司使用弹性预算法编制的弹性预算表如表 8-18 所示。

表 8-18　　　　　　　　　　甲公司弹性预算表　　　　　　　　　　单位：元

项目	业务量范围		
	9 000 件	10 000 件	11 000 件
变动生产制造费用（元）			
间接材料	3 600	4 000	4 400
润滑剂	900	1 000	1 100
动力费用	2 700	3 000	3 300
合计	7 200	8 000	8 800

在弹性预算下，将实际生产量的费用与实际生产量下的预算费用相比较。在例 8-3 中，甲公司的实际生产量为 9 400 件，其弹性预算业绩报告如表 8-19 所示。

表 8-19　　　　　　　　　　甲公司弹性预算业绩报告　　　　　　　　　　单位：元

预算生产件数	9 400 件		
实际生产件数	9 400 件		
变动制造费用	实际成本	预算成本	差异
间接材料	3 800	3 760	40U
润滑剂	950	940	10U
动力费用	2 900	2 820	80U
合计	7 650	7 520	130U

解： 与固定预算相比，弹性预算明确地把生产控制和成本控制分开了。通过生产量比较可以考核生产目标是否实现，合计数表示产出量为 9 400 件基础上的成本控制。表中的差异都为不利差异，这正好与固定预算法下的结果相反。原因是在弹性预算下，比较的基础是 9 400 件，而在固定预算下预算的基础是 10 000 件。

（2）弹性预算的编制。从理论上讲，弹性预算适用于全面预算中与业务有关的各种预算；但从实用角度看，弹性预算主要用于编制弹性成本预算和弹性利润预算等。

① 弹性成本预算。在成本性态分析的基础上，可将任何成本近似地表示为 $y=a+bx$。其中，y 是成本总额，a 是固定成本，b 是单位变动成本，x 是业务量。

公式法要求事先确定有关业务量变动的最高与最低限度，只需列出各项成本的 a 和 b，即可推算出业务量在相关范围内任何水平上的各项预算成本。

例 8-3

表 8-20 列出了固定制造费用预算以及单位变动制造费用预算，运用弹性成本预算公式，便可计算出预计业务量水平上的制造费用预算总额。

解： 如果直接人工为 5 000 小时，则预算制造费用的计算如下。

$$5 360+0.30\times5 000=6 860（元）$$

公式法的优点是可减少预算编制工作量，同时在预算执行过程中，可随时根据实际业务量计算出相应的成本预算额，便于成本的有效控制。

表 8-20	制造费用弹性预算	单位：元
项目	**固定制造费用**	**单位变动制造费用**
变动费用	2 100	0.04
半变动费用	3 260	0.26
固定费用		—
合计	5 360	0.30

② 弹性利润预算。它是根据影响利润的有关因素与收入成本的关系，列表反映这些因素分别变动时相应的预算利润水平。单一产品弹性利润预算可以产销量、机器工时或人工工时耗用量等作为业务量来进行编制。

3．滚动预算

滚动预算又称连续预算，其基本特点是预算期总是保持 12 个月，每过 1 个月，都要根据新的情况进行调整，在原来预算期末再加 1 个月的预算，从而使总预算经常保持 12 个月的预算期。滚动预算的编制，可采取长计划、短安排的方式进行，也就是在编制预算时，先按年度分季，并将其中第一季度按月划分，建立各月的明细预算，以便监督预算的执行。其他三季可以粗略一些。到第一季结束后再将第二季的预算数按月细分，依此类推。

（1）理论依据。滚动预算与其说是一种预算编制方法，还不如说是一种预算编制思想。其理论依据是：①根据企业会计中持续经营的时间观，企业的生产经营活动是延续不断的，因此，企业的预算也应该全面地反映这一延续不断的过程，使预算方法与生产经营过程相适应；②企业的生产经营活动是复杂的，随着时间的变迁，它将产生各种难以预料的变化，而滚动预算能帮助我们克服预算的盲目性，避免预算与实际有较大的出入。

（2）滚动预算的优点。与传统预算方法相比，滚动预算的优点在于：保持预算的完整性、持续性，从动态预算中把握企业的未来；能使各级管理人员始终对未来 12 个月的生产经营活动有所考虑和规划，从而有利于生产经营稳定而有序地进行，减少预算编制中的不确定性；由于预算的不断调整，使预算与实际情况更相适应，有利于充分发挥预算的指导控制作用，较现实的预算对管理者的激励有较好的影响。

（3）滚动预算的缺点。滚动预算也存在一些不足。首先，滚动预算系统要求在一个财务年度以内分若干次定期编制预算，这使得预算编制过程将消耗更多的时间、金钱，需要更多的努力；其次，对预算的修订可能涉及对标准成本的修订，从而导致对存货计价基础的修订，这将导致在会计部门花费较大的管理努力调整会计工作，以跟上滚动预算的变化；最后，频繁的预算编制有可能给那些怀疑预算价值的管理者提供否定预算价值的借口。

4．零基预算

零基预算是为区别于传统的增量预算而设计的一种编制费用预算的方法。增量预算法是以上年度的预算数据或上年度的预算执行结果为起点，结合预算期的情况加以调整来编制预算的方法，它适用于业务变化较小、业务量比较稳定的企业的预算编制。所谓零基预算法，是指在编制预算时，对任何一种费用的开支数，不是以过去预算水平或现有费用开支水平为基础，即不考虑以往情况，而是一切从零开始，根据其必要性来确定预算期内的费用支出数额。

（1）基本程序。零基预算通常遵循以下程序：①对企业在预算年度的总体目标以及由此确定的各预算单位的具体目标和业务活动水平，提出相应的计划方案，并说明每一费用开支的理由和数额；②按"成本—效益分析"方法评价每一项费用及相应的效益，分析每项开支计划的重要程度，以便区别对待；③对不可避免的费用项目有限分配资金，对可延缓成本则根据可动用资金情况，按轻重缓急，分级依次安排预算项目，排出各项活动的优先次序；④资源按重新排出的次序分配，尽可能地满足排在前面的活动的需要。经过协调，具体确定有关指标，逐项下达费用预算。

例 8-4

假定某公司按照零基预算的预算编制方法编制管理费用预算。经管理部门全体职工的反复讨论，确定以下费用项目及费用额。

房屋租金	6 000 元
培训费	5 000 元
研究开发费	5 500 元
交际应酬费	5 500 元
办公费	3 000 元

在上述费用项目中，房屋租金、培训费和办公费被一致认为是不可避免的费用支出，其余两项费用可以增减其费用额。研究开发费和交际应酬费的成本效益分析结果如表 8-21 所示。

表 8-21　　　　　　　　　　成本效益分析表

项目	成本（元）	收益（元）	成本效益率（%）
研究开发费	1 000	3 000	300
交际应酬费	1 000	1 000	100

对各项费用项目进行排队，结果如下。

房屋租金	6 000 元
培训费	5 000 元
办公费	3 000 元
研究开发费	5 500 元
交际应酬费	5 500 元

假定该公司在预算期内可用于管理费用的资金为 20 000 元，满足前 3 项不可避免的费用支出后尚余 6 000 元。将这 6 000 元剩余资金在后两个费用项目之间进行分配，其结果如下。

研究开发费应分配资金=6 000/（3 000+1 000）×3 000=4 500（元）

交际应酬费应分配资金=6 000/（3 000+1 000）×1 000=1 500（元）

管理费用的预算金额可确定如下。

房屋租金	6 000 元
培训费	5 000 元
办公费	3 000 元
研究开发费	4 500 元
交际应酬费	1 500 元
合　计	20 000 元

（2）零基预算的优缺点。

零基预算的优点在于：首先，以零为起点有可能找出和去除低效率或过时的经营方式，引导员工避免浪费性支出；其次，对所有项目进行成本效益分析，有利于合理地进行资源分配，可以通过将雇员引导到以更好的方式去工作来强化激励的作用；最后，为管理者适应企业环境变化提供了预算和计划工具，支出中的过时项目将被找出并被抛弃。

零基预算也存在一定的缺点：首先，采取零基预算可能会过分强调短期得利益，而损害企业的长期利益；其次，管理者可能需要培训有关人员的零基预算技能，而且编制零基预算的工作量大，预算成本相对较高；最后，各项费用支出预算等级的划分具有主观性，易引进部门间的矛盾。"所有的决策均应该体现在预算中"的错误观点还可能被强化。通常，企业可以每 3～5 年编制一次零基预算，以减少浪费和低效。

知识总结

全面预算是指综合反映企业在一定时期（一般不超过 1 年）内的生产经营活动的预算，主要包括经营预算、专门决策预算和财务预算 3 个部分，形成一个完整的体系。它的作用主要表现在明确工作目标、协调部门关系、控制日常活动、考核部门业绩、提升战略管理能力。全面预算的基本组成包括销售预算、生产预算、直接材料预算、直接人工预算、制造费用预算、产品成本预算、销售及管理费用预算、现金预算、预计利润表、预计资产负债表。企业可以根据经营管理的需要，选择固定预算、弹性预算、零基预算和滚动预算的预算编制方法开展全面预算。

能力拓展训练

一、单项选择题

1. 编制全面预算的出发点是（　　　）。

　　A. 现金预算　　　　B. 销售预算　　　　C. 生产预算　　　　D. 弹性预算

2. 生产预算的主要内容有生产量、期初期末产品存货及（　　　）。

　　A. 资金量　　　　B. 工时量　　　　C. 购货量　　　　D. 销售量

3. 现金预算中的"现金"是指（　　　）。

　　A. 库存现金　　　　B. 货币资金　　　　C. 银行存款　　　　D. 有价证券

4. 下列各项中，不属于业务预算的是（　　　）。

  A. 生产预算 B. 销售预算 C. 现金预算 D. 直接材料预算

5. （　　　）是编制全面预算的关键和基础。

  A. 生产预算 B. 销售预算 C. 产品成本预算 D. 制造费用预算

6. 在编制生产预算时，预计的生产量是在预计的销售量的基础上（　　　）。

  A. 加上预计期初存货量

  B. 加上预计期末存货量

  C. 减去预计期末存货量

  D. 加上预计期末存货量，减去预计期初存货量

7. 在编制制造费用预算时，计算现金支出应予以剔除的项目是（　　　）。

  A. 直接人工 B. 间接材料 C. 折旧费 D. 管理人员工资

二、多项选择题

1. 在管理会计中，构成全面预算内容的有（　　　）。

  A. 业务预算 B. 财务预算 C. 零基预算 D. 专门决策预算

2. 下列各项中，属于产品成本预算编制依据的是（　　　）。

  A. 生产预算 B. 销售预算 C. 直接材料预算 D. 制造费用预算

3. 在变动成本法下，编制单位产品成本预算时，计入产品成本的项目有（　　　）。

  A. 直接材料 B. 直接人工 C. 变动制造费用 D. 变动推销及管理费用

4. 编制弹性预算所用的业务量可以是（　　　）。

  A. 产量 B. 销售量 C. 直接人工工时 D. 机器台时

5. 销售及管理费用预算编制的主要依据是（　　　）。

  A. 预算期生产量 B. 预算期销售量 C. 有关标准耗用量 D. 有关标准价格

6. 弹性成本预算的编制方法有（　　　）。

  A. 公式法 B. 列表法 C. 图示法 D. 因素法

7. 现金预算的内容一般包括（　　　）。

  A. 期初现金余额   B. 现金的收入和支出

  C. 资金的筹措和运用   D. 现金多余或不足

三、判断题

1. 弹性预算只是一种编制费用的预算方法。   （　　　）

2. 编制现金预算的目的在于了解企业计划期末的银行存款余额有多少。 （　　　）

3. 在编制生产预算时，应考虑产品的期初期末存货水平。   （　　　）

4. 弹性预算从实用角度看，主要适用于全面预算中与业务量有关的各种预算。 （　　　）

5. 销售预算是全面预算的关键和基础。   （　　　）

6. 在全面预算体系中，生产预算是唯一不涉及价值计量单位的预算。 （　　　）

7. 预计资产负债表和预计利润表构成了整个财务预算。   （　　　）

8. 在实务中，企业并不需要每年都按零基预算方法来编制预算。 （　　　）

9. 销售预算、生产预算等其他预算的编制要以现金预算为基础。　　　（　　）

四、简答题

1. 什么是全面预算？它有哪些作用？

2. 简述全面预算的内容。

3. 什么是弹性预算？它有何特点？

4. 什么是零基预算？简述其编制程序。

五、分析计算题

1. 某企业计划年度每一季度的现金收支情况如下。

（1）基期年末的现金余额为 9 200 元。

（2）基期年末的应收账款余额为 80 000 元，计划一季度实现销售收入 380 000 元。该公司的收款条件是当季收现 80%，余款下季度收讫。

（3）基期年末的应付款余额为 40 000 元，计划一季度购料 100 000 元。该公司的付款条件是当季付现 80%，余款下季度付讫。

（4）预计制造费用 70 000 元，其中折旧费 38 000 元。

（5）预计期间费用 30 000 元，其中折旧费 9 500 元。

（6）预计支付直接人工工资 185 000 元。

（7）预计支付所得税 6 800 元。

（8）计划添置汽车一辆，预计 90 000 元。

（9）公司要求的现金最低存量为 9 000 元，不足可向银行借款，借款额一般要求为千元的倍数。

要求：根据上述资料，为该公司编制一季度的现金预算。

2. 某公司计划年度产销甲产品，其变动成本率为 60%。根据历史资料，销售额基本上维持在 500 000～650 000 元，此时固定成本总额为 100 000 元。按销售额间隔 50 000 元为该公司编制弹性利润预算。

3. 某公司计划年度产销甲产品，有关材料如下。

（1）本年末的简明资产负债表如下表所示。

本年末的简明资产负债表　　　　　　　　单位：元

资产	金额	负债及所有者权益	金额
现金	10 275	短期借款	50 000
应收账款	150 000	应付账款	80 000
原材料	95 600	应交税费	26 900
产成品	82 025	实收资本	528 000
固定资产	639 000	未分配利润	67 000
累计折旧	（225 000）		
资产合计	751 9000	负债及所有者权益合计	751 900

（2）计划年度销售及存货结余情况如下表所示。

计划年度销售及存货结余情况

项目	甲产品（件）	A 材料（kg）	B 材料（kg）
计划期初存量	930	9 000	4 520
预计一季度销量	3 000	—	—
预计二季度销量	3 500	—	—
预计三季度销量	3 600	—	—
预计四季度销量	3 200	—	—
预计一季度存货量	950	9 800	4 000
预计二季度存货量	960	10 000	4 500
预计三季度存货量	1 000	9 000	4 100
预计四季度存货量	900	8 500	3 800

甲产品每件售价 130 元，每季的商品销售在当季收到货款的占 70%，其余部分在下季收讫；A 材料每千克采购价为 5.6 元，B 材料每千克采购价为 10 元，每季的购料款当季支付 60%，其余在下季度支付。

（3）费用情况表如下表所示。

费用情况表

项目	甲产品单耗
A 材料	6 千克
B 材料	4.5 千克
人工工时	2 小时

另外，直接人工每小时工资率为 5 元，全年预计折旧费为 120 000 元，管理、保险、维护等其他固定制造费用为 11 670 元，变动制造费用分配率为 1.3 元/小时，全年预计发生固定期间费用为 84 700 元，单位变动期间费用为 1 元/件。

（4）公司其他现金收支情况。一季度末支付上年度所得税 26 900 元，计划年度各季度末均预付当季所得税 25 000 元；年末资产负债表上的银行借款 50 000 元，期限为 6 个月，于计划年度的第一季度末到期，利率为 5%，本息一次性偿付；公司要求的现金最低存量为 10 000 元，不足可向银行借款，借款利率按 5% 计算，在还款时付息（假定所有借款均发生在每季初，而所有还款均发生在每季末）。

要求：根据上述资料，编制该公司计划年度的全面预算。

（1）编制销售预算。

（2）编制生产预算。

（3）编制直接材料预算。

（4）编制直接人工预算。

（5）编制制造费用预算。

（6）编制产品成本预算。

（7）编制销售及管理费用预算。

（8）编制专门决策预算。

（9）按季编制现金预算。

（10）按年编制预计利润表。

（11）按年编制预计资产负债表。

项目九
标准成本系统

知识结构

标准成本系统
- 标准成本系统的认知
  - 标准成本系统
  - 标准成本系统的作用
  - 标准成本的类型
  - 实施标准成本系统的基本条件
- 标准成本的制定
  - 成本要素和标准成本计算的基本模式
  - 直接材料标准成本的制定
  - 直接人工标准成本的制定
  - 制造费用标准成本的制定
- 成本差异分析
  - 成本差异分析的基本模式
  - 直接材料成本差异的分析
  - 直接人工成本差异的分析
  - 制造费用成本差异的分析
- 成本差异的账务处理
  - 成本差异核算账户的设置
  - 标准成本下的成本账务处理
  - 期末成本差异的账务处理

学习目标

知识目标：了解标准成本系统的作用；了解成本差异的种类。

能力目标：能计算和分析标准成本差异；能够对成本差异进行账务处理。

案例引入

　　乌兰制版公司前几年经济效益欠佳，债台高筑。经行业专家诊断，发现导致亏损的主要原因是其生产成本远远高于同行业平均成本水平。因此，为了适应当前市场竞争环境，扭亏为盈，该公司决定 2016 年采用标准成本控制制度，将采购成本降低 10%，部门可控费用降低 25%。该公司在供应过程中，严把进货关，降低采购成本；在生产过程中，严格控制消耗，使材料损失降到最低程度。通过科学、合理地组织生产，生产效率大大提高，进而节约了生产工时，降低了人工成本。

　　分析：乌兰制版公司实施了上述措施后，实际成本大幅度下降，经济效益明显提高，实现了标准成本的要求。由此可见，实施标准成本制度将给企业带来经济效益的增长。

一、标准成本系统的认知

1．标准成本系统

　　标准成本系统是集成本分析、成本控制和成本计算于一体的成本计算模式，它包括成本标准的制定、成本差异分析和成本计算及账务处理 3 大部分。在成本标准的制定阶段，需要对产品的生产工艺、技术流程以及生产和供销过程的各个方面进行全面的分析研究，制定标准成本。在产品生产的进程中将发生的实际成本与事先制定的标准成本进行比较，揭示成本差异，进行差异分析，发现问题、分析原因，使成本在生产的进程中得到控制，并在成本发生时计算成本，对成本进行账务处理，为存货计价和收益的计量提供成本资料。可以说，实施标准成本计算使成本计算和成本控制得到了有机的结合，是企业内部控制成本、评价与考核成本管理水平的成本计算方法。

　　将产品生产的实际成本与标准成本加以比较，揭示成本差异，评价业绩，并对成本加以控制是标准成本计算的本质内容。

2．标准成本系统的作用

　　企业采用标准成本计算模式的具体作用主要包括以下几个方面。

　　（1）控制成本，提高成本管理水平。标准成本是衡量正常成本水平的尺度，可作为评价和考核工作成果的标准。在事前的成本标准制定过程中，可以使成本水平得到事前的控制。通过差异分析，能及时发现问题，采取措施加以控制和纠正，从而降低成本水平，提高经济效益。

　　（2）正确评价和考核工作成果，调动职工的积极性。标准成本是在生产过程开始前经过统合分析所确定的、在正常的生产经营条件下应该发生的成本。它是衡量成本水平的标准，也是评价和考核工作成果的基础和依据。在实际的生产过程中，通过实际成本与标准成本的比较，进行差异分析，可以区分经济责任，正确评价员工的工作成绩，从而有利于增强员工的成本意识，调动他们的工作积极性，关心和参与生产成本的控制和管理，挖掘降低成本的潜力。

　　（3）为企业的预算编制和经营决策提供依据。编制生产经营的全面预算是一个企业实现短期利润目标、进行统合平衡、实行全面控制的重要措施。而成本预算的客观与规范程度直接影响着全面预算的质量和实施的现实可能性。采用标准成本系统对成本规范要求的严格程度，一般要高于相同规范的预算编制，因此标准成本资料可以直接作为编制预算的基础，为预算编制提供了极大的方便，并提高了预算的现实可能性。

另外，在标准成本的制定过程中进行了多方面的分析，剔除了许多不合理的因素，比实际成本更为客观；在差异分析中又对实际成本脱离标准成本的差异进行分析。因此，标准成本系统所提供的的信息可为企业的产品定价、接受特别订货等专门决策提供依据。

（4）简化成本计算，为对外财务报表的编制提供资料。采用标准成本计算，产品成本计算的会计处理，如材料、在产品、产成品和产品的销售成本等都按标准成本入账，成本差异另行记录，可以大大简化成本计算过程中日常的账务处理工作，加速成本计算。在需要编制以实际成本为基础的对外财务报表时，可以把标准成本同成本差异相结合，把存货成本和产品销售成本调整为实际成本。标准成本系统下的成本信息既可用于对外财务报表，也可用于内部和管理控制，将内部管理职能和对外财务报表结合起来。

3．标准成本的类型

标准成本是指产品生产过程中应该发生的成本，即产品成本的标准。标准成本通常有以下几种类型。

（1）理想的标准成本。理想的标准成本是最高要求的标准成本，它是以企业的生产技术和经营管理、设备的运行和工人的技术水平都处于最佳状态为基础所确定的单位产品的成本。这种标准成本排除了机器可能的故障、材料可能发生的浪费以及工人的不熟练等。这种标准要求过高，采用时有可能会挫伤职工的积极性，产生负效应。因此，这种标准在实际中很少被采用，但作为成本管理的追求目标还是有意义的。

（2）正常的标准成本。正常的标准成本是指根据企业正常的开工情况、正常的工作效率以及正常的价格水平来确定的标准成本。所谓"正常"是指在经营活动中，排除了异常或偶然事件对成本水平的影响。确定正常标准成本时，应反映过去经营活动的平均结果，并对未来事件进行估计。

（3）现行可达到的标准成本。现行可达到的标准成本是指在企业现行的生产经营条件下，在预计可能达到的开工率下，考虑了平均的先进技术水平和管理水平而确定的标准成本。现行可达到的标准成本虽非理想的成本水平，但比正常标准成本要求高，经过努力可以达到但又并非轻而易举。所以，这类标准成本比较先进也能产生有效的激励作用，因此在实践中被广泛地采用。

4．实施标准成本系统的基本条件

实施标准成本需要具备一些基本条件，否则标准成本的计算就难以名副其实，不能起到应有的作用。标准成本实施的基本条件主要有以下几点。

（1）工艺操作过程的标准化。采用标准成本系统，确定零部件、半成品等成本要素的标准就必须建立作业流程和工艺规程的标准化，从而确定它们同成本要素之间数量关系。如果产品生产过程中使用的零部件、半成品和耗用的材料、使用的设备以及工艺操作方法不能标准化，就无法进行标准成本的计量，也不能制定合理的标准，如按直接人工工种制定单位产品的加工时间，或按不同设备确定单位产品的加工时间或耗用的材料数量等。这样，才能为合理地制定标准成本、客观地考核成本中心工作成果提供依据。

（2）健全的成本管理系统。采用标准成本系统的目的在于成本的控制，如果只有标准成本的计算而没有相应的成本管理制度，那么标准成本的计算将有名无实。因此，需要建立同标准成本计算相适应的成本管理责任体系，成立专门的机构负责标准成本的制定、差异的分析、工作成果的评价以及标准成本的修订等；还应根据生产工艺流程和组织特点，建立成本责任中心，明确管理者在成本上的责任及权限范围，通过标准成本的计算和工作成果的评价考核，对成本实行全面的控制。

（3）全体员工成本意识的提高。采用标准成本系统对成本实行全面控制，需要相关的员工和各级管理人员的参与和实施。标准成本系统能否起到控制成本、降低成本的目的要取决于管理者和实施者对标准成本系统的态度和支持的积极性。因此，提高全体员工的成本意识，取得他们对标准成本系统的支持，使之积极参与成本管理，是实现标准成本系统目的的重要方面。

二、标准成本的制定

1．成本要素和标准成本计算的基本模式

产品成本包括直接材料、直接人工和制造费用3项要素，制定单位产品的标准成本，应首先确定直接材料和直接人工的标准成本，其次确定制造的标准成本，最后确定单位产品的标准成本。

每一成本要素的标准成本都包括"用量"标准和"价格"标准两项内容。"用量"标准和"价格"标准应由管理人员组织工程技术、生产、会计、采购、销售、从事部门等相关人员分析研究确定。每一成本项目的标准成本的基本计算公式如下。

$$标准成本=用量标准×价格标准$$

其中，用量标准是指该项目每个单位所需消耗资源的数量限定标准，包括单位产品材料消耗量、单位产品直接人工工时、单位产品机器工时等；价格标准是指该项目每个单位所需消耗资源的价格限定标准，反映一定时期这种资源价格的平均水平，包括原材料单价、小时工资率、小时制造费用分配率等。

根据用量标准与价格标准制定出的目标标准成本可以是理想标准成本，也可以是正常标准成本。正常标准成本是一种经过主观努力可以达到的成本目标，也是实际工作中广泛采用的标准成本。因此，正常标准成本可以作为现行标准成本。

2．直接材料标准成本的制定

直接材料是指可以直接归属于某种产品、构成该产品实体的原材料及主要材料。直接材料标准成本包括直接材料的用量标准和直接材料的价格标准。

（1）直接材料的用量标准。直接材料的用量标准是指在现有生产技术条件和正常经营条件下，生产单位产品所需要的各种直接材料的标准用量，其中包括在生产过程中的正常损耗和形成正常损耗所必要的材料，如定额内的废品损失、产品整理挑选损耗等。材料用量可以根据产品的不同情况由管理人员会同负责产品设计的工程技术人员确定。产品如为首次生产的新产品，则应根据产品设计要求的材料质量、规格型号等逐项分析；如为以前生产过的产品，则可以根据以前的资料加以修订调整确定。

（2）直接材料的价格标准。直接材料的价格标准是指产品生产所需各种材料的价格标准，包括材料的买价和采购费用（含运杂费）。材料价格在很大程度上受外部因素的影响，较难为管理人员所控制。在制定材料价格标准时，应有采购部门的参与，并征求采购部门的意见，考虑市场价

格的变动和发展趋势，以及影响价格因素的批量和运输方式等因素。

直接材料标准成本等于单位产品所需用的各种材料标准数量与各自的标准价格的乘积之和，用公式表示如下。

直接材料标准成本=∑（直接材料标准用量×直接材料标准价格）

例 9-1

某公司生产甲产品，消耗 A、B、C 3 种材料，其直接材料标准成本计算结果如表 9-1 所示。

表 9-1   直接材料标准成本表

标准	A 材料	B 材料	C 材料
价格标准（元/千克）			
发票单价	10	12	8
运费	1	1.2	0.8
保险费	0.5	0.6	0.4
装卸费	0.71	0.86	0.57
每千克材料标准价格	12.21	14.66	9.77
用量标准（千克/件）			
产品用量	8.6	10	6.5
允许损耗量	3	2.5	2.1
单位产品用量标准	11.6	12.5	8.6
直接材料标准成本（元/件）			
A 材料	141.64		
B 材料		183.25	
C 材料			84.02
单位产品直接材料标准成本（元/件）	408.91		

某公司生产 L 产品需要甲、乙两种材料。生产每件甲产品需要消耗甲材料 3 千克、乙材料 2.5 千克。企业各种材料耗损率的上限为 10%，即每使用 1 千克的材料，其耗损的最大值为 0.1 千克。甲材料、乙材料的买价分别为 3 元/千克、4 元/千克。运费和保险费占买价的比率分别为 1%和 0.5%。其有关数据如表 9-2 所示。

表 9-2   直接材料标准成本

标准	甲材料	乙材料
用量标准（千克/件）		
产品用量	3	2.5
正常耗损	0.3	0.25
小计	（　　）	（　　）
价格标准（元/千克）		
买价	3	4
运杂费	0.03	（　　）
保险费	（　　）	0.02

续表

标准	甲材料	乙材料
小计	（　　）	（　　）
直接材料标准成本	（　　）	（　　）
单位产品直接材料标准成本合计（元/件）	（　　）	

要求：将有关数据填入表中（　　　）处。

3．直接人工标准成本的制定

直接人工是指可以直接归属到产品、为制造该产品而直接发生的人员工资。直接人工标准成本包括直接人工用量标准和直接人工价格标准。直接人工用量标准是指标准工时；直接人工价格标准是指标准工资率。

（1）直接人工的标准工时。直接人工的标准工时是指在现有生产技术条件下生产每单位产品所需用的直接人工小时，其中包括工人直接加工所需用的工时、必要的间歇和停工时间、不可避免的废品需耗用的工时等。

直接人工的标准工时通常需要考虑员工的平均技术水平，按产品加工工序分别计算，然后按产品分别汇总确定。

（2）直接人工的标准工资率。直接人工的标准工资率是指每个直接人工的标准工时应获取的工资额。标准工资率应根据企业自身的现行工资制度而定。假如企业采用的是计件工资制，标准小时工资率可以通过单件产品的标准工资除以标准工时得到；如果企业采用的是月工资制度，需要根据月标准工资总额和对应的工时总量相除得到标准小时工资率。

直接人工的工时标准和直接人工的标准工资率确定后，直接人工成本可用公式表示为如下形式。

$$直接人工标准成本=直接人工的标准工时×直接人工的标准工资率$$

如果生产该产品需要经过多个工序，则需要制定出每个工序的单位产品直接人工成本，加总后得到单位产品直接人工标准成本。

$$直接人工标准成本=\sum（各项作业标准工时×相应的标准工资率）$$

例 9-2

承例 9-1 资料，假设甲产品由两个车间生产，每人每月工作 22 天，每天工作 8 小时，其直接人工标准成本的计算及结果如表 9-3 所示。

表 9-3 直接人工标准成本

标准	第一车间	第二车间
基本生产工人人数（人）	40	50
每人每月工时（小时）	176	176
出勤率	100%	100%
每人平均可用工时（小时）	176	176

续表

标准	第一车间	第二车间
每月总工时（小时）	7 040	8 800
每月工资总额（元）	90 000	112 500
每小时工资（元）	12.78	12.78
单位产品工时（小时）		
理想作业时间	2.1	2.6
调整设备时间	0.3	0.2
其他必要时间	0.2	0.3
单位产品小时工时	2.6	3.1
直接人工标准成本（元/件）	33.23	39.62
直接人工标准成本合计	72.85	

学中做　　承上个"学中做"的资料，该公司生产的 L 产品需要经过两道工序，有关资料如表 9-4 所示。

表 9-4　　　　　　　　　　　　直接人工标准成本

标准	第一工序	第二工序
价格标准（元/小时）		
预计每月总工时（小时）	20 000	25 000
预计每月工资总额（元）	20 000	36 000
小时工资率	（　　）	（　　）
用量标准（小时）		
生产时间	2	1.8
设备调整时间	1	0.4
其他损耗时间	0.5	0.8
单位产品工时合计	（　　）	（　　）
直接人工标准成本（元/件）	（　　）	（　　）
直接人工标准成本合计		

要求：将有关数据填入表中（　　　）处。

4．制造费用标准成本的制定

制造费用标准成本也包括数量标准和价格标准。数量标准是指制造费用分配基础的数量，如标准机器加工小时或直接人工小时等；价格标准称为制造费用分配率，制造费用分配率通常按固定制造费用和变动制造费用分别计算。

（1）变动制造费用的标准成本。变动制造费用的数量标准通常采用单位产品直接人工工时标准（在直接人工标准成本制定时已经确定）、机器工时或其他用量标准。变动制造费用的价格标准是每一工时变动制造费用的标准分配率。变动制造费用标准分配率的计算公式如下。

$$变动制造费用标准分配率=\frac{变动制造费用预算总额}{直接人工（机器工时）标准工时总数}$$

制造费用分配基础的标准用量与标准分配率确定后，变动制造费用标准成本确定如下。

$$变动制造费用标准成本=变动制造费用标准分配率×标准工时$$

例 9-3

承例 9-1 至例 9-2 的资料，该公司由两个车间生产甲产品，其变动制造费用标准成本的计算及结果如表 9-5 所示。

表 9-5　　　　　　　　　　变动制造费用标准成本

项目	第一车间	第二车间
变动制造费用预算（元）		
运输费	1 000	1 500
动力费	800	1 800
维护费	450	900
直接人工费	5 200	5 500
其他	300	1 100
小计	7 750	10 800
生产量标准（小时）	7 040	8 800
变动制造费用标准分配率（元/小时）	1.1	1.23
直接人工用量标准（小时）	2.6	3.1
变动制造费用标准成本（元）	2.86	3.81
单位产品标准变动制造费用（元）	6.67	

（2）固定制造费用的标准成本。如果企业采用变动成本核算制度，固定成本将全部作为期间费用，列于损益表上作为销售收入的扣减项目，不包括在产品的单位成本之中。如果企业采用的是完全成本核算制度，那么固定制造费用同变动制造费用一样，将通过分配计入产品单位成本，采用标准成本制度，也要为固定制造费用确定标准成本和标准成本分配率。

固定制造费用的价格标准是每一工时的标准分配率，是根据固定制造费用预算总额和标准总工时计算得出的。固定制造费用的用量标准可以采用人工工时，也可以采用机器工时。

固定制造费用标准分配率的计算公式如下。

$$固定制造费用标准分配率=\frac{预算固定制造费用总额}{标准总工时}$$

固定制造费用分配基础的标准用量与标准分配率确定后，固定制造费用标准成本确定如下。

$$固定制造费用标准成本=固定制造费用标准分配率×标准工时$$

直接材料、直接人工及制造费用 3 项标准成本分别确定后加以汇总，就可得出产品的单位标准成本。

$$单位标准成本=直接材料标准成本+直接人工标准成本+$$
$$变动制造费用标准成本+固定制造费用标准成本$$

例 9-4

承例 9-1 至例 9-3 的资料，该公司由两个车间生产甲产品，其固定制造费用标准成本的计算及结果如表 9-6 所示。

表 9-6　　　　　　　　　固定制造费用标准成本

项目	第一车间	第二车间
固定制造费用（元）		
折旧费	2 800	3 900
保险费	250	390
办公费	300	360
管理人员工资	30 00	3 800
其他	150	200
合计	6 500	8 650
生产量标准（小时）	7 040	8 800
固定制造费用分配率（元/小时）	0.92	0.98
直接人工用量标准（小时）	2.6	3.1
部门固定制造费用标准成本（元）	2.39	3.04
单位产品固定制造费用标准成本（元）	5.43	

将以上确定的直接材料、直接人工和制造费用的标准成本按产品加以汇总，就可以得出单位甲产品标准成本卡，如表 9-7 所示。通常，企业编制"标准成本卡"以反映产品成本标准的具体构成。在每种产品生产之前，它的标准成本卡要送达有关人员，包括各级生产部门负责人、会计部门负责人、仓库保管员等，作为领料、派工和支出其他费用的依据。

表 9-7　　　　　　　　　单位甲产品标准成本卡

成本项目	用量标准	价格标准（元）	标准成本（元）
直接材料			
A 材料（千克）	11.6	12.21	141.64
B 材料（千克）	12.5	14.66	183.25
C 材料（千克）	8.6	9.77	84.02
小计（千克）			408.91
直接人工			
第一车间（小时）	2.6	12.78	33.23
第二车间（小时）	3.1	12.78	39.62
小计（小时）			72.85
变动制造费用			
第一车间（小时）	2.6	1.1	2.86
第二车间（小时）	3.1	1.23	3.81

续表

成本项目	用量标准	价格标准（元）	标准成本（元）
小计（小时）			6.67
固定制造费用			
第一车间（小时）	2.6	0.92	2.39
第二车间（小时）	3.1	0.98	3.04
小计（小时）			5.43
单位甲产品标准成本合计（元）		493.86	

学中做

　　假设金汐制品公司生产甲产品，生产能力表现为生产一线工人直接人工工时，每月可用直接人工工时的最大限度为 9 500 工时，正常直接人工工时为 9 000 工时。该公司制造费用预算分配率按正常生产能力计算。2016 年 3 月，该公司正常生产能力为 9 000 直接人工小时，制造费用预算总额为 180 000 元。其中，变动制造费用预算为 72 000 元，固定制造费用预算为 108 000 元。制造费用按产品直接人工工时分配计入产品成本。

　　通过与材料供应商的协商、市场调研、生产工艺流程及技术分析，并会同劳资部门，确定甲产品直接材料标准用量为 10 米，每米标准价格为 10 元；直接人工标准为 10 小时，每小时标准工资为 20 元。

　　要求：计算出变动制造费用和固定制造费用，并完成表 9-8 的填写。

表 9-8　　　　　　　　　　甲产品标准成本计算表

项目	标准用量	标准价格（元）	单位产品标准成本（元）
直接材料（米）			
直接人工（小时）			
变动制造费用（小时）			
固定制造费用（小时）			
合计（元）			

三、成本差异分析

　　成本差异是指生产经营过程中发生的实际成本偏离预定的标准成本所形成的差额。在标准成本制度下，由于种种原因，企业在一定时期生产一定数量的产品所发生的实际成本与计划成本可能不一致，它们之间的差额就是标准成本差异。它反映了实际成本脱离预定标准的程度和企业成本控制的业绩。为了消除这种偏差，企业在日常经营过程中应定期进行差异分析。成本差异分析需要分析投入与产出，在实际产出量的基础上比较实际投入与标准投入，确定成本差异并找出产生差异的主要原因，同时采取相应的对策加以纠正，保证将企业各项成本控制在理想的范围之内。

1. 成本差异分析的基本模式

在标准成本系统下，若实际成本低于标准成本，所形成的差异称为有利差异，在有关差异账户的贷方反映，表示成本的节约；反之，若实际成本高于标准成本，所形成的差异称为不利差异，在有关差异账户的借方反映，表示成本的浪费。

标准成本差异分为直接材料成本差异、直接人工成本差异和制造费用差异，如图 9-1 所示。

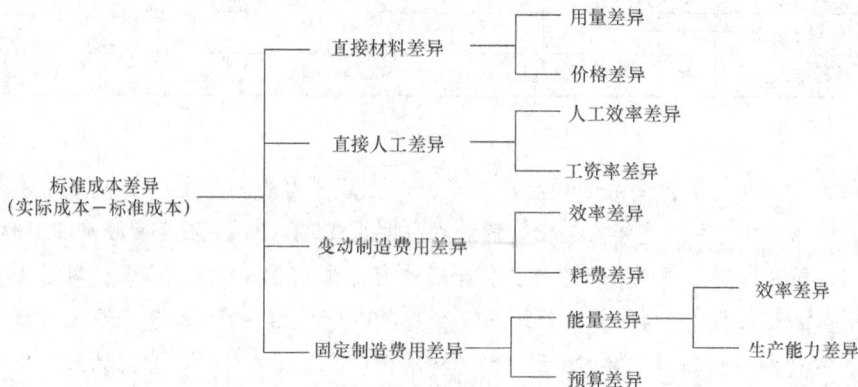

图 9-1　标准成本差异的构成

直接材料成本、直接人工成本和变动制造费用都是随着产品数量的增加而增加的，都属于变动成本，其成本差异分析的基本方法相同。由于它们的实际成本高低取决于实际用量和实际价格，标准成本的高低取决于标准用量和标准价格，因此其成本差异主要是因为实际用量脱离用量标准和实际价格脱离价格标准两方面产生的。所以，把变动成本差异分为用量差异和价格差异两类。用量差异反映由于直接材料、直接人工和变动性制费用等成本要素实际用量消耗与标准用量消耗不一致而产生的成本差异；价格差异反映由于直接材料、直接人工和变动性制费用等成本要素实际价格水平与标准价格不一致而产生的成本差异。其计算公式如下。

$$成本差异=实际成本-标准成本$$
$$=实际用量×实际价格-标准用量×标准价格$$
$$=实际用量×实际价格-实际用量×标准价格+实际用量×标准价格-$$
$$标准用量×标准价格$$
$$=实际用量×（实际价格-标准价格）+（实际用量-标准用量）×标准价格$$
$$=价格差异+用量差异$$

所以，实际成本与标准成本之间的差异又可分解为两个因素，即价格差异和数量差异。价格差异是由实际价格和标准价格之间的差异所引起的，其计算建立在实际投入数量的基础上，计算的一般模式如下。

$$价格差异=（实际用量×实际价格）-（实际用量×标准价格）$$
$$=实际用量×（实际价格-标准价格）$$

直接人工的价格差异通常被称为"工资率差异"。

数量差异是由于实际产量上的实际使用量和实际产量上允许的标准用量之间的差异所引起的，其计算建立在标准价格的基础上，计算的一般模式如下。

数量差异＝（实际用量×标准价格）－（标准用量×标准价格）

＝（实际用量－标准用量）×标准价格

数量差异用于直接材料或直接人工时，往往被称为"用量差异"或"效率差异"。成本差异分析除了用以上公式计算外，通常还采用列表方式或图解方式。

2．直接材料成本差异的分析

直接材料成本差异是指直接材料实际成本与直接材料标准成本之间的差额，其中包括数量差异和价格差异。

（1）直接材料价格差异。直接材料价格差异是指因直接材料实际价格偏离其标准价格形成的直接材料成本差异。其计算公式如下。

直接材料价格差异＝（材料实际用量×实际价格）－（材料实际用量×标准价格）

＝材料实际用量×（实际价格－标准价格）

（2）直接材料数量差异。直接材料数量差异是指产品生产过程中直接材料实际耗用量偏离标准用量所形成的直接材料成本差异。其计算公式如下。

直接材料数量差异＝（材料实际用量×标准价格）－（材料标准用量×标准价格）

＝（材料实际用量－材料标准用量）×标准价格

为了说明各成本要素的差异分析，沿用前例。

例 9-5

假设金汐制品公司 2013 年 3 月实际生产了甲产品 700 件，实际使用直接材料 7 180 米，每米实际价格为 10.1 元，直接材料的标准成本如前例所示，标准用量为 10 米，每米标准价格为 10 元，则直接材料的成本差异计算如下。

解： 直接材料实际成本＝7 180×10.1=72 158（元）

直接材料标准成本＝700×10×10=70 000（元）

直接材料成本差异＝72 518-70 000=25 18（元）（不利差异）

其中，直接材料数量差异＝（7 180-7 000）×10=1800（元）（不利差异）

直接材料价格差异＝7 180×（10.1-10）=718（元）（不利差异）

例中，直接材料成本总差异为不利差异，是直接材料数量不利差异及其价格不利差异之和。

直接材料数量差异是产品生产过程中材料耗用量的增加，一般应由生产部门负责。在正常情况下，生产部门可以控制耗用材料的数量。但还应该具体分析在有些情况下，如企业采购部门购入质量较低或不符合规格的材料、材料储存中变质损坏等，也会造成材料耗用量的增加。这种情况下，直接材料数量差异则应由相关采购部门或仓储部门负责。

直接材料价格差异一般由采购部门承担主要责任，因为在正常情况下，采购部门可选择价格合理、运输方便、采购费用较低、质量较好的材料。但材料的实际价格客观上又受许多因素的影响，如市场供求变化、价格变动、采购数量、紧急订货和运费涨价等。例如，应生产上的要求，对某项材料进行小批量紧急订货，由于订货和运输形成的不利差异就不能由采购部来承担。

学中做

　　某公司本月生产 A 产品 5 000 件，实际耗用材料 28 000 千克，其实际价格为 5.5 元/千克，单位产品材料的标准耗用量为 5 千克，每千克标准价格为 6 元。

　　要求：计算分析直接材料标准成本差异。

3．直接人工成本差异的分析

　　直接人工成本差异是指直接人工实际成本与直接人工标准成本之间的差额，其中包括直接人工效率差异（数量差异）和直接人工工资率差异（价格差异）。

　　（1）直接人工工资率差异。直接人工工资率差异是指因直接人工实际工资率偏离其预定的标准工资率而形成的直接人工成本差异。其计算公式如下。

$$直接人工工资率差异＝（实际工时×实际工资率）－（实际工时×标准工资率）$$
$$＝实际工时×（实际工资率-标准工资率）$$

　　（2）直接人工效率差异。直接人工效率差异是指生产单位产品实际耗用的直接人工工时偏离其预定的标准工时所形成的直接人工成本差异。其计算公式如下。

$$直接人工效率差异＝（实际工时×标准工资率）－（标准工时×标准工资率）$$
$$＝（实际工时-标准工时）×标准工资率$$

例 9-6

　　假设金汐制品公司 3 月实际生产 700 件甲产品，实际用直接人工工时 7 100 小时，实际工资率为每小时 20.6 元。生产每件甲产品的直接人工标准工时为 10 小时，标准工资率为 20 元/小时。直接人工成本差异的具体计算如下。

　　直接人工实际成本＝7 100×20.6＝146 260（元）

　　直接人工标准成本＝700×20×10＝140 000（元）

　　直接人工成本总差异＝146 260-140 000＝6 260（元）（不利差异）

　　其中，直接人工效率差异＝（7 100-7 000）×20＝2 000（元）（不利差异）

　　直接人工工资率差异＝7 100×（20.6-20）＝4 260（元）（不利差异）

　　解：例中直接人工成本差异为不利差异，是直接人工工资率不利差异和直接人工效率不利差异的加总。其原因可能是由于低水平技术工人造成了生产效率的下降，或由于材料质量问题而导致加工上的难度所致。

　　工资率差异的原因复杂且难控制，一般来说应归属于人力资源部门管理，差异的具体原因会涉及生产部门或其他部门。工资率差异形成的原因主要有工资率的调整、直接生产工人升级或降级使用、出勤率的变化、奖励制度未产生实效、加班或雇佣临时工等。

　　直接人工效率差异形成的主要原因有工人技术的熟练程度、责任感的强弱、工作环境的改变、劳动情绪的波动、机器工具的选用、加工设备的先进程度、作业计划的安排、产量太少无法发挥批量节约优势等。直接人工效率差异主要由生产部门负责，但也不是绝对的。例如，由于材料采购的质量、要求等不符合生产要求，进而影响生产效率，由此而产生的直接人工效率差异的责任则主要应该由采购部门负责。

4．制造费用成本差异的分析

由于变动制造费用和固定制造费用的成本性态不同，通常是根据制造费用的弹性预算，分别对变动制造费用和固定制造费用进行差异分析。

（1）变动制造费用差异。变动制造费用差异，是指变动制造费用实际发生额与变动制造费用标准发生额之间的差额。变动制造费用差异通常包括变动制造费用支出差异即价格差异和变动制造费用效率差异即数量差异。变动制造费用的差异分析与直接材料和直接人工的差异分析相同，也是建立在实际产出量的基础上进行分析的。

① 变动制造费用的支出差异。变动制造费用的支出差异，是指因变动制造费用实际分配率偏离其标准分配率而形成的变动制造费用差异部分。其计算公式如下。

变动制造费用的支出差异＝（实际费用分配率-标准费用分配率）×实际工时

② 变动制造费用的效率差异。变动制造费用的效率差异，是指因生产单位产品实际耗用的直接人工工时偏离预定的工时而形成的变动制造费用差异。其计算公式如下。

变动制造费用的效率差异＝（实际工时-标准工时）×标准费用分配率

例 9-7

假定金沙制品公司 3 月实际发生变动制造费用 62 640 元，固定制造费用 107 800 元。根据前例的资料，实际生产量为 700 件，实际使用人工为 7 100 小时，已知变动费用的标准分配率为 8 元/小时。其变动制造费用差异分析如下。

解：变动制造费用的标准成本=700×10×8=56 000（元）

变动制造费用总差异=62 640-56 000=6 640（元）（不利差异）

其中，变动制造费用的支出差异=62 640-7 100×8=5 840（元）（不利差异）

变动制造费用的效率差异=（7 100-7 000）×8=800（元）（不利差异）

引起变动制造费用不利差异的原因可能是多方面的，如构成变动制造费用的各要素价格的上涨，如间接材料价格的上涨、动力费用价格的上涨等；或者是间接材料和人工、动力和设备的使用浪费等。变动制造费用的效率差异是同变动制造费用的分配基础联系在一起的。所以，变动制造费用分配基础的选择非常重要，通常负责控制分配基础的部门应对变动制造费用的效率差异承担责任。在本例中，它是同直接人工效率联系在一起的。

某公司本月生产 B 产品 600 件，实际使用工时 900 小时，实际发生变动制造费用 2 385 元，单位产品标准工时为 2 小时，变动制造费用标准分配率为 2.5 元/小时。

要求：计算分析变动制造费用的成本差异。

（2）固定制造费用差异。固定制造费用与变动制造费用不同，其内容主要与生产能力的形成及生产过程的正常维护相联系。在一定的生产活动量范围内，固定制造费用不会随业务量的变化而变化。这就决定了对其进行控制的方法与变动制造费用不同。

固定制造费用成本差异是指在实际产量下固定制造费用实际发生额与其标准发生额之间的差额，其计算公式如下。

$$固定制造费用成本差异=实际固定制造费用-标准固定制造费用$$

其中，

$$实际固定制造费用=实际产量×单位实际工时×实际分配率$$

$$标准固定制造费用=实际产量×单位标准工时×标准分配率$$

例 9-8

沿用前各例的有关资料，金沙制品公司 3 月固定制造费用的预算总额为 108 000 元，实际发生额为 106 000 元。对于采用变动成本法计算成本的企业，在一定相关范围内，固定制造费用与生产能力的使用无关，其差异就是实际发生的固定制造费用与预算的固定制造费用之差，其计算公式如下。

固定制造费用预算差异=固定费用实际发生总额－固定费用预算总额

=107 800-108 000

=-200（元）（有利差异）

对固定制造费用成本差异的分解可采取两种方法，即两差异分析法和三差异分析法。

① 两差异分析法。两差异分析法是指将固定制造费用的成本差异分解为预算差异和能量差异两个部分。计算公式分别如下。

固定制造费用预算差异=实际产量实际固定制造费用－预算产量标准固定制造费用

固定制造费用能量差异=预算产量标准固定制造费用－实际产量标准固定制造费用

=固定制造费用标准分配率×（预算产量标准工时－实际产量标准工时）

在两差异法中，固定制造费用预算差异等于固定制造费用的实际数和固定制造费用的预算数之间的差额。由于固定制造费用的性质为固定成本，其总额不会随着产量的变动而变动，实际固定制造费用的增长并不是由产量变动引起的。将实际固定制造费用和预算的固定制造费用对比，则反映出实际消耗的固定制造费用较多或者较少。

需要注意的是，预算差异产生的原因包括资源价格的变动（如工资率的变化、税率的变化），某些酌量性固定成本因管理上的决定而有所增减，占用资源的数量比预期增加或减少，部门领导因担心无法完成预算而延缓支出酌量性固定成本，或因担心实际支出过少会削减下期预算而增加不必要的开支等。

固定制造费用能量差异反映的是预算固定制造费用和标准固定制造费用之间的差额。预算固定制造费用等于预算产量乘以单位产品标准固定制造费用，标准固定制造费用等于实际产量乘以单位产品标准固定制造费用。此差异为正，则说明实际产量低于按照正常效率应该能够生产的数量。

② 三差异分析法。三差异分析法是指将固定制造费用的成本差异分解为预算（开支）差异、能力差异和效率差异。计算公式分别如下。

固定制造费用预算差异=实际产量实际固定制造费用-预算产量标准固定制造费用

固定制造费用能力差异=固定制造费用标准分配率×（预算产量标准工时-实际产量实际工时）

固定制造费用效率差异=固定制造费用标准分配率×（实际产量实际工时-实际产量标准工时）

显然，将两差异法的能量差异进一步分解为能力差异和效率差异，就成为三差异法。固定制造费用的生产能力利用差异反映的是实际工时未达到可利用的生产能力所形成的浪费。固定制造费用效率差异反映的是对应实际产量由于本期的非效率性和效率性形成的成本浪费和节约。

例 9-9

承前例，已知固定制造费用的标准分配率为 12 元/小时，根据前面的资料可计算如下。

固定制造费用预算支出差异=107 800-108 000=-200（元）（有利差异）

固定制造费用生产能力利用差异=（9 000-7 100）×12=22 800（元）（不利差异）

固定制造费用效率差异=（7 100-7 000）×12=1 200（元）（不利差异）

固定制造费用差异总额=（-200）+22 800+1 200=23 800（元）

预算支出差异反映了费用项目价格的变动或费用开支方面的节约或浪费。效率差异反映人工效率情况，与变动制造费用相同，生产能力利用差异反映生产能力的使用情况。该企业预算正常生产能力为 9 000 个人工小时，而实际利用人工小时仅为 7 100 小时，形成了工时生产能力的闲置，产生了 22 280 元的不利差异。

四、成本差异的账务处理

1．成本差异核算账户的设置

在标准成本系统的会计核算体系中，对产品的标准成本和成本差异分别进行核算。对于日常生产经营活动中计算出来的成本差异，一方面要编制有关的成本差异分析报告，另一方面要进行核算和反映，即在有关成本差异总账和明细账中登记。核算成本差异的账户，既可以按成本的具体项目来设置，也可以按成本差异的具体内容来设置。其账户设置与日常核算通常是：设置"原材料""生产成本""库存商品"账户，用于反映收入、发出、结存的原材料、在产品和产成品的标准成本。

核算成本差异的账户通常按成本差异的具体内容进行设置，一般可直接以成本差异名为账户名。其账户包括"直接材料数量差异"与"直接材料价格差异"；"直接人工效率差异"与"直接人工工资率差异"；"变动制造费用效率差异"与"变动制造费用耗费差异"；固定制造费用差异，按两差异分析法设置"固定制造费用预算差异"与"固定制造费用能量差异"两个科目，按三差异分析法设置"固定制造费用预算（开支）差异""固定制造费用能力差异"和"固定制造费用效率差异"3 个科目。

值得注意的是，企业在期末编制会计报表时必须对成本差异进行处理，成本差异的处理通常有两种方法。

（1）分配于相关账户。有利差异与不利差异相互抵消后的余额如果较大，可将差异按比例分配于各有关存货账户和销售成本账户，把账户登记的标准成本调整为实际成本。

在标准成本系统下，材料、在产品、产成品和产品销售成本均以材料成本计价，而企业在许多情况下则需要提供实际成本资料，如以实际成本为基础的订货合同结算、纳税报告和对外财务报表等，这时就需要把成本差异同标准成本相结合，把标准成本调整为实际成本，通常是按各相关数额的比例计算分配。

（2）作为当期销售成本的调整。如果各项成本差异不大，或者没有特别的要求需要把标准成本调整为实际成本，为了简化计算程序，可以把各项成本差异抵销后的净差异额结转于产品销售成本，作为产品销售成本的调整，或者作为差异费用单独列示于当期损益表上。

2．标准成本下的成本账务处理

在标准成本系统下，生产费用账户按标准成本登记，超支差记入相关差异账户的借方，节约差记入相应差异账户的贷方。

（1）直接材料成本的账务处理。在标准成本系统下，直接材料的存货通常是按其单位标准价格计价，实际的购货成本与标准成本之间的差异通常在材料购入时计算，记入材料价格差异账户。

例 9-10

假设金汐制品公司 3 月购买金属条材料 7 180 米，每米实际价格为 10.10 元，每米标准价格为 10 元。该项购货到货，账款尚未支付，材料存货按标准成本入账，不利价格差异记入材料价格差异的借方，会计分录如下。

借：原材料　　　　　　　　　　　　　　　71 800
　　材料成本价格差异　　　　　　　　　　718
　　贷：应付账款　　　　　　　　　　　　72 518

材料的用量差异是在生产过程中计算的，金汐制品公司 3 月实际生产了甲产品 700 件，实际使用直接材料 7 180 米，每件产品标准用量为 10 米。账簿记录材料出库按实际用量计算，按标准用量计算的标准成本入账，不利用量差异记入材料用量差异的借方，会计分录如下。

借：生产成本——在产品　　　　　　　　　70 000
　　材料数量差异　　　　　　　　　　　　1 800
　　贷：原材料　　　　　　　　　　　　　71 800

在分步成本计算法下，可以分别按各加工部门设置二级账户登记各部门的直接材料成本和数量差异。

（2）直接人工成本的账务处理。直接人工的实际成本记入"应付职工薪酬"账户的贷方，实际生产量上的标准人工成本记入"在产品"账户的借方，两者之间的差额即为直接人工差异。由于人工没有储存阶段，所以在登记直接人工成本时，同时计算人工工资率差异和人工效率差异，并在账簿中分别记录。

例 9-11

金沙制品公司 3 月实际生产 700 件甲产品，实际用直接人工工时 7 100 小时，实际工资率为每小时 20.6 元。生产每件甲产品的直接人工标准工时为 10 小时，标准工资率为 20 元/小时。

根据差异分析人工成本总差异为不利差异 6 260 元，其中不利的工资率差异为 4 260 元，不利的效率差异为 2 000 元，分别记入差异账户。登记直接人工成本及差异的会计分录如下。

借：生产成本——在产品   140 000

　　直接人工效率差异   2 000

　　直接人工工资率差异   4 260

　　贷：应付职工薪酬   146 260

（3）制造费用的账务处理。制造费用由变动制造费用和固定制造费用两大部分构成。在标准成本计算下，实际发生的制造费用分为变动制造费用和固定制造费用，分别设账户归集分配。

① 变动制造费用的账务处理。变动制造费用的标准成本流动和差异计算同直接人工成本的流动相似，实际发生的变动制造费用在"变动制造费用"账户的借方归集，而转入"在产品"账户借方的变动制造费用是按实际产出量计算的标准成本，两者之间的差额即为变动制造费用的成本差异。

例 9-12

金沙制品公司 3 月实际发生变动制造费用 62 640 元。金沙制品公司实际生产量为 700 件，实际使用人工 7 100 小时，已知变动费用的标准分配率为 8 元/小时，标准变动制造费用应为 56 000 元，根据例 9-11 的资料进行差异分析，记录变动制造费用分配的会计分录如下。

借：生产成本——在产品   56 000

　　变动制造费用耗费差异   5 840

　　变动制造费用效率差异   800

　　贷：变动制造费用   62 640

为了及时登记制造费用分配，也可设置制造费用分配账户，平时分配制造费用时借记"在产品"账户，贷记"制造费用分配"账户，会计分录如下。

借：生产成本——在产品（标准成本）   ×××

　　贷：变动制造费用分配（标准成本）   ×××

会计期末把实际制造费用同已分配的制造费用比较，计算制造费用差异，结清实际制造费用和制造费用分配账户，会计分录如下。

借：变动制造费用分配（标准成本）   ×××

　　贷：变动制造费用差异（有利差异）   ×××

　　　　变动制造费用   ×××

② 固定制造费用的账务处理。固定制造费用的实际发生额平时在固定制造费用账户的借方记录，在完全成本计算法下，记入产品成本的固定制造费用是按产品实际产出量计算的标准成本。两者之间的差额就是固定制造费用的成本差异。

例 9-13

金沙制品公司 3 月固定制造费用的实际发生额为 107 800 元，固定制造费用的标准分配率为 12 元/小时，3 月份实际生产甲产品 700 件，应吸收的固定制造费用为 84 000 元（700×10×12）。三差异法下，根据资料，有利差异有预算差异 200 元，不利差异有生产能力利用差异和效率差异，分别为 22 800 元和 1 200 元。固定制造费用的分配及成本差异的会计分录如下。

借：生产成本——在产品　　　　　　　　　　　84 000
　　生产能力利用差异　　　　　　　　　　　　22 800
　　固定制造费用效率差异　　　　　　　　　　 1 200
　　贷：固定制造费用预算差异　　　　　　　　　　　200
　　　　固定制造费用　　　　　　　　　　　　　107 800

如果产品的成本计算是以变动成本为基础，那么全部固定制造费用及其全部差异归入当期的期间费用。

（4）完工入库的账务处理。在标准成本系统下，产成品成本和产品销售成本的计算是非常简单的，因为产品生产过程全部是以标准成本计价，所以完工产品数量乘以其标准成本即为完工产品成本，产品销售数量乘以其标准成本即为产品销售总成本。

例 9-14

金沙制品公司 3 月生产的 700 件甲产品于 3 月 30 日完工入库，登记该项业务的会计分录如下。

借：库存商品　　　　　　　　　　　　　　　350 000
　　贷：生产成本——在产品　　　　　　　　　　350 000

（5）产品销售及结转成本的账务处理。

例 9-15

假设金沙制品公司 3 月以每件产品销售单价 650 元出售甲产品 600 件，销售收入 390 000 元已存入银行，登记该项销售业务的会计分录如下。

借：银行存款　　　　　　　　　　　　　　　390 000
　　贷：主营业务收入　　　　　　　　　　　　390 000
借：主营业务成本　　　　　　　　　　　　　300 000
　　贷：库存商品　　　　　　　　　　　　　　300 000

每件产品的标准成本为 500 元，在产品和产成品账户无论是否有期初期末余额都不会影响上述会计分录。

在实际的成本计算过程中，各企业应根据自己的生产特点和管理要求，结合各种成本计算方法进行适当的调整，但标准成本流动的基本程序是一样的。

3．期末成本差异的账务处理

（1）成本差异的汇总。

例 9-16

承前例，金汐公司根据各个成本差异账户的月末余额编制成本差异汇总表，计算成本差异净额，如表 9-9 所示。

表 9-9　　　　　　　　　　2016 年 3 月成本差异汇总表　　　　　　　单位：元

成本差异项目	借方余额（不利差异）	贷方余额（有利差异）
直接材料价格差异	718	
直接材料数量差异	1 800	
直接人工效率差异	2 000	
直接人工工资率差异	4 260	
变动性制造费用效率差异	800	
变动性制造费用耗费差异	5 840	
固定性制造费用开支差异		200
固定性制造费用生产能力利用差异	22 800	
固定性制造费用效率差异	1 200	
合计	39 418	200
成本差异净额	39 218	

（2）成本差异的处理方法。在标准成本核算体系中，对本期发生的各类成本差异在会计期末的处理方法，通常包括以下 3 种类型。

① 直接处理法。直接处理法是指将本期发生的各种差异全部计入利润表，由本期的收入予以补偿的一种差异处理方法，即把成本差异视同于销售成本。这种处理方法的依据是：本期成本差异应体现本期成本控制的业绩的好坏，应该在本期的收益中予以反映。

这种方法的优点是账务处理比较简单，并能使当期经营成果与成本控制业绩直接挂钩。但当成本标准制定得不科学或过于陈旧，或实际成本水平波动较大时，就会因差异额过大而导致当期净收益失真，进而导致期末存货成本水平失真。在实践中，这种方法的应用比较普遍。

例 9-17

根据前面的资料，月末金汐公司成本差异的账务处理如下。

借：主营业务成本　　　　　　　　　　　　39 218
　　固定性制造费用开支差异　　　　　　　　200

贷: 直接材料价格差异	718
直接材料数量差异	1 800
直接人工效率差异	2 000
直接人工工资率差异	4 260
变动性制造费用效率差异	800
变动性制造费用耗费差异	5 840
固定性制造费用生产能力利用差异	22 800
固定性制造费用效率差异	1 200

② 递延法。递延法又称分配法，是指把本期的各类差异按标准成本的比例在本期销售和期末存货之间进行分配，从而将销售成本和期末存货成本调整为实际成本的一种成本差异处理方法。这种方法认为，成本差异的产生与存货和本期销货之间都有联系，不应该只由本期销货承担，而应该有一部分随期末存货递延到下期。

递延法的优点是可以准确地确定本期产品的实际成本，但分配成本差异的工作过程比较烦琐。

③ 稳健法。稳健法又称折中法，是指将成本差异按其形成的主、客观原因不同而区别对待、分别处理的一种成本差异处理方法。在稳健法下，由主观原因形成的差异（如数量差异）按直接处理法处理，即全部计入当期利润表，因为主观差异是必须要落实经济责任的，作为对责任人实施奖惩的基本依据，应该在当期及时完全兑现；由客观原因形成的差异（如价格差异）按递延法处理，即在本期销售和期末存货之间按比例进行分配。

稳健法的优点是既能在一定程度上通过利润表来反映成本控制的业绩，又可以将那些非主观努力可以控制的成本差异合理地分配给有关对象，但不太符合财务会计的一致性原则。

知识总结

企业控制是企业管理控制体系的一个重要组成部分。本项目重点介绍了标准成本系统的作用，并按照成本项目的构成分别进行了直接材料、直接人工、变动制造费用和固定制造费用等方面的价格差异分析、数量差异分析，同时，讨论了对成本差异进行追踪调查的思路。标准成本系统是管理会计发展过程中十分重要的阶段，突出了管理会计在企业日常经营过程中的控制职能。

能力拓展训练

一、单项选择题

1. 按单位工时标准分配的制造费用预算称为（ ）。
   A. 生产量预算　　B. 工时分配率标准　　C. 制造费用预算　　D. 制造费用分配率标准
2. 标准成本的类型有（ ）。
   A. 正常标准成本　　　　　　　B. 理想标准成本
   C. 现行可达到标准成本　　　　D. 以上三者都是

3. 某企业实际生产 100 件甲产品共耗用直接材料 500 千克,单位产品直接材料标准耗用量应为 4.5 千克,材料标准价格为 10 元/千克,实际价格为 11 元/千克,则该产品直接材料的用量差异为（　　　）元。

    A. 550　　　　　　　B. 5 000　　　　　　C. 500　　　　　　D. 5 500

4. 按成本差异的性质不同,可将其划分为（　　　）。

    A. 主观差异与客观差异　　　　　　　B. 数量差异和价格差异

    C. 纯差异和混合差异　　　　　　　　D. 节约差异和超支差异

5. 变动制造费用的价格差异又称为（　　　）。

    A. 效率差异　　　B. 开支差异　　　C. 预算差异　　　D. 能量差异

6. 直接人工小时工资率差异属于（　　　）。

    A. 用量差异　　　B. 价格差异　　　C. 能力差异　　　D. 效率差异

7. 按单位产品的成本项目反映的目标成本称为（　　　）。

    A. 单位成本　　　B. 标准成本　　　C. 预算成本　　　D. 目标成本

二、多项选择题

1. 产品标准成本的制定主要是产品（　　　）的制定。

    A. 单位成本　　　B. 单位变动成本　　　C. 直接材料成本

    D. 直接人工成本　　E. 制造费用成本

2. 直接材料成本差异由（　　　）构成。

    A. 直接材料数量差异　　　　　　　　B. 直接材料价格标准与用量标准

    C. 直接材料价格差异　　　　　　　　D. 直接材料用量标准与价格差异

    E. 直接材料数量差异和价格差异

3. 固定制造费用差异由（　　　）构成。

    A. 固定制造费用的开支差异　　　　　B. 固定制造费用的能力差异

    C. 固定制造费用的效率差异　　　　　D. 固定制造费用的人工差异

    E. 固定制造费用的开支差异、能力差异和效率差异

4. 在变动成本法下,产品标准成本的构成内容有（　　　）。

    A. 直接材料的标准成本　　　　　　　B. 直接人工的标准成本

    C. 变动制造费用的标准成本　　　　　D. 固定制造费用的标准成本

5. 材料价格差异的责任可能由（　　　）承担。

    A. 采购部门　　　　　　　　　　　　B. 运输部门

    C. 生产和销售部门　　　　　　　　　D. 企业

6. 固定制造费用差异分析的三因素差异分析法包括（　　　）。

    A. 开支差异　　　B. 能力差异　　　C. 能量差异　　　D. 效率差异

7. 在进行变动成本差异分析时,形成直接材料数量差异的原因经常有（　　　）。

    A. 操作疏忽造成废品和废料增加　　　B. 机器或工具不适用造成用料增加

    C. 新工人上岗造成多用材料　　　　　D. 紧急订货造成采购成本增加

三、判断题

1. 工资率差异就是人工"价格差异"。 （   ）

2. 无论哪种变动成本项目的实际价格上升，都会引起整个变动成本差异的不利变化。（   ）

3. 一般而言，直接材料价格差异应由采购部门负责，直接材料用量差异应由负责控制用料的生产部门负责。 （   ）

4. 在标准成本控制系统中，计算价格差异的用量基础是实际产量下的标准耗用量。（   ）

5. 在实际工作中应用最广泛的是理想标准成本。 （   ）

6. 变动制造费用效率差异实际上反映的是产品制造过程中的工时利用问题。 （   ）

7. 固定制造费用的实际金额与预算金额之间的差异称为能量差异。 （   ）

四、简答题

1. 什么是标准成本法？简述标准成本法的作用。

2. 什么是两因素差异分析法？

3. 什么是三因素差异分析法？

4. 成本差异处理的方法有哪些？

五、分析计算题

1. 朝阳机械厂加工甲产品需机加工，其加工的标准工资率为 4 元/工时，实际工资率为 4.5 元/工时，标准工时为 1 000 工时，实际工时为 1 050 工时。

要求：（1）计算加工甲产品的直接人工工资率差异。

（2）计算加工甲产品的直接人工效率差异。

2. 大生机器厂生产甲型机器，需用 A、B 两种直接材料，标准价格分别为 8 元/千克和 10 元/千克，实际价格分别为 8.20 元/千克和 9 元/千克。A、B 两种材料的标准耗用量分别为 480 千克和 525 千克，实际用量分别为 500 千克和 520 千克。

要求：计算 A、B 两种材料的价格差异和数量差异。

3. 中盛公司本期生产甲产品 200 件，实际耗用人工 8 000 小时，实际工资总额 80 000 元，平均每小时 10 元。标准工资率为 9 元，单位产品的工时耗用标准为 28 小时。根据差异分析人工成本总差异为不利差异 29 600 元，其中不利的工资率差异为 8 000 元，不利的人工效率差异为 21 600 元。分别记入差异账户。

要求：登记直接人工成本及差异的会计分录。

项目十
责任会计

知识结构

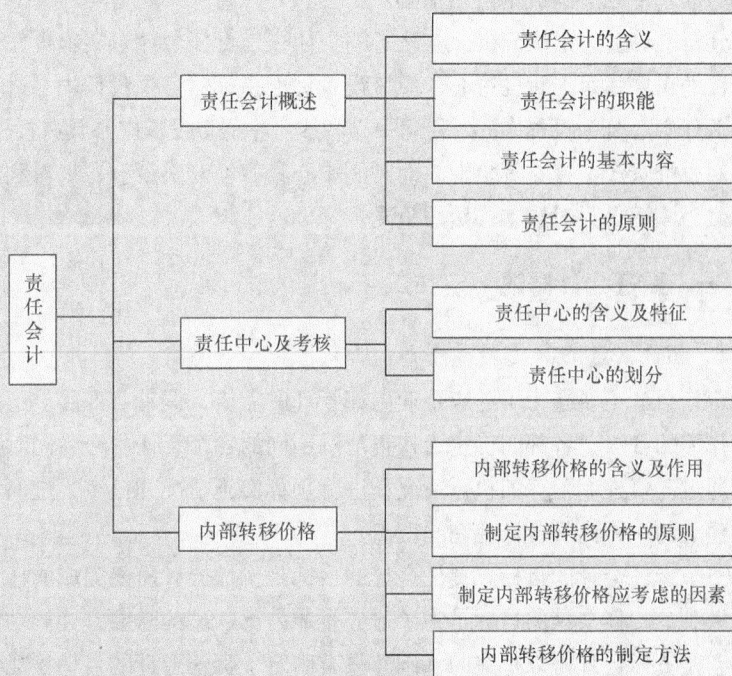

学习目标

知识目标：理解责任会计的基本概念、主体及职能；理解责任中心的分类和特点；理解内部转移价格的概念和种类。

能力目标：掌握核算责任成本的变动额、变动率方法；掌握核算部门利润的方法；掌握核算投资报酬率的方法；掌握核算现金回收率的方法；掌握核算经济增加值的方法。

案例引入

达康华药业股份有限公司是一家生产药品的股份有限公司，2015 年投入运营，面临着市场竞争的激烈化。2016 年，企业董事会研究如何建立责任中心制度，企业对公司的职能机构和人员进行了大幅度调整，明确责任分工，建立了多个责任中心，同时按照投资决策权建立了总经理负责的投资中心，负责公司全部资产、权益、收入、费用和利润，同时对投资报酬率和资产利润率负责。同时，将各个生产部门作为利润中心，激发生产部门负责人的责任感，其责任人是生产副经理，负责各车间的生产产量以及制造成本。生产责任中心进一步划分为多个生产车间，每个生产车间作为一个"人为"的利润中心，车间主任是责任人。车间里各班组作为一个成本费用中心，责任人是组长，对可控的成本费用负责。销售部门作为利润中心，营销经理是责任人，负责公司的销售收入、销售费用和销售利润。行政管理部门是成本费用中心，责任人是行政经理，负责行政费用的支出，行政经理再给下设的企管、人事、财务等部门分配责任，使之成为一个个独立的成本费用中心。

分析：对上述案例分析，应该了解到什么是责任会计，实施责任会计对企业有什么意义。责任会计的对象是每个责任中心，应该设置标准指标对各个责任中心进行全过程的监督管理。而企业将责任中心分为投资中心、利润中心和成本中心。投资中心具有投资经营权，不仅对利润负责，而且对投资资产、权益等负责。而利润中心具有经营决策权，只对利润、收入、费用负责。成本中心最为广泛，只对成本、费用负责。

一、责任会计概述

1. 责任会计的含义

责任会计主要是为了适应企业内部管理的需要，调动各部门员工的积极性，将单位内部独立发挥作用的各级、各部门确定为权责范围不同的各个责任中心，同时不断对各个责任中心编制预算，通过监督控制预算的执行情况，进行预算实施情况的核实，进而考核各个责任中心为完成业绩而建立的一种内部会计控制制度。

（1）责任会计的目标。责任会计的目标是责任会计需要完成的任务。从责任会计的含义中可以了解到，责任会计的目标是为了适应企业内部管理的需要，为调动各部门员工的积极性而制定的。它是责任会计得以存在的基础。只有确定了责任会计的目标才能使责任会计在以后的实施过程中得到保证。

（2）责任会计的主体。责任会计的主体不同于财务会计主体。财务会计主体可以是一个企业，也可以是若干企业通过控股关系建立起来的集团公司，是按照处理企业与所有者关系的要求设立的。而责任会计的主体是企业内部的各个责任中心，这是责任会计主体明确的重要内容。

（3）责任会计的对象。责任会计的对象区别于会计对象。会计对象是会计核算和监督的内容，是企业或者单位进行社会再生产过程中能够以货币进行表现的资金运动或价值运动，含义是会计核算和监督的具体内容。而责任会计主要是针对在责任中心承担经济责任，享有经济权利的活动过程中进行事前、事中和事后管理的全过程。

（4）责任会计的本质。责任会计的本质是企业内部控制制度下的会计，作为企业内部监督管理工作，要求各个责任中心明确自己的责任范围，在自己的责任范围下把握与企业其他责任中心之间的经济关系。

2．责任会计的职能

责任会计的系统任务是通过其职能实现的。责任会计的职能可以归纳为 4 个方面。

（1）预算职能。责任会计的预算职能是各个责任中心根据自己的职责范围和目标编制自己责任中心的预算，作为努力完成目标的职责，同时用以衡量各个责任中心责任的完成情况。在编制预算时需要把握以下几点：第一，预算编制的合理性，责任会计编制责任中心的预算需要与责任中心的管理权限相适应；第二，分解预算和整体预算的一致性，责任会计分解公司总目标要做到分解到各个责任中心后与公司整体目标相一致；第三，预算编制的完整性，为全面反映责任中心的成果，责任预算应以价值指标为主，也可以包括以下非价值指标。

（2）控制职能。责任会计的控制职能，即监督职能，要求在生产经营活动的各个环节中按照事先编制的预算不断进行监督控制，发现问题并及时进行调整。责任会计的控制职能一方面是企业或上一级责任中心对所属责任中心的控制；另一方面也是各个责任中心对自己生产经营活动的自我控制。责任会计的控制职能是一项重要职能，能够保证责任中心的生产经营活动按照既定目标顺利完成。

（3）核算职能。责任会计的核算职能是对责任中心在生产经营活动过程中发生的各项业务按照会计方法进行会计核算，并通过一定的方式将核算内容和结果向责任中心负责人以及企业领导层进行反馈。责任会计的核算是责任会计的基础，核算职能也是责任会计的一项重要职能。

（4）考评职能。责任会计的考评职能以预算职能为依据，以核算职能为基础，根据责任预算对责任会计核算提供的信息和资料进行考核和评价，出具考核结果。科学合理的考评标准能够充分调动各个员工的积极性。考评职能是责任会计赖以巩固和发展的主要保证。

责任中心的 4 个职能是相互联系的有机整体。预算职能指引责任中心进行经营活动的方向，明确工作目标，提供考核标准。控制职能是在责任中心进行经营活动的过程中按照方向进行不断的分析和调整。核算职能是对责任中心进行经营活动所产生的信息进行记录、计算。考评职能能够提供考核标准，充分调动各个责任中心的积极性，并保证责任会计的巩固和发展，还能为编制新的责任预算提供参考数据。责任会计通过各个职能的实现，加强了企业的内部经济管理活动。

3．责任会计的基本内容

责任会计利用会计信息对各个责任中心进行业务活动的规划和控制，对其业绩进行记录、计量与评价。责任会计的基本内容包括以下几个方面。

（1）确定责任中心，明确权责范围。实行责任会计，首先应根据企业的内部经营管理的需要，将企业各个行政部门以及各个生产单位划分为若干个责任中心，明确各个责任中心所享有的权利，以及对其负责的成本、收入、利润或投资效果应承担的经济责任；并根据职责范围对责任中心的承担者进行考核，考核指标要切实可行，应能通过考核来规范责任中心的行为。

（2）制定责任预算，确定考核标准。为了保证生产经营活动的顺利进行，企业必须编制一定期间内的生产经营活动总预算或全面预算。而为了保证总预算或全面预算的实现，企业还必须将预算中确定的指标按各个责任中心进行分解，形成责任预算，使各个责任中心据以明确自己的目标和任务，并作为日后控制和评价各自经济活动及业绩的主要依据。所以，责任会计在这个环节更多地是对目标和任务的具体分解，以及进行各个责任中心考核标准的确定。

（3）制定合理的内部转让价格。为了分清经济责任，企业内部各责任中心之间相互提供产品或劳务都应进行结算，这就需要对所转让的各种产品或劳务确定一个价格，即内部转让价格。制定内部转让价格，有助于在客观、可比、公正的基础上对责任中心的业绩进行考核与评价。

（4）建立跟踪记录系统。企业应当对各责任中心责任预算的执行情况和结果进行适当的记录，以便评价和考核责任预算的完成情况。要达到这一目的，企业必须为各责任中心建立一套责任预算执行情况的跟踪记录系统，包括记录有关经济活动的数据；在规定的时间内编制业绩报告或责任报告，并将实际数字与预算数字进行比较，借以评价和考核各责任中心的工作，分别揭示其取得的成绩和存在的不足。

（5）进行反馈控制。在预算的执行过程中，每个责任中心应建立一套责任预算执行情况，责任中心编制自己的责任报告。责任会计根据预算的执行情况编制责任总报告，将责任中心的实际数和预算数进行比较，根据比较结果找出差异，分析差异原因，及时通过信息反馈来控制和调节各责任中心的经济活动，并督促其及时采取有效措施，巩固成绩，改进不足，以保证企业总目标和任务的实现。

（6）分析评价业绩，建立奖惩制度。对各责任中心的预算执行情况进行分析，查找实际与预算产生差异的原因，确定各责任中心的真实业绩。责任会计及时做出责任中心完成任务的评价，并将评价结果反馈给各个责任中心，并根据事先制定的奖惩制度进行奖优罚劣、奖勤罚懒。

4. 责任会计的原则

不同企业中，责任会计的具体做法不尽相同，但他们都遵循责任会计共同的原则，归纳起来，具体包括以下几点。

（1）责、权、利相结合的原则。责任会计需要明确自身的责任范围。责任会计要督促各个责任中心完成相关任务，首先需要明确自己的任务目标。责任会计能够享有的权益就是赋予其责任中心的责任承担者所能承担责任的权利。各个责任中心进行考核的业绩标准要由责任会计进行制定，明确奖惩制度才能督促各个责任中心完成相应的任务和工作。

（2）目标一致性原则。责任会计是一种内部控制制度，它将企业的整体目标分解到各个责任中心，然后各个责任中心通过内部控制保证其所分解的业绩目标的完成，各个责任中心的责任目标完成了，企业的整体目标才能得以实现。

（3）控制性原则。各个责任中心都有其控制的责权范围，所以只对自己责权范围内的经济活动负责。这就要求责任会计在划分和确定责任中心的经济责任时，要根据责任中心对所承担的责任是否可控及可控的程度来决定，同时尽可能消除各个责任中心之间无法控制的因素的相互影响，以免出现职责不清、挫伤员工积极性的情况。

（4）及时反馈原则。责任会计通过会计方法对责任中心的经济活动和指标进行核算和考核，为内部管理提供资料，为资料真实性负责，而这些资料的及时提供能为企业决策者提供参考，因此责任会计要及时进行资料的提供。为保证责任中心对其经营业绩的有效控制，必须及时、准确、有效地反馈生产经营活动过程中的各种信息。这种反馈既包括向责任中心反馈，也包括向上一级责任中心反馈，以便于责任中心能够及时了解预算的执行情况，上一级责任中心能够了解管辖范围的情况，从而加强企业内部的经济管理，为提高企业的经济效益增砖添瓦。

二、责任中心及考核

1．责任中心的含义及特征

（1）责任中心的含义。责任中心就是将企业经营体分割成拥有独自产品或市场的几个绩效责任单位，然后将总和的管理责任授权给这些单位，将这些单位置于市场竞争环境之下，通过一定的指标进行行业绩衡量，并予以奖惩，以期达到企业设定的经营成果的一种管理方式。各个中心承担一定的经济责任，并拥有相应的管理权限，享受相应的利益。它是企业内部责、权、利相结合的基本责任单位，是责任会计的主体。

（2）责任中心的特征。

① 责任中心是一个责、权、利相结合的实体。作为责任会计的主体，每个责任中心都承担着一定的经济责任，同时被赋予一定的权利，并制定相应的业绩考核标准和利益分配标准。

② 责任中心具有承担经济责任的条件。承担经济责任的条件，有两方面的含义：一是责任中心具有履行经济责任中各条款的行为能力；二是责任中心一旦不能履行经济责任，就要对其后果承担责任，每个责任中心所承担的具体经济责任必须能落实到具体管理者的身上。

③ 责任中心所承担的责任和行使的权利都应是可控的。每个责任中心虽然对其控制的成本、收入、利润和投资负责，但是只对可以控制的指标承担责任，对于不可控制的指标不予以控制。但是，可控是相对不可控来说的，不同的层次，可以控制的范围是不同的。一般来说，责任层次越高，其可控范围就越大。

④ 责任中心便于进行责任划分和业绩考核。责任中心具有自己独立的业务活动，所以能以自己的业务活动确定相应的经济责任，在划分经济责任的前提下进行责任考核。只有既划清了责任又能进行单独考核的企业内部单位，才能作为一个责任中心。

2．责任中心的划分

责任中心按照控制范围来划分，一般分为成本中心、利润中心和投资中心。这种划分方法可以使各责任中心的责任划分范围和责任程度一目了然，能够突出重点控制目标。成本中心、利润中心和投资中心的关系是基本成本中心就其可控成本向复合成本中心或利润中心负责；复合成本中心就其责任成本向利润中心或投资中心负责；利润中心就其利润向投资中心负责；同时，投资中心就其投资和利润向董事负责。不同层次的责任中心构成了责任会计的组织体系。

（1）成本中心。

① 成本中心的含义。成本中心是只对既定质量和数量下的成本或费用承担责任，不对收入、利润和投资负责，处于企业的基础责任层次。成本中心一般包括负责产品生产的生产部门、劳务提供部门以及给予一定费用指标的管理部门。

在 3 个责任中心中，成本中心应用范围最广，只要有成本费用发生的地方都可以设立成本中心，从而在企业中形成逐级控制、层层负责的成本中心体系。例如，分公司、分厂部、车间等都是成本中心，在一个成本中心中还可以再次分解，如一个区域、一条产品线甚至一个小项目都可成为成本中心。

成本中心具有只考虑成本费用、只对可控成本承担责任、只对责任成本进行考核和控制的特点。其中，可控成本是责任中心能够控制的成本，而可控制的成本是被工作环境所影响的成本，一般必须同时具备以下条件。

第一，成本中心能够预知它的发生。

第二，成本中心能够计量它所发生的耗费。

第三，成本中心能够控制和调节它的数量。

不满足以上条件的，即为不可控成本。

相对而言，可控成本只针对其特定的责任中心，即某一项目成本对于其一责任中心是可控成本，对于另一责任中心却是不可控成本。从特定的权限而言，有些成本对下级单位是可控的，对上级单位则是不可控的。总之，相关责任中心要对其成本结合具体情况进行分析。

② 成本中心的考核指标。成本中心考核的内容是责任成本，其考核指标主要是成本差异，即实际成本和预算责任成本之间的差异。这种差异主要从成本中心编制的业绩报告中体现出来，具备包括成本变动额和变动率两个指标。

$$责任成本变动额=实际责任成本-预算责任成本$$
$$责任成本变动率=（责任成本变动额÷预算责任成本）×100\%$$

学中做 恒力科技有限公司是生产磁铁的公司，2017年3月预算产量为3000件，单位标准材料成本为100元/件，即10元/千克×10千克/件；实际产量为3500件，实际单位材料成本为96元/件，即12元/千克×8千克/件。假定其他成本忽略不计。

要求： 计算该成本中心消耗的直接材料责任成本的变动额和变动率。

例10-1

2017年，某公司毛坯车间是一个成本中心，只生产毛坯。其预算产量为40 000件，单位标准材料成本为40元；实际产量为50 000件，实际单位材料成本为35元。假定其他成本暂时忽略不计。

要求： 计算该成本中心消耗的直接材料责任成本的变动额和变动率，分析并评价该成本中心的成本控制情况。

解： 假定 单位标准材料成本=4元/千克×10元/千克=40（元/件）

实际单位材料成本=5元/千克×7元/千克=35（元/件）

责任成本变动额=35×50 000-40×50 000=-250 000（元）

责任成本变动率=-250 000÷（40×50 000）×100%=-12.5%

计算结果表明，该成本中心的成本降低额为250 000元，降低率为12.5%。

由于 材料价格上升对成本的影响=（5-4）×7×50 000=350 000（元）

材料用量降低对成本的影响=4×（7×50 000-10×50 000）=-600 000（元）

所以，该成本中心的直接材料成本节约了250 000元。

③ 成本中心的考核。成本中心只对成本负责，只考核其责任成本。通常情况下，责任成本的考核以某成本中心的业绩报告为依据，主要包括预算数、实际数和差异数3个内容。其中，不利差异或有利差异是评价责任中心好坏的重要标志。成本中心的业绩报告中其预算数根据责任预算填列，实际数从产品成本的计算资料中取得，或从成本设立的账户记录、信息归集的可控成本中取得。某成本中心业绩报告如表10-1所示。

表10-1　　　　　　　　　　　某成本中心业绩报告　　　　　　　　　　　单位：元

项目	预算数	实际数	差异数	
可控成本				
直接材料	40 000	38 000	-2 000	
直接人工	8 000	7 500	-500	
管理人员工资	3 000	2 500	-500	
间接人工	9 00	950	50	
其他	800	400	-400	
合计	52 700	49 350	-3 350	
不可控成本				
设备折旧		4 000		
其他		700		
合计		4 700		

（2）利润中心。

① 利润中心的含义。利润中心是指拥有生产经营决策权，不仅能对费用成本负责，并且能对收入和利润负责的责任中心，它具有独立或相对独立的收入和生产经营决策权。即利润中心的活动不仅能够影响成本的高低、费用的大小，而且会影响收入的多少和利润的大小。这类责任中心往往处于企业较高层次，有权利决定生产经营，通过权利影响本单位的盈利，为企业增加效益，如分厂、分公司以及有独立经营权的各部门等。按其收入来源的性质，利润中心可分为自然利润中心和人为利润中心。

自然利润中心是指在外界市场上销售产品或提供劳务取得实际收入、给企业带来利润的利润中心。它一般是企业内部的独立单位，具有材料采购权、生产决策权、价格制定权、产品销售权，有很大的独立性，如分公司、分厂等。它可以直接与外部市场发生业务上的联系，销售其最终产品和半产品，提供劳务，既有收入，又有成本，可以计算利润，将其完成的利润和责任预算中的预计利润对比，评价和考核其工作业绩。

人为利润中心是指在企业内部按照内部结算价格将产品或劳务提供给本企业其他责任中心取得收入，实现内部利润的责任中心。这类利润中心的产品主要在本企业内部转移，一般不与外部市场发生业务联系，只有少量对外销售，或者全部对外销售均由企业专设的销售机构完成，如各生产车间。由于人为的利润中心能够为成本中心相互提供产品或劳务规定一个适当的内部转移价格，使得这些成本中心可以"取得"收入进而评价其收益，因此，大多数成本中心能转化为人为的利润中心。

② 利润中心的考核指标。利润中心的考核主要是通过将一定期间实际发生的责任利润与责任

利润预算所确定的利润进行比较，比较的结果编入利润中心的业绩报告，并对所产生的差异和原因进行分析，考核指标如下。

利润中心边际贡献总额=利润中心销售收入总额-利润中心变动成本总额

利润中心负责人可控利润总额=利润中心边际贡献总额-利润中心负责人可控固定成本

利润中心可控利润总额=利润中心负责人可控利润总额-利润中心负责人不可控固定成本

例 10-2

2016 年，大欣公司的 C 车间是一个人为的利润中心。本期实现内部销售收入 300 000 元，变动成本为 160 000 元，该中心负责人可控固定成本为 60 000 元，该中心负责人不可控但应由该中心负担的固定成本为 20 000 元。

要求：计算该利润中心的实际考核指标。

解：利润中心边际贡献总额=300 000-160 000=140 000（元）

利润中心负责可控利润总额=140 000-60 000=80 000（元）

利润中心可控利润总额=80 000-20 000=60 000（元）

为对其完成情况进行评价，需要将各指标与责任预算进行对比和分析，并找出产生差异的原因。

③ 利润中心的考核。利润中心不仅要对成本负责，还要对收入和利润负责，因而利润中心的考核对象主要是责任利润，即可控收入减去可控成本后的可控净收入。其考核依据主要来自利润中心的业绩报告。利润中心的业绩报告，通常按利润中心的收入、成本和利润的预算数、实际数和差异数分别罗列，以方便企业管理人员对其形成的差异进行具体分析，有利于管理者对经营管理活动做出正确、客观的评价。

某利润中心的业绩报告如表 10-2 所示。

表 10-2 某利润中心的业绩报告 单位：元

项目	预算数	实际数	差异数
销售收入	18 000	16 000	-2 000
减：变动成本			
变动生产成本	9 200	7 000	-2 200
变动销售及管理成本	1 800	1 000	-800
小计	11 000	8 000	-3 000
边际贡献总额	7 000	8 000	1 000
减：可控的专属固定成本	700	650	-50
可控边际贡献	6 300	7 350	1 050
减：不可控的固定成本	800	1 500	700
部门边际贡献	5 500	5 850	350
减：上级分配来的公司管理费用	1 400	1 100	-300
税前净利润	4 100	4 750	650

（3）投资中心。

① 投资中心的含义。投资中心既要对成本、利润负责，又具有投资决策权，处于更高层次的地位，如大型集团所属的子公司、分公司、事业部等。投资中心是利润中心的一般形式，其获利能力与其所使用的创造利润的资产相联系。

投资中心是最高层次的责任中心，它拥有最大的决策权，也承担最大的责任。投资中心必然是利润中心，但利润中心并不都是投资中心。利润中心没有投资决策权，而且在考核利润时也不考虑所占用的资产。

② 投资中心的考核指标。投资中心主要考核能集中反映利润与投资额之间关系的指标，包括投资报酬率和剩余收益。

- 投资报酬率：是投资中心所获得的营业利润与营业资产（投资额）的比率。其计算公式如下。

$$投资报酬率 = 营业利润 \div 营业资产 \times 100\%$$
$$= 资产周转率 \times 销售利润率$$

> 学中做　　上海达信策划公司成型车间的资产额为 15 000 元，车间贡献毛利为 3 000 元，则成型车间的投资报酬率为多少？提示：投资报酬率在这里可以等于部门贡献毛利除以该部门所拥有的资产额。

由于利润是个期间的概念，因此，计算作为分母的营业资产时应按期初及期末资产的平均余额为准，以保证与营业利润这一时期指标统计上的可比性。由于营业资产可按营业总资产计算，也可按营业净资产计算，因此投资报酬率有两种相互补充的计量方法：总资产报酬率和股东权益报酬率。当投资报酬率按应用总资产计算时，此时的营业利润是指未扣除利息及税金之前的利润。当投资报酬率按营业净资产计算时，此时的营业利润应指税后净利。

投资报酬率的优点主要是在评价部门业绩时，能同时兼顾利润与投资，计量企业资产使用的效率水平，可以反映投资中心的综合盈利能力；同时，由于与会计系统紧密相连，数据可从资产负债表等财务报表中直接取得。

其缺点是易造成职能失调行为，从而影响企业的整体利益。

- 剩余收益。剩余收益是指投资中心的营业利润扣减其营业资产按规定的最低预期报酬率（即资本成本）计算的基本利润后的余额。其计算公式如下。

$$剩余收益 = 营业利润 - 基本利润$$
$$= 营业利润 - 营业资产 \times 最低预期报酬率$$

剩余收益的优点是可以消除利益投资报酬率进行业绩评价所带来的错误信号，并促使管理当局重视对投资中心业绩用金额的绝对数进行评价；可以引导企业经营者采纳高于企业资金成本但有利于企业整体利益的决策，促使部门目标和企业整体目标趋于一致，克服了投资报酬率指标的不足。

但是，使用剩余收益指标也存在缺点，具体表现在剩余收益指标是绝对数指标，不便于不同规模的企业之间的比较，规模大的部门容易获得较大的剩余收益；另外，剩余收益计算公式中含有净利润，因此它同样具有会计收益指标的固有缺陷。

例 10-3

达源公司有一个投资中心，2017 年其有关营业资料如表 10-3 所示。

表 10-3　　　　　　　　　　　　营业资料表　　　　　　　　　　　　单位：元

销售收入总额	100 000
营业资产	80 000
营业利润	10 000
预期投资报酬率	10%

要求：计算该投资中心的投资报酬率和剩余收益。

解：投资报酬率=10 000÷80 000×100%=12.5%

剩余收益=10 000-80 000×10%=2 000（元）

需要注意的是，以剩余收益作为评价指标，所采用的投资报酬率的高低对剩余收益的影响很大，通常以整个企业的平均投资报酬率作为最低报酬率。

③ 投资中心的考核。投资中心的考核同样是以其业绩报告为依据。投资中心的业绩报告主要包含销售收入、销售成本、营业利润、投资额、投资报酬率及剩余收益等指标的预算数、实际数和差异数，以方便企业管理者进行全面的考核与评价。某投资中心的业绩报告如表 10-4 所示。

表 10-4　　　　　　　　　　　某投资中心的业绩报告　　　　　　　　　　　单位：元

项目	预算数	实际数	差异数
销售收入	200 000	250 000	50 000
销售成本	150 000	180 000	30 000
营业利润（1-2）	50 000	70 000	20 000
营业资产平均占用额	70 000	60 000	-10 000
销售利润率（3÷1）	25%	28%	3%
投资周转率（1÷4）	2.86 次	4.17 次	1.31 次
投资利润率（5×6）	71.40%	116.67%	45.27%
机会成本（4）×12%	8 400	7 200	-1 200
剩余收益（3-8）	41 600	62 800	21 200

（4）成本中心、利润中心与投资中心的关系。成本中心、利润中心与投资中心分属于不同的类型，但三者之间存在内在的关联。三者层次不同：投资中心是最高层次的责任中心，利润中心是低一层次的责任中心，成本中心是再低一层次的责任中心。每个中心都必须就其承担的责任向上一级责任中心负责。所以，成本中心、利润中心与投资中心之间形成了一个网络，促使每个责任中心保证经营目标一致而协调地进行。

三、内部转移价格

1. 内部转移价格的含义及作用

内部转移价格是各个责任中心之间进行产品和劳务转移的时候，按照企业规定的价格或市场价格进行结算，这样各个责任中心都能计算出自己的收入和支出，并只对自己的收入和支出负责，这样的计价标准即内部转移价格。内部转移价格关系到各个责任中心的利益，因此，对于企业内部各责任中心负责人来说，内部转移价格的制定十分重要。

（1）内部转移价格的含义。内部转移价格是指有利益关系的各责任中心之间调拨产品或商品以及提供劳务的结算价格，一般由进货价格、流通费用和利润构成。其特点是只反映企业集团或公司内部各利润之间的经济联系，一般不直接与消费者发生联系。

（2）内部转移价格的作用。内部转移价格采取了"价格"的形式，使各责任中心处于交易供需双方，调动各个责任中心积极趋于市场竞争，不断提高收入、降低成本，提高企业的整体效益。由此可见，正确制定企业的内部转移价格，对责任会计的有力实施起着十分重要的作用。

① 合理界定各责任中心的经济责任。内部转移价格是一种中间产品的价值量的体现，这个价值对于产品或劳务输出方来说是一种经济责任完成情况的衡量，对于产品或劳务接受方，意味着经济责任的开始。

② 有效测定各责任中心的资金流量。各责任中心在生产经营过程中需要占用一定数量的资金。企业可以根据内部转移挨个确定一定时期内各责任中心的资金流入量和资金流出量，并可在此基础上根据企业资金周转的需求，合理制定各责任中心的资金占用量。

③ 科学考核各责任中心的经营业绩。提供产品或劳务的责任中心可以根据提供产品或劳务的数量及内部转移价格计算本身的"收入"，并可根据各生产耗费的数量及内部转移价格计算本身的"支出"。

2. 制定内部转移价格的原则

内部转移价格对责任中心降低成本、提高企业整体效益有着重大作用，制定内部转移价格成为责任会计有力实施的重要保证。制定内部转移价格，要遵循以下原则。

（1）全局性。内部转移价格是各个责任中心确定的产品和劳务转移时的价值。企业是由很多责任中心构成的，转移价格的制定明确了各责任中心的业绩，从而确定了企业整体的业绩，所以内部转移价格的制定不仅要考虑局部利益，而且要考虑整体利益，力求整体利益最大化。

（2）公平性。各个责任中心所处的环境不同，业绩要求也就不同。制定内部转移价格时要辩证地考虑各个责任中心的不同情况，从而公平合理地制定内部转移价格，防止一些责任中心过于承担损失，而一些责任中心获得额外利益，影响企业各责任中心的积极性。

（3）自主性。虽然各责任中心内部转移价格要全局考虑，但不同的责任中心在保障企业整体利益的前提下，有权根据自己的具体情况制定内部转移价格，制定的内部转移价格必须为各方所接受。

（4）重要性。制定内部转移价格时需要考虑很多因素，但我们不能考虑全面，只需要对重要的影响因素进行考虑，不重要的因素可以不考虑或者合并考虑。

3．制定内部转移价格应考虑的因素

内部转移价格不仅会影响整体企业的战略，还会影响企业各方的业绩和利益，因此，制定内部转移价格必须综合考虑整体战略和各方的利益，具体包括以下两个方面。

（1）战略管理价格。处于竞争中的企业，整体战略的确定关系到企业整体的发展，而内部转移价格参与到内部管理行为中，因此内部转移价格要考虑战略管理价格的因素，受企业战略管理的影响。

（2）管理过程价格。制定内部转移价格还必须考虑到价格制定的后果，因此在制定内部转移价格时必须以其科学的过程为依托，做到过程科学，这样制定的内部转移价格才能相对得到管理者及各部门的认可。

4．内部转移价格的制定方法

（1）市场价格。如果中间产品在市场上有稳定、公平的价格，则应该以市场价格作为内部转移价格。在企业内部运用市场竞争机制，能够更客观地反应各个责任中心的业绩。

对于供应部门：按市场价格转移半成品是其形成部门利润的必要条件。

对于需求部门：易于计量其对企业整体利润所做的贡献；同时，也有助于做半成品和劳务内部转移或外购的决策。

同向外界购入相比较，当内部转移价格高于现行的市价时，需求的责任中心可以舍内而求外，不必为此而支付更多的代价；供应的责任中心也是如此，应使它向内部单位出售不能取得比向外界出售更多的收入。这是正确评价各个利润中心经营成果的一个重要条件。换言之，也就是在企业内部引入市场机制，使其中的每个利润中心实质上都成为独立机构，各自经营，促使其更好地发挥生产经营主动性，最终再通过利润指标来评价与考核它们的经营成果。

（2）以"成本"作为内部转移价格。从企业整体的决策角度来说，制定内部转移价格，应该由供应方来确定。如果供应方有闲置的生产能力，应该按照变动成本全部转移；如果生产能力被充分利用，则应该按照市场价格确定转移价格。但是，以变动成本作为转移价格会导致购买部门过度被动，也显失公允，并且由于责任中心只计算变动成本，而对负责人进行业绩评价时用投资利润率和剩余收益两个指标，则此方法只限用于成本中心。再者，如果简单地将一个责任中心的变动成本转移给另一个责任中心，则将不利于激励成本中心经理控制成本。

为此，可以采用以下3种转移价格：以完全成本为基础的转移价格、以成本加成为基础的转移价格、以实际成本或标准成本为基础的转移价格。

① 以完全成本为基础的转移价格。这种方法可以使管理者有信息可查询，成本一步一步地转移，每个步骤都有成本计算资料；在一定程度上激发了"卖方"进行内部转移的积极性。与变动成本相比，使用完全成本能够合理地计量开发、设计工作等间接费用，但在某种程度上，这种方法不能使企业利润最大化。

② 成本加成制定转移价格。这种方法主要是成本加上一定比例的利润制定内部转移价格，这里的成本可以是变动成本，也可以是完全成本。该方法计算简便，资料容易取得；但由于是按成本进行转移，不利于企业降低成本。如果企业中间产品稳定，且无法及时取得中间产品的市场价格，则一般普遍采用成本加成价格替代市场价格。

③ 以实际成本或标准成本制定转移价格。以实际成本完全转移给买方部门，不利于卖方部门实现成本降低，卖方部门的任何差异或低效率都会传递给买方部门。分离这些差异对买方部门来说是个复杂的问题。因此，在以成本为基础的转移定价方法中，通常采用标准成本作为转移价格的定价基础。

（3）双重内部转移价格。所谓双重内部转移价格是指对产品（半产品）或劳务的供应和耗用单位分别采用不同的内部转移价格作为计价基础。

当转移价格的定价在交易过程中没有给卖方部门带来利润时，转移价格的定价将起不到鼓励卖方部门从事内部交易的作用。因此，为了较好地满足买卖双方在不同方面的需要，激励双方在生产经营方面充分发挥其主动性和积极性，可以采用双重内部转移价格来取代单一内部转移价格。转移价格主要运用于业绩评价和考核，因而双方采用的价格无须一致。当然，在计算企业的总成果时，应扣除由双重内部转移价格之差所形成的"内部利润"。

采取双重价格定价法能够使卖方部门获利而买方部门仅负担成本，或者卖方部门以成本加一点的利润作为内部转移价格，而买方部门只支付该产品的成本部分，差额可以记录在一个专门的集中核算的账户中。这种方法为买方部门留下了成本数据，且通过转移价格向卖方部门提供了利润，这将会鼓励内部交易活动。

（4）协商转移价格。如果中间产品存在非完全竞争的外部市场，则可以与相应的部门在市场价格的基础上进行协商确定，这种价格就是协商转移价格。协商转移价格可以使部门经理如同独立公司的经理那样从事管理，从而保留了部门经理的自主权。但是，这种方法在协商过程中可能会浪费经理人员的大量精力，而衡量业绩的最终价格也许取决于经理的协商能力，而不是从对公司最有利的角度考虑，从而达不到目标的一致性。再者，采用协商转移价格可能出现公司的最高管理当局直接干预转移价格的制定的情况，这将使部门经理丧失自主权，削弱分权管理的优势。不过，当转移价格的定价问题不经常发生时，直接干预的好处也许会超过其成本。

知识链接

利润计划轮盘

利润计划轮盘是由哈佛商学院工商管理学教授罗伯特·西蒙斯于 1998 年在《利润计划要诀》一文中提出的一种基于企业战略的业绩评价模式，它是一种主要应用于战略业绩目标的制定和战略实施过程的控制的战略管理工具。

利润计划轮盘由利润轮盘、现金轮盘和净资产收益率轮盘 3 个部分组成。这 3 个轮盘就像齿轮一样相互咬合成一个整体的 3 个循环，其中任何一个轮盘的数量发生了调整和变化，就会导致所有变量的改变。管理者在制定利润计划之前，必须对 3 个轮盘进行分析。

利润计划轮盘作为企业责任会计分析企业整体战略目标的逻辑起点，试图在高层管理者与各责任中心之间建立战略沟通，并估计出是否有足够的资源来支撑所选择的战略，是否能满足股东对投资回报率的期望。利用利润计划轮盘可以对战略实施过程中的销售额、利润、现金流量、新增投资、权益回报、利润率和资产损失进行精确的估计，从财务管理的角度来对企业战略进行描述，强调利润计划在整体战略管理中的重要性，并且明确地制定出企业的战略目标，以具体的财务指标值——净资产收益率作为战略的最高业绩目标。

知识总结

本项目主要阐述责任会计的内容。责任中心是指承担一定经济责任，并享有一定权利的企业内部（责任）单位。责任中心就是将企业经营体分割成拥有独立产品或市场的几个绩效责任单位，然后将综合的管理责任授权给这些单位，将这些单位置于市场竞争环境之下，通过客观性的利润计算，实施必要的业绩衡量与奖惩，以期达成企业设定的经营成果的一种管理制度。

责任中心按照职责权限的范围分为成本中心、利润中心和投资中心。成本中心是指只对成本或费用负责的责任中心。它的范围最广，只要有成本费用发生的地方，都可以建立成本中心，从而在企业中形成逐级控制、层层负责的成本中心体系。利润中心是指既对成本负责又对收入和利润负责的责任中心。它有独立或相对独立的收入和生产经营决策权。投资中心是指既对成本、收入和利润负责，又对投资效果负责的责任中心。它是最高层次的责任中心，拥有最大的决策权，也承担最大的责任。投资中心必然是利润中心，但利润中心并不都是投资中心。利润中心没有投资决策权，而且在考核利润时也不考虑所占用的资产。各个责任中心都有其考核指标。成本中心的考核指标包括成本（费用）变动额和成本（费用）变动率两项。利润中心的考核指标包括利润中心边际贡献总额、利润中心负责人可控利润总额和利润中心可控利润总额。投资中心的考核指标包括投资报酬率和剩余收益。运用这些考核指标评价各个责任中心的业绩，可以增强各个责任中心的责任感和成就感。

各个责任中心之间进行产品和劳务转移时，按照企业规定的价格或市场价格进行结算，这样各个责任中心都能计算出自己的收入和支出，并只对自己的收入和支出负责，这样的计价标准即称为内部转移价格。内部转移价格的作用：①合理界定各责任中心的经济责任；②有效测定各责任中心的资金流量；③科学考核各责任中心的经营业绩。制定内部转移价格的原则：全局性、公平性、自主性和重要性。制定内部转移价格的方法：①市场价格；②以"成本"作为内部转移价格；③双重内部转移价格；④协商转移价格。

能力拓展训练

一、单项选择题

1. 责任会计核算的主体是（　　）。
   A. 资金运动　　　　B. 产品成本　　　　C. 管理部门　　　　D. 责任中心

2. 责任会计的本质是（　　）。
   A. 企业内部会计　　B. 企业外部会计　　C. 工业企业会计　　D. 商业企业会计

3. 责任会计的对象是（　　）。
   A. 现金运动　　　　　　　　　　　　　B. 价值运动
   C. 责任中心事前、事中、事后监督　　　D. 资金运动

4. 责任会计内容的基础是（　　）。
   A. 责任会计主体　　B. 责任会计对象　　C. 责任会计目标　　D. 责任会计本质

5. 责任会计得以存在和发展的主要保证是（　　　）。

    A. 预算职能　　　　B. 核算职能　　　　C. 控制职能　　　　D. 考评职能

6. （　　　）处于企业的基础责任层次。

    A. 成本中心　　　　B. 责任中心　　　　C. 利润中心　　　　D. 投资中心

7. （　　　）是不仅能对费用成本负责，而且能对收入和利润负责的责任中心。

    A. 成本中心　　　　B. 责任中心　　　　C. 利润中心　　　　D. 投资中心

8. （　　　）是既要对成本、利润负责，又要对投资效果负责的责任中心。

    A. 成本中心　　　　B. 责任中心　　　　C. 利润中心　　　　D. 投资中心

9. 利润中心的考核指标有（　　　）。

    A. 利润中心的边际贡献总额　　　　　　B. 投资报酬率

    C. 剩余收益　　　　　　　　　　　　　D. 资本成本率

10. 投资中心的考核指标有（　　　）。

    A. 权益乘数　　　B. 资产负债率　　　C. 剩余收益　　　D. 资本成本率

11. 在责任会计中，企业办理内部交易结算所采用的价格是（　　　）。

    A. 变动成本　　　B. 单位责任成本　　C. 内部转移价格　　D. 重置价格

12. 协商价格的下限是（　　　）。

    A. 生产成本　　　B. 市场价格　　　　C. 单位固定成本　　D. 单位变动成本

13. 采用内部转移价格的各责任中心从属于一个（　　　），总利益是一致的。

    A. 中心　　　　　B. 企业　　　　　　C. 会计　　　　　　D. 责任

14. 在市场经济条件下，商品交换是按（　　　）原则进行的。

    A. 公平　　　　　B. 等价　　　　　　C. 全局　　　　　　D. 自主

15. 以（　　　）定价相当于在企业内部引入市场机制，能够较为客观地评价各个利润中心的经营成果。

    A. 成本　　　　　B. 协商　　　　　　C. 市场价格　　　　D. 双重

二、多项选择题

1. 责任会计的内容包括（　　　）。

    A. 责任会计的主体　　　　　　　　　　B. 责任会计的目标

    C. 责任会计的对象　　　　　　　　　　D. 责任会计的本质

2. 责任会计的职能包括（　　　）。

    A. 预算职能　　　B. 核算职能　　　　C. 控制职能　　　　D. 考评职能

3. 责任会计的原则有（　　　）。

    A. 目标一致性原则　　　　　　　　　　B. 可控性原则

    C. 及时反馈原则　　　　　　　　　　　D. 责、权、利相结合原则

4. 责任会计的目标包括（　　　）。

    A. 企业内部管理的需要　　　　　　　　B. 调动各部门的积极性

    C. 调动员工的积极性　　　　　　　　　D. 完善会计基础工作

5. 责任会计的程序有（　　）。

    A. 确定责任中心　　B. 编制责任预算　　C. 分析评价业绩　　D. 编制责任报告

6. 责任中心一般分为（　　）。

    A 成本中心　　　　B. 生产中心　　　　C. 利润中心　　　　D. 投资中心

7. 考核投资中心，投资效果的主要指标有（　　）。

    A. 资本成本率　　B. 投资报酬率　　C 剩余收益　　　D. 贴现率

8. 下列项目中，影响利润中心考核指标的有（　　）。

    A. 销售价格　　　B. 销售数量　　　C. 各项成本　　　D. 品种结构

9. 不宜作为考核利润中心负责人业绩的指标是（　　）。

    A. 利润中心边际贡献　　　　　　　　B. 公司利润总额

    C. 利润中心可控利润　　　　　　　　D. 利润中心负责人可控利润

10. 划分责任中心的标准包括（　　）。

    A. 划清管理范围　　　　　　　　　　B. 明确经济责任

    C. 必须自负盈亏　　　　　　　　　　D. 单独进行业绩考核

11. 内部转移价格一般由（　　）构成。

    A. 进货价格　　　B. 流通费用　　　C. 市场价格　　　D. 利润

12. 内部转移价格的作用有（　　）。

    A. 界定经济责任　　B. 测定资金量　　C. 考核业绩　　　D. 明确任务

13. 制定内部转移价格应遵循的原则有（　　）。

    A. 全局性　　　　B. 公平性　　　　C. 自主性　　　　D. 重要性

14. 制定内部转移价格的方法有（　　）。

    A. 市场价格　　　B. 成本　　　　　C. 双重价格　　　D. 协商价格

15. 制定内部转移价格只是为了（　　）。

    A. 分清责任　　　B. 考核业绩　　　C. 协调一致　　　D. 明确任务

三、判断题

1. 责任会计是内部控制制度会计。（　　）

2. 责任会计的主体既可以是一个企业，也可以是一个由若干企业通过控股关系组织起来的集团公司，是按照正确处理企业与所有者关系的要求设立的。（　　）

3. 建立责任会计应遵循目标一致性原则、可控性原则、激励性原则、及时准确性原则和反馈性原则。（　　）

4. 责任会计的任务是通过责任会计的职能来实现的。（　　）

5. 责任会计的预算职能、控制职能、核算职能和考评职能之间是相互联系的有机整体。（　　）

6. 责任中心是承担一定经济责任，并拥有相应的管理权限和享受相应利益的企业外部责任单位的统称。（　　）

7. 每个责任中心只能对其责任范围内控制的成本、收入、利润和投资等相应指标负责，在责任预算和业绩考核中也只应包括它能控制的项目。（　　）

8. 责任中心按照控制范围来划分，一般分为成本中心、利润中心和投资中心。（　　）

9. 投资中心是不需要对成本、利润负责，又不需要对投资效果负责的责任中心。（　　）

10. 利润中心是不仅能对成本和费用负责，而且能对收入和利润负责的责任中心。（　　）

11. 内部转移价格关系到各责任中心的利益，因此，对于企业责任会计来说，内部转移价格的制定十分重要。（　　）

12. 内部转移价格是指有利益关系的各责任中心之间调拨产品或商品以及提供劳务的结算价格。（　　）

13. 内部转移价格作为一种计量手段，不能确定转移产品或劳务的价值量。（　　）

14. 双重内部转移价格是指对产品（半产品）或劳务的供应和耗用单位分别采用相同的内部转移价格作为计价基础。（　　）

15. 协商转移价格可以使部门经理如同独立公司的经理那样从事管理，从而保留了部门经理的自主权。（　　）

四、分析计算题

1. 2017 年，某公司线切割车间是一个成本中心，只生产毛坯。其预算产量为 50 000 件，单位标准材料成本为 50 元；实际产量为 60 000 件，实际单位材料成本为 48 元。假定其他成本暂时忽略不计。

要求：计算该成本中心消耗的直接材料责任成本的变动额和变动率，分析并评价该成本中心的成本控制情况。

2. 2017 年，功臣公司的第二车间是一个人为的利润中心。本期实现内部销售收入 250 000 元，变动成本为 150 000 元，该中心负责人可控固定成本为 20 000 元，不可控但应由该中心负担的固定成本为 30 000 元。

要求：计算该利润中心的实际考核指标。

3. 盛世集团公司有一个投资中心，2017 年有关营业资料如下表所示。

营业资料　　　　　　　　　　　　　　　　　　　　　　　　单位：元

销售收入总额	50 0000
营业资产	32 0000
营业利润	80 000
预期投资报酬率	20%

要求：计算该投资中心的投资报酬率和剩余收益。

期数	1%	2%	3%	4%	5%	6%	7%	8%	9%	10%
1	1.010 0	1.020 0	1.030 0	1.040 0	1.050 0	1.060 0	1.070 0	1.080 0	1.090 0	1.100 0
2	1.020 1	1.040 4	1.060 9	1.081 6	1.102 5	1.123 6	1.144 9	1.166 4	1.188 1	1.210 0
3	1.030 3	1.061 2	1.092 7	1.124 9	1.157 6	1.191 0	1.225 0	1.259 7	1.295 0	1.331 0
4	1.040 6	1.082 4	1.125 5	1.169 9	1.215 5	1.262 5	1.310 8	1.360 5	1.411 6	1.464 1
5	1.051 0	1.104 1	1.159 3	1.216 7	1.276 3	1.338 2	1.402 6	1.469 3	1.538 6	1.610 5
6	1.061 5	1.126 2	1.194 1	1.265 3	1.340 1	1.418 5	1.500 7	1.586 9	1.677 1	1.771 6
7	1.072 1	1.148 7	1.229 9	1.315 9	1.407 1	1.503 6	1.605 8	1.713 8	1.828 0	1.948 7
8	1.082 9	1.171 7	1.266 8	1.368 6	1.477 5	1.593 8	1.718 2	1.850 9	1.992 6	2.143 6
9	1.093 7	1.195 1	1.304 8	1.423 3	1.551 3	1.689 5	1.838 5	1.999 0	2.171 9	2.357 9
10	1.104 6	1.219 0	1.343 9	1.480 2	1.628 9	1.790 8	1.967 2	2.158 9	2.367 4	2.593 7
11	1.115 7	1.243 4	1.384 2	1.539 5	1.710 3	1.898 3	2.104 9	2.331 6	2.580 4	2.853 1
12	1.126 8	1.268 2	1.425 8	1.601 0	1.795 9	2.012 2	2.252 2	2.518 2	2.812 7	3.138 4
13	1.138 1	1.293 6	1.468 5	1.665 1	1.885 6	2.132 9	2.409 8	2.719 6	3.065 8	3.452 3
14	1.149 5	1.319 5	1.512 6	1.731 7	1.979 9	2.260 9	2.578 5	2.937 2	3.341 7	3.797 5
15	1.161 0	1.345 9	1.558 0	1.800 9	2.078 9	2.396 6	2.759 0	3.172 2	3.642 5	4.177 2
16	1.172 6	1.372 8	1.604 7	1.873 0	2.182 9	2.540 4	2.952 2	3.425 9	3.970 3	4.595 0
17	1.184 3	1.400 2	1.652 8	1.947 9	2.292 0	2.692 8	3.158 8	3.700 0	4.327 6	5.054 5
18	1.196 1	1.428 2	1.702 4	2.025 8	2.406 6	2.854 3	3.379 9	3.996 0	4.717 1	5.559 9
19	1.208 1	1.456 8	1.753 5	2.106 8	2.527 0	3.025 6	3.616 5	4.315 7	5.141 7	6.115 9
20	1.220 2	1.485 9	1.806 1	2.191 1	2.653 3	3.207 1	3.869 7	4.661 0	5.604 4	6.727 5
21	1.232 4	1.515 7	1.860 3	2.278 8	2.786 0	3.399 6	4.140 6	5.033 8	6.108 8	7.400 2
22	1.244 7	1.546 0	1.916 1	2.369 9	2.925 3	3.603 5	4.430 4	5.436 5	6.658 6	8.140 3
23	1.257 2	1.576 9	1.973 6	2.464 7	3.071 5	3.819 7	4.740 5	5.871 5	7.257 9	8.954 3
24	1.269 7	1.608 4	2.032 8	2.563 3	3.225 1	4.048 9	5.072 4	6.341 2	7.911 1	9.849 7
25	1.282 4	1.640 6	2.093 8	2.665 8	3.386 4	4.291 9	5.427 4	6.848 5	8.623 1	10.834 7
26	1.295 3	1.673 4	2.156 6	2.772 5	3.555 7	4.549 4	5.807 4	7.396 4	9.399 2	11.918 2
27	1.308 2	1.706 9	2.221 3	2.883 4	3.733 5	4.822 3	6.213 9	7.988 1	10.245 1	13.110 0
28	1.321 3	1.741 0	2.287 9	2.998 7	3.920 1	5.111 7	6.648 8	8.627 1	11.167 1	14.421 0
29	1.334 5	1.775 8	2.356 6	3.118 7	4.116 1	5.418 4	7.114 3	9.317 3	12.172 2	15.863 1
30	1.347 8	1.811 4	2.427 3	3.243 4	4.321 9	5.743 5	7.612 3	10.062 7	13.267 7	17.449 4

期数	11%	12%	13%	14%	15%	16%	17%	18%	19%	20%
1	1.110 0	1.120 0	1.130 0	1.140 0	1.150 0	1.160 0	1.170 0	1.180 0	1.190 0	1.200 0
2	1.232 1	1.254 4	1.276 9	1.299 6	1.322 5	1.345 6	1.368 9	1.392 4	1.416 1	1.440 0
3	1.367 6	1.404 9	1.442 9	1.481 5	1.520 9	1.560 9	1.601 6	1.643 0	1.685 2	1.728 0
4	1.518 1	1.573 5	1.630 5	1.689 0	1.749 0	1.810 6	1.873 9	1.938 8	2.005 3	2.073 6
5	1.685 1	1.762 3	1.842 4	1.925 4	2.011 4	2.100 3	2.192 4	2.287 8	2.386 4	2.488 3
6	1.870 4	1.973 8	2.082 0	2.195 0	2.313 1	2.436 4	2.565 2	2.699 6	2.839 8	2.986 0
7	2.076 2	2.210 7	2.352 6	2.502 3	2.660 0	2.826 2	3.001 2	3.185 5	3.379 3	3.583 2
8	2.304 5	2.476 0	2.658 4	2.852 6	3.059 0	3.278 4	3.511 5	3.758 9	4.021 4	4.299 8
9	2.558 0	2.773 1	3.004 0	3.251 9	3.517 9	3.803 0	4.108 4	4.435 5	4.785 4	5.159 8
10	2.839 4	3.105 8	3.394 6	3.707 2	4.045 6	4.411 4	4.806 8	5.233 8	5.694 7	6.191 7
11	3.151 8	3.478 6	3.835 9	4.226 2	4.652 4	5.117 3	5.624 0	6.175 9	6.776 7	7.430 1
12	3.498 5	3.896 0	4.334 5	4.817 9	5.350 3	5.936 0	6.580 1	7.287 6	8.064 2	8.916 1
13	3.883 3	4.363 5	4.898 0	5.492 4	6.152 8	6.885 8	7.698 7	8.599 4	9.596 4	10.699 3
14	4.310 4	4.887 1	5.534 8	6.261 3	7.075 7	7.987 5	9.007 5	10.147 2	11.419 8	12.839 2
15	4.784 6	5.473 6	6.254 3	7.137 9	8.137 1	9.265 5	10.538 7	11.973 7	13.589 5	15.407 0
16	5.310 9	6.130 4	7.067 3	8.137 2	9.357 6	10.748 0	12.330 3	14.129 0	16.171 5	18.488 4
17	5.895 1	6.866 0	7.986 1	9.276 5	10.761 3	12.467 7	14.426 5	16.672 2	19.244 1	22.186 1
18	6.543 6	7.690 0	9.024 3	10.575 2	12.375 5	14.462 5	16.879 0	19.673 3	22.900 5	26.623 3
19	7.263 3	8.612 8	10.197 4	12.055 7	14.231 8	16.776 5	19.748 4	23.214 4	27.251 6	31.948 0
20	8.062 3	9.646 3	11.523 1	13.743 5	16.366 5	19.460 8	23.105 6	27.393 0	32.429 4	38.337 6
21	8.949 2	10.803 8	13.021 1	15.667 6	18.821 5	22.574 5	27.033 6	32.323 8	38.591 0	46.005 1
22	9.933 6	12.100 3	14.713 8	17.861 0	21.644 7	26.186 4	31.629 3	38.142 1	45.923 3	55.206 1
23	11.026 3	13.552 3	16.626 6	20.361 6	24.891 5	30.376 2	37.006 2	45.007 6	54.648 7	66.247 4
24	12.239 2	15.178 6	18.788 1	23.212 2	28.625 2	35.236 4	43.297 3	53.109 0	65.032 0	79.496 8
25	13.585 5	17.000 1	21.230 5	26.461 9	32.919 0	40.874 2	50.657 8	62.668 6	77.388 1	95.396 2
26	15.079 9	19.040 1	23.990 5	30.166 6	37.856 8	47.414 1	59.269 7	73.949 0	92.091 8	114.475 5
27	16.738 7	21.324 9	27.109 3	34.389 9	43.535 3	55.000 4	69.345 5	87.259 8	109.589 3	137.370 6
28	18.579 9	23.883 9	30.633 5	39.204 5	50.065 6	63.800 4	81.134 2	102.966 6	130.411 2	164.844 7
29	20.623 7	26.749 9	34.615 8	44.693 1	57.575 5	74.008 5	94.927 1	121.500 5	155.189 3	197.813 6
30	22.892 3	29.959 9	39.115 9	50.950 2	66.211 8	85.849 9	111.064 7	143.370 6	184.675 3	237.376 3

期数	21%	22%	23%	24%	25%	26%	27%	28%	29%	30%
1	1.210 0	1.220 0	1.230 0	1.240 0	1.250 0	1.260 0	1.270 0	1.280 0	1.290 0	1.300 0
2	1.464 1	1.488 4	1.512 9	1.537 6	1.562 5	1.587 6	1.612 9	1.638 4	1.664 1	1.690 0
3	1.771 6	1.815 8	1.860 9	1.906 6	1.953 1	2.000 4	2.048 4	2.097 2	2.146 7	2.197 0
4	2.143 6	2.215 3	2.288 9	2.364 2	2.441 4	2.520 5	2.601 4	2.684 4	2.769 2	2.856 1
5	2.593 7	2.702 7	2.815 3	2.931 6	3.051 8	3.175 8	3.303 8	3.436 0	3.572 3	3.712 9
6	3.138 4	3.297 3	3.462 8	3.635 2	3.814 7	4.001 5	4.195 9	4.398 0	4.608 3	4.826 8
7	3.797 5	4.022 7	4.259 3	4.507 7	4.768 4	5.041 9	5.328 8	5.629 5	5.944 7	6.274 9
8	4.595 0	4 907 7	5.238 9	5.589 5	5.960 5	6.352 8	6.767 5	7.205 8	7.668 6	8.157 3
9	5.559 9	5.987 4	6.443 9	6.931 0	7.450 6	8.004 5	8.594 8	9.223 4	9.892 5	10.604 5
10	6.727 5	7.304 6	7.925 9	8.594 4	9.313 2	10.085 7	10.915 3	11.805 9	12.761 4	13.785 8
11	8.140 3	8.911 7	9.748 9	10.657 1	11.641 5	12.708 0	13.862 5	15.111 6	16.462 2	17.921 6
12	9.849 7	10.872 2	11.991 2	13.214 8	14.551 9	16.012 0	17.605 3	19.342 8	21.236 2	23.298 1
13	11.918 2	13.264 1	14.749 1	16.386 3	18.189 9	20.175 2	22.358 8	24.758 8	27.394 7	30.287 5
14	14.421 0	16.182 2	18.141 4	20.319 1	22.737 4	25.420 7	28.395 7	31.691 3	35.339 1	39.373 8
15	17.449 4	19.742 3	22.314 0	25.195 6	28.421 7	32.030 1	36.062 5	40.564 8	45.587 5	51.185 9
16	21.113 8	24.085 6	27.446 2	31.242 6	35.527 1	40.357 9	45.799 4	51.923 0	58.807 9	66.541 7
17	25.547 7	29.384 4	33.758 8	38.740 8	44.408 9	50.851 0	58.165 2	66.461 4	75.862 1	86.504 2
18	30.912 7	35.849 0	41.523 3	48.038 6	55.511 2	64.072 2	73.869 8	85.070 6	97.862 2	112.455 4
19	37.404 3	43.735 8	51.073 7	59.567 9	69.388 9	80.731 0	93.814 7	108.890 4	126.242 2	146.192 0
20	45.259 3	53.357 6	62.820 6	73.864 1	86.736 2	101.721 1	119.144 6	139.379 7	162.852 4	190.049 6
21	54.763 7	65.096 3	77.269 4	91.591 5	108.420 2	128.168 5	151.313 7	178.406 0	210.079 6	247.064 5
22	66.264 1	79.417 5	95.041 3	113.573 5	135.525 3	161.492 4	192.168 3	228.359 6	271.002 7	321.183 9
23	80.179 5	96.889 4	116.900 8	140.831 2	169.406 6	203.480 4	244.053 8	292.300 3	349.593 5	417.539 1
24	97.017 2	118.205 0	143.788 0	174.630 6	211.758 2	256.385 3	309.948 3	374.144 4	450.975 6	542.800 8
25	117.390 9	144.210 1	176.859 3	216.542 0	264.697 8	323.045 4	393.634 4	478.904 9	581.758 5	705.641 0
26	142.042 9	175.936 4	217.536 9	268.512 1	330.872 2	407.037 3	499.915 7	612.998 2	750.468 5	917.333 3
27	171.871 9	214.642 4	267.570 4	332.955 0	413.590 3	512.867 0	634.892 9	784.637 7	968.104 4	1 192.533 3
28	207.965 1	261.863 7	329.111 5	412.864 2	516.987 9	646.212 4	806.314 0	1 004.336 3	1 248.854 6	1 550.293 3
29	251.637 7	319.473 7	404.807 2	511.951 6	646.234 9	814.227 6	1 024.018 7	1 285.550 4	1 611.022 5	2 015.381 3
30	304.481 6	389.757 9	497.912 9	634.819 9	807.793 6	1 025.926 7	1 300.503 8	1 645.504 6	2 078.219 0	2 619.995 6

期数	1%	2%	3%	4%	5%	6%	7%	8%	9%	10%
1	0.990 1	0.980 4	0.970 9	0.961 5	0.952 4	0.943 4	0.934 6	0.925 9	0.917 4	0.909 1
2	0.980 3	0.961 2	0.942 6	0.924 6	0.907 0	0.890 0	0.873 4	0.857 3	0.841 7	0.826 4
3	0.970 6	0.942 3	0.915 1	0.889 0	0.863 8	0.839 6	0.816 3	0.793 8	0.772 2	0.751 3
4	0.961 0	0.923 8	0.888 5	0.854 8	0.822 7	0.792 1	0.762 9	0.735 0	0.708 4	0.683 0
5	0.951 5	0.905 7	0.862 6	0.821 9	0.783 5	0.747 3	0.713 0	0.680 6	0.649 9	0.620 9
6	0.942	0.888 0	0.837 5	0.790 3	0.746 2	0.705 0	0.666 3	0.630 2	0.596 3	0.564 5
7	0.932 7	0.870 6	0.813 1	0.759 9	0.710 7	0.665 1	0.622 7	0.583 5	0.547	0.513 2
8	0.923 5	0.853 5	0.789 4	0.730 7	0.676 8	0.627 4	0.582	0.540 3	0.501 9	0.466 5
9	0.914 3	0.836 8	0.766 4	0.702 6	0.644 6	0.591 9	0.543 9	0.500 2	0.460 4	0.424 1
10	0.905 3	0.820 3	0.744 1	0.675 6	0.613 9	0.558 4	0.508 3	0.463 2	0.422 4	0.385 5
11	0.896 3	0.804 3	0.722 4	0.649 6	0.584 7	0.526 8	0.475 1	0.428 9	0.387 5	0.350 5
12	0.887 4	0.788 5	0.701 4	0.624 6	0.556 8	0.497 0	0.444 0	0.397 1	0.355 5	0.318 6
13	0.878 7	0.773 0	0.681 0	0.600 6	0.530 3	0.468 8	0.415 0	0.367 7	0.326 2	0.289 7
14	0.870 0	0.757 9	0.661 1	0.577 5	0.505 1	0.442 3	0.387 8	0.340 5	0.299 2	0.263 3
15	0.861 3	0.743 0	0.641 9	0.555 3	0.481 0	0.417 3	0.362 4	0.315 2	0.274 5	0.239 4
16	0.852 8	0.728 4	0.623 2	0.533 9	0.458 1	0.393 6	0.338 7	0.291 9	0.251 9	0.217 6
17	0.844 4	0.714 2	0.605 0	0.513 4	0.436 3	0.371 4	0.316 6	0.270 3	0.231 1	0.197 8
18	0.836 0	0.700 2	0.587 4	0.493 6	0.415 5	0.350 3	0.295 9	0.250 2	0.212 0	0.179 9
19	0.827 7	0.686 4	0.570 3	0.474 6	0.395 7	0.330 5	0.276 5	0.231 7	0.194 5	0.163 5
20	0.819 5	0.673 0	0.553 7	0.456 4	0.376 9	0.311 8	0.258 4	0.214 5	0.178 4	0.148 6
21	0.811 4	0.659 8	0.537 5	0.438 8	0.358 9	0.294 2	0.241 5	0.198 7	0.163 7	0.135 1
22	0.803 4	0.646 8	0.521 9	0.422 0	0.341 8	0.277 5	0.225 7	0.183 9	0.150 2	0.122 8
23	0.795 4	0.634 2	0.506 7	0.405 7	0.325 6	0.261 8	0.210 9	0.170 3	0.137 8	0.111 7
24	0.787 6	0.621 7	0.491 9	0.390 1	0.310 1	0.247 0	0.197 1	0.157 7	0.126 4	0.101 5
25	0.779 8	0.609 5	0.477 6	0.375 1	0.295 3	0.233 0	0.184 2	0.146 0	0.116 0	0.092 3
26	0.772 0	0.597 6	0.463 7	0.360 7	0.281 2	0.219 8	0.172 2	0.135 2	0.106 4	0.083 9
27	0.764 4	0.585 9	0.450 2	0.346 8	0.267 8	0.207 4	0.160 9	0.125 2	0.097 6	0.076 3
28	0.756 8	0.574 4	0.437 1	0.333 5	0.255 1	0.195 6	0.150 4	0.115 9	0.089 5	0.069 3
29	0.749 3	0.563 1	0.424 3	0.320 7	0.242 9	0.184 6	0.140 6	0.107 3	0.082 2	0.063 0
30	0.741 9	0.552 1	0.412 0	0.308 3	0.231 4	0.174 1	0.131 4	0.099 4	0.075 4	0.057 3

续表

期数	11%	12%	13%	14%	15%	16%	17%	18%	19%	20%
1	0.900 9	0.892 9	0.885 0	0.877 2	0.869 6	0.862 1	0.854 7	0.847 5	0.840 3	0.833 3
2	0.811 6	0.797 2	0.783 1	0.769 5	0.756 1	0.743 2	0.730 5	0.718 2	0.706 2	0.694 4
3	0.731 2	0.711 8	0.693 1	0.675 0	0.657 5	0.640 7	0.624 4	0.608 6	0.593 4	0.578 7
4	0.658 7	0.635 5	0.613 3	0.592 1	0.571 8	0.552 3	0.533 7	0.515 8	0.498 7	0.482 3
5	0.593 5	0.567 4	0.542 8	0.519 4	0.497 2	0.476 1	0.456 1	0.437 1	0.419 0	0.401 9
6	0.534 6	0.506 6	0.480 3	0.455 6	0.432 3	0.410 4	0.389 8	0.370 4	0.352 1	0.334 9
7	0.481 7	0.452 3	0.425 1	0.399 6	0.375 9	0.353 8	0.333 2	0.313 9	0.295 9	0.279 1
8	0.433 9	0.403 9	0.376 2	0.350 6	0.326 9	0.305 0	0.284 8	0.266 0	0.248 7	0.232 6
9	0.390 9	0.360 6	0.332 9	0.307 5	0.284 3	0.263 0	0.243 4	0.225 5	0.209 0	0.193 8
10	0.352 2	0.322 0	0.294 6	0.269 7	0.247 2	0.226 7	0.208 0	0.191 1	0.175 6	0.161 5
11	0.317 3	0.287 5	0.260 7	0.236 6	0.214 9	0.195 4	0.177 8	0.161 9	0.147 6	0.134 6
12	0.285 8	0.256 7	0.230 7	0.207 6	0.186 9	0.168 5	0.152 0	0.137 2	0.124 0	0.112 2
13	0.257 5	0.229 2	0.204 2	0.182 1	0.162 5	0.145 2	0.129 9	0.116 3	0.104 2	0.093 5
14	0.232 0	0.204 6	0.180 7	0.159 7	0.141 3	0.125 2	0.111 0	0.098 5	0.087 6	0.077 9
15	0.209 0	0.182 7	0.159 9	0.140 1	0.122 9	0.107 9	0.094 9	0.083 5	0.073 6	0.064 9
16	0.188 3	0.163 1	0.141 5	0.122 9	0.106 9	0.093 0	0.081 1	0.070 8	0.061 8	0.054 1
17	0.169 6	0.145 6	0.125 2	0.107 8	0.092 9	0.080 2	0.069 3	0.060 0	0.052 0	0.045 1
18	0.152 8	0.130 0	0.110 8	0.094 6	0.080 8	0.069 1	0.059 2	0.050 8	0.043 7	0.037 6
19	0.137 7	0.116 1	0.098 1	0.082 9	0.070 3	0.059 6	0.050 6	0.043 1	0.036 7	0.031 3
20	0.124 0	0.103 7	0.086 8	0.072 8	0.061 1	0.051 4	0.043 3	0.036 5	0.030 8	0.026 1
21	0.111 7	0.092 6	0.076 8	0.063 8	0.053 1	0.044 3	0.037 0	0.030 9	0.025 9	0.021 7
22	0.100 7	0.082 6	0.068 0	0.056 0	0.046 2	0.038 2	0.031 6	0.026 2	0.021 8	0.018 1
23	0.090 7	0.073 8	0.060 1	0.049 1	0.040 2	0.032 9	0.027 0	0.022 2	0.018 3	0.015 1
24	0.081 7	0.065 9	0.053 2	0.043 1	0.034 9	0.028 4	0.023 1	0.018 8	0.015 4	0.012 6
25	0.073 6	0.058 8	0.047 1	0.037 8	0.030 4	0.024 5	0.019 7	0.016 0	0.012 9	0.010 5
26	0.066 3	0.052 5	0.041 7	0.033 1	0.026 4	0.021 1	0.016 9	0.013 5	0.010 9	0.008 7
27	0.059 7	0.046 9	0.036 9	0.029 1	0.023 0	0.018 2	0.014 4	0.011 5	0.009 1	0.007 3
28	0.053 8	0.041 9	0.032 6	0.025 5	0.020 0	0.015 7	0.012 3	0.009 7	0.007 7	0.006 1
29	0.048 5	0.037 4	0.028 9	0.022 4	0.017 4	0.013 5	0.010 5	0.008 2	0.006 4	0.005 1
30	0.043 7	0.033 4	0.025 6	0.019 6	0.015 1	0.011 6	0.009 0	0.007 0	0.005 4	0.004 2

续表

期数	21%	22%	23%	24%	25%	26%	27%	28%	29%	30%
1	0.826 4	0.819 7	0.813 0	0.806 5	0.800 0	0.793 7	0.787 4	0.781 3	0.775 2	0.769 2
2	0.683 0	0.671 9	0.661 0	0.650 4	0.640 0	0.629 9	0.620 0	0.610 4	0.600 9	0.591 7
3	0.564 5	0.550 7	0.537 4	0.524 5	0.512 0	0.499 9	0.488 2	0.476 8	0.465 8	0.455 2
4	0.466 5	0.451 4	0.436 9	0.423 0	0.409 6	0.396 8	0.384 4	0.372 5	0.361 1	0.350 1
5	0.385 5	0.370 0	0.355 2	0.341 1	0.327 7	0.314 9	0.302 7	0.291 0	0.279 9	0.269 3
6	0.318 6	0.303 3	0.288 8	0.275 1	0.262 1	0.249 9	0.238 3	0.227 4	0.217 0	0.207 2
7	0.263 3	0.248 6	0.234 8	0.221 8	0.209 7	0.198 3	0.187 7	0.177 6	0.168 2	0.159 4
8	0.217 6	0.203 8	0.190 9	0.178 9	0.167 8	0.157 4	0.147 8	0.138 8	0.130 4	0.122 6
9	0.179 9	0.167 0	0.155 2	0.144 3	0.134 2	0.124 9	0.116 4	0.108 4	0.101 1	0.094 3
10	0.148 6	0.136 9	0.126 2	0.116 4	0.107 4	0.099 2	0.091 6	0.084 7	0.078 4	0.072 5
11	0.122 8	0.112 2	0.102 6	0.093 8	0.085 9	0.078 7	0.072 1	0.066 2	0.060 7	0.055 8
12	0.101 5	0.092 0	0.083 4	0.075 7	0.068 7	0.062 5	0.056 8	0.051 7	0.047 1	0.042 9
13	0.083 9	0.075 4	0.067 8	0.061 0	0.055 0	0.049 6	0.044 7	0.040 4	0.036 5	0.033 0
14	0.069 3	0.061 8	0.055 1	0.049 2	0.044 0	0.039 3	0.035 2	0.031 6	0.028 3	0.025 4
15	0.057 3	0.050 7	0.044 8	0.039 7	0.035 2	0.031 2	0.027 7	0.024 7	0.021 9	0.019 5
16	0.047 4	0.041 5	0.036 4	0.032 0	0.028 1	0.024 8	0.021 8	0.019 3	0.017 0	0.015 0
17	0.039 1	0.034 0	0.029 6	0.025 8	0.022 5	0.019 7	0.017 2	0.015 0	0.013 2	0.011 6
18	0.032 3	0.027 9	0.024 1	0.020 8	0.018 0	0.015 6	0.013 5	0.011 8	0.010 2	0.008 9
19	0.026 7	0.022 9	0.019 6	0.016 8	0.014 4	0.012 4	0.010 7	0.009 2	0.007 9	0.006 8
20	0.022 1	0.018 7	0.015 9	0.013 5	0.011 5	0.009 8	0.008 4	0.007 2	0.006 1	0.005 3
21	0.018 3	0.015 4	0.012 9	0.010 9	0.009 2	0.007 8	0.006 6	0.005 6	0.004 8	0.004 0
22	0.015 1	0.012 6	0.010 5	0.008 8	0.007 4	0.006 2	0.005 2	0.004 4	0.003 7	0.003 1
23	0.012 5	0.010 3	0.008 6	0.007 1	0.005 9	0.004 9	0.004 1	0.003 4	0.002 9	0.002 4
24	0.010 3	0.008 5	0.007 0	0.005 7	0.004 7	0.003 9	0.003 2	0.002 7	0.002 2	0.001 8
25	0.008 5	0.006 9	0.005 7	0.004 6	0.003 8	0.003 1	0.002 5	0.002 1	0.001 7	0.001 4
26	0.007 0	0.005 7	0.004 6	0.003 7	0.003 0	0.002 5	0.002 0	0.001 6	0.001 3	0.001 1
27	0.005 8	0.004 7	0.003 7	0.003 0	0.002 4	0.001 9	0.001 6	0.001 3	0.001 0	0.000 8
28	0.004 8	0.003 8	0.003 0	0.002 4	0.001 9	0.001 5	0.001 2	0.001 0	0.000 8	0.000 6
29	0.004 0	0.003 1	0.002 5	0.002 0	0.001 5	0.001 2	0.001 0	0.000 8	0.000 6	0.000 5
30	0.003 3	0.002 6	0.002 0	0.001 6	0.001 2	0.001 0	0.000 8	0.000 6	0.000 5	0.000 4

期数	1%	2%	3%	4%	5%	6%	7%	8%	9%	10%
1	1.000 0	1.000 0	1.000 0	1.000 0	1.000 0	1.000 0	1.000 0	1.000 0	1.000 0	1.000 0
2	2.010 0	2.020 0	2.030 0	2.040 0	2.050 0	2.060 0	2.070 0	2.080 0	2.090 0	2.100 0
3	3.030 1	3.060 4	3.090 9	3.121 6	3.152 5	3.183 6	3.214 9	3.246 4	3.278 1	3.310 0
4	4.060 4	4.121 6	4.183 6	4.246 5	4.310 1	4.374 6	4.439 9	4.506 1	4.573 1	4.641 0
5	5.101 0	5.204 0	5.309 1	5.416 3	5.525 6	5.637 1	5.750 7	5.866 6	5.984 7	6.105 1
6	6.152 0	6.308 1	6.468 4	6.633 0	6.801 9	6.975 3	7.153 3	7.335 9	7.523 3	7.715 6
7	7.213 5	7.434 3	7.662 5	7.898 3	8.142 0	8.393 8	8.654 0	8.922 8	9.200 4	9.487 2
8	8.285 7	8.583 0	8.892 3	9.214 2	9.549 1	9.897 5	10.259 8	10.636 6	11.028 5	11.435 9
9	9.368 5	9.754 6	10.159 1	10.582 8	11.026 6	11.491 3	11.978 0	12.487 6	13.021 0	13.579 5
10	10.462 2	10.949 7	11.463 9	12.006 1	12.577 9	13.180 8	13.816 4	14.486 6	15.192 9	15.937 4
11	11.566 8	12.168 7	12.807 8	13.486 4	14.206 8	14.971 6	15.783 6	16.645 5	17.560 3	18.531 2
12	12.682 5	13.412 1	14.192 0	15.025 8	15.917 1	16.869 9	17.888 5	18.977 1	20.140 7	21.384 3
13	13.809 3	14.680 3	15.617 8	16.626 8	17.713 0	18.882 1	20.140 6	21.495 3	22.953 4	24.522 7
14	14.947 4	15.973 9	17.086 3	18.291 9	19.598 6	21.015 1	22.550 5	24.214 9	26.019 2	27.975 0
15	16.096 9	17.293 4	18.598 9	20.023 6	21.578 6	23.276 0	25.129 0	27.152 1	29.360 9	31.772 5
16	17.257 9	18.639 3	20.156 9	21.824 5	23.657 5	25.672 5	27.888 1	30.324 3	33.003 4	35.949 7
17	18.430 4	20.012 1	21.761 6	23.697 5	25.840 4	28.212 9	30.840 2	33.750 2	36.973 7	40.544 7
18	19.614 7	21.412 3	23.414 4	25.645 4	28.132 4	30.905 7	33.999 0	37.450 2	41.301 3	45.599 2
19	20.810 9	22.840 6	25.116 9	27.671 2	30.539 0	33.760 0	37.379 0	41.446 3	46.018 5	51.159 1
20	22.019 0	24.297 4	26.870 4	29.778 1	33.066 0	36.785 6	40.995 5	45.762 0	51.160 1	57.275 0
21	23.239 2	25.783 3	28.676 5	31.969 2	35.719 3	39.992 7	44.865 2	50.422 9	56.764 5	64.002 5
22	24.471 6	27.299 0	30.536 8	34.248 0	38.505 2	43.392 3	49.005 7	55.456 8	62.873 3	71.402 7
23	25.716 3	28.845 0	32.452 9	36.617 9	41.430 5	46.995 8	53.436 1	60.893 3	69.531 9	79.543 0
24	26.973 5	30.421 9	34.426 5	39.082 6	44.502 0	50.815 6	58.176 7	66.764 8	76.789 8	88.497 3
25	28.243 2	32.030 3	36.459 3	41.645 9	47.727 1	54.864 5	63.249 0	73.105 9	84.700 9	98.347 1
26	29.525 6	33.670 9	38.553 0	44.311 7	51.113 5	59.156 4	68.676 5	79.954 4	93.324 0	109.181 8
27	30.820 9	35.344 3	40.709 6	47.084 2	54.669 1	63.705 8	74.483 8	87.350 8	102.723 1	121.099 9
28	32.129 1	37.051 2	42.930 9	49.967 6	58.402 6	68.528 1	80.697 7	95.338 8	112.968 2	134.209 9
29	33.450 4	38.792 2	45.218 9	52.966 3	62.322 7	73.639 8	87.346 5	103.965 9	124.135 4	148.630 9
30	34.784 9	40.568 1	47.575 4	56.084 9	66.438 8	79.058 2	94.460 8	113.283 2	136.307 5	164.494 0

续表

期数	11%	12%	13%	14%	15%	16%	17%	18%	19%	20%
1	1.000 0	1.000 0	1.000 0	1.000 0	1.000 0	1.000 0	1.000 0	1.000 0	1.000 0	1.000 0
2	2.110 0	2.120 0	2.130 0	2.140 0	2.150 0	2.160 0	2.170 0	2.180 0	2.190 0	2.200 0
3	3.342 1	3.374 4	3.406 9	3.439 6	3.472 5	3.505 6	3.538 9	3.572 4	3.606 1	3.640 0
4	4.709 7	4.779 3	4.849 8	4.921 1	4.993 4	5.066 5	5.140 5	5.215 4	5.291 3	5.368 0
5	6.227 8	6.352 8	6.480 3	6.610 1	6.742 4	6.877 1	7.014 4	7.154 2	7.296 6	7.441 6
6	7.912 9	8.115 2	8.322 7	8.535 5	8.753 7	8.977 5	9.206 8	9.442 0	9.683 0	9.929 9
7	9.783 3	10.089 0	10.404 7	10.730 5	11.066 8	11.413 9	11.772 0	12.141 5	12.522 7	12.915 9
8	11.859 4	12.299 7	12.757 3	13.232 8	13.726 8	14.240 1	14.773 3	15.327 0	15.902 0	16.499 1
9	14.164 0	14.775 7	15.415 7	16.085 3	16.785 8	17.518 5	18.284 7	19.085 9	19.923 4	20.798 9
10	16.722 0	17.548 7	18.419 7	19.337 3	20.303 7	21.321 5	22.393 1	23.521 3	24.708 9	25.958 7
11	19.561 4	20.654 6	21.814 3	23.044 5	24.349 3	25.732 9	27.199 9	28.755 1	30.403 5	32.150 4
12	22.713 2	24.133 1	25.650 2	27.270 7	29.001 7	30.850 2	32.823 9	34.931 1	37.180 2	39.580 5
13	26.211 6	28.029 1	29.984 7	32.088 7	34.351 9	36.786 2	39.404 0	42.218 7	45.244 5	48.496 6
14	30.094 9	32.392 6	34.882 7	37.581 1	40.504 7	43.672 0	47.102 7	50.818 0	54.840 9	59.195 9
15	34.405 4	37.279 7	40.417 5	43.842 4	47.580 4	51.659 5	56.110 1	60.965 3	66.260 7	72.035 1
16	39.189 9	42.753 3	46.671 7	50.980 4	55.717 5	60.925 0	66.648 8	72.939 0	79.850 2	87.442 1
17	44.500 8	48.883 7	53.739 1	59.117 6	65.075 1	71.673 0	78.979 2	87.068 0	96.021 8	105.930 6
18	50.395 9	55.749 7	61.725 1	68.394 1	75.836 4	84.140 7	93.405 6	103.740 3	115.265 9	128.116 7
19	56.939 5	63.439 7	70.749 4	78.969 2	88.211 8	98.603 2	110.284 6	123.413 5	138.166 4	154.740 0
20	64.202 8	72.052 4	80.946 8	91.024 9	102.443 6	115.379 7	130.032 9	146.628 0	165.418 0	186.688 0
21	72.265 1	81.698 7	92.469 9	104.768 4	118.810 1	134.840 5	153.138 5	174.021 0	197.847 4	225.025 6
22	81.214 3	92.502 6	105.491 0	120.436 0	137.631 6	157.415 0	180.172 1	206.344 8	236.438 5	271.030 7
23	91.147 9	104.602 9	120.204 8	138.297 0	159.276 4	183.601 4	211.801 3	244.486 8	282.361 8	326.236 0
24	102.174 2	118.155 2	136.831 5	158.658 6	184.167 8	213.977 6	248.807 6	289.494 5	337.010 5	392.484 2
25	114.413 3	133.333 9	155.619 6	181.870 8	212.793 0	249.214 0	292.104 9	342.603 5	402.042 5	471.981 1
26	127.998 8	150.333 9	176.850 1	208.332 7	245.712 0	290.088 3	342.762 7	405.272 1	479.430 6	567.377 3
27	143.078 6	169.374 0	200.840 6	238.499 3	283.568 8	337.502 4	402.032 3	479.221 1	571.522 4	681.852 8
28	159.817 3	190.698 9	227.949 9	272.889 2	327.104 1	392.502 8	471.377 8	566.480 9	681.111 6	819.223 3
29	178.397 2	214.582 8	258.583 4	312.093 7	377.169 7	456.303 2	552.512 1	669.447 5	811.522 8	984.068 0
30	199.020 9	241.332 7	293.199 2	356.786 8	434.745 1	530.311 7	647.439 1	790.948 0	966.712 2	1 181.881 6

续表

期数	21%	22%	23%	24%	25%	26%	27%	28%	29%	30%
1	1.000 0	1.000 0	1.000 0	1.000 0	1.000 0	1.000 0	1.000 0	1.000 0	1.000 0	1.000 0
2	2.210 0	2.220 0	2.230 0	2.240 0	2.250 0	2.260 0	2.270 0	2.280 0	2.290 0	2.300 0
3	3.674 1	3.708 4	3.742 9	3.777 6	3.812 5	3.847 6	3.882 9	3.918 4	3.954 1	3.990 0
4	5.445 7	5.524 2	5.603 8	5.684 2	5.765 6	5.848 0	5.931 3	6.015 6	6.100 8	6.187 0
5	7.589 2	7.739 6	7.892 6	8.048 4	8.207 0	8.368 4	8.532 7	8.699 9	8.870 0	9.043 1
6	10.183 0	10.442 3	10.707 9	10.980 1	11.258 8	11.544 2	11.836 6	12.135 9	12.442 3	12.756 0
7	13.321 4	13.739 6	14.170 8	14.615 3	15.073 5	15.545 8	16.032 4	16.533 9	17.050 6	17.582 8
8	17.118 9	17.762 3	18.430 0	19.122 9	19.841 9	20.587 6	21.361 2	22.163 4	22.995 3	23.857 7
9	21.713 9	22.670 0	23.669 0	24.712 5	25.802 3	26.940 4	28.128 7	29.369 2	30.663 9	32.015 0
10	27.273 8	28.657 4	30.112 8	31.643 4	33.252 9	34.944 9	36.723 5	38.592 6	40.556 4	42.619 5
11	34.001 3	35.962 0	38.038 8	40.237 9	42.566 1	45.030 6	47.638 8	50.398 5	53.317 8	56.405 3
12	42.141 6	44.873 7	47.787 7	50.895 0	54.207 7	57.738 6	61.501 3	65.510 0	69.780 0	74.327 0
13	51.991 3	55.745 9	59.778 8	64.109 7	68.759 6	73.750 6	79.106 6	84.852 9	91.016 1	97.625 0
14	63.909 5	69.010 0	74.528 0	80.496 1	86.949 5	93.925 8	101.465 4	109.611 7	118.410 8	127.912 5
15	78.330 5	85.192 2	92.669 4	100.815 1	109.686 8	119.346 5	129.861 1	141.302 9	153.750 0	167.286 3
16	95.779 9	104.934 5	114.983 4	126.010 8	138.108 5	151.376 6	165.923 6	181.867 7	199.337 4	218.472 2
17	116.893 7	129.020 1	142.429 5	157.253 4	173.635 7	191.734 5	211.723 0	233.790 7	258.145 3	285.013 9
18	142.441 3	158.404 5	176.188 3	195.994 2	218.044 6	242.585 5	269.888 2	300.252 1	334.007 4	371.518 0
19	173.354 0	194.253 5	217.711 6	244.032 8	273.555 8	306.657 7	343.758 0	385.322 7	431.869 6	483.973 4
20	210.758 4	237.989 3	268.785 3	303.600 6	342.944 7	387.388 7	437.572 6	494.213 1	558.111 8	630.165 5
21	256.017 6	291.346 9	331.605 9	377.464 8	429.680 9	489.109 8	556.717 3	633.592 7	720.964 2	820.215 1
22	310.781 3	356.443 2	408.875 3	469.056 3	538.101 1	617.278 3	708.030 9	811.998 7	931.043 8	1 067.279 6
23	377.045 4	435.860 7	503.916 6	582.629 8	673.626 4	778.770 7	900.199 3	1 040.358 3	1 202.046 5	1 388.463 5
24	457.224 9	532.750 1	620.817 4	723.461 0	843.032 9	982.251 1	1 144.253 1	1 332.658 6	1 551.640 0	1 806.002 6
25	554.242 2	650.955 1	764.605 4	898.091 6	1 054.791 2	1 238.636 3	1 454.201 4	1 706.803 1	2 002.615 6	2 348.803 3
26	671.633 0	795.165 3	941.464 7	1 114.633 6	1 319.489 0	1 561.681 8	1 847.835 8	2 185.707 9	2 584.374 1	3 054.444 3
27	813.675 9	971.101 6	1 159.001 6	1 383.145 7	1 650.361 2	1 968.719 1	2 347.751 5	2 798.706 1	3 334.842 6	3 971.777 6
28	985.547 9	1 185.744 0	1 426.571 9	1 716.100 7	2 063.951 5	2 481.586 0	2 982.644 4	3 583.343 8	4 302.947 0	5 164.310 9
29	1 193.512 9	1 447.607 7	1 755.683 5	2 128.964 8	2 580.939 4	3 127.798 4	3 788.958 3	4 587.680 1	5 551.801 6	6 714.604 2
30	1 445.150 7	1 767.081 3	2 160.490 7	2 640.916 4	3 227.174 3	3 942.026 0	4 812.977 1	5 873.230 6	7 162.824 1	8 729.985 5

期数	1%	2%	3%	4%	5%	6%	7%	8%	9%	10%
1	0.990 1	0.980 4	0.970 9	0.961 5	0.952 4	0.943 4	0.934 6	0.925 9	0.917 4	0.909 1
2	1.970 4	1.941 6	1.913 5	1.886 1	1.859 4	1.833 4	1.808 0	1.783 3	1.759 1	1.735 5
3	2.941 0	2.883 9	2.828 6	2.775 1	2.723 2	2.673 0	2.624 3	2.577 1	2.531 3	2.486 9
4	3.902 0	3.807 7	3.717 1	3.629 9	3.546 0	3.465 1	3.387 2	3.312 1	3.239 7	3.169 9
5	4.853 4	4.713 5	4.579 7	4.451 8	4.329 5	4.212 4	4.100 2	3.992 7	3.889 7	3.790 8
6	5.795 5	5.601 4	5.417 2	5.242 1	5.075 7	4.917 3	4.766 5	4.622 9	4.485 9	4.355 3
7	6.728 2	6.472 0	6.230 3	6.002 1	5.786 4	5.582 4	5.389 3	5.206 4	5.033 0	4.868 4
8	7.651 7	7.325 5	7.019 7	6.732 7	6.463 2	6.209 8	5.971 3	5.746 6	5.534 8	5.334 9
9	8.566 0	8.162 2	7.786 1	7.435 3	7.107 8	6.801 7	6.515 2	6.246 9	5.995 2	5.759 0
10	9.471 3	8.982 6	8.530 2	8.110 9	7.721 7	7.360 1	7.023 6	6.710 1	6.417 7	6.144 6
11	10.367 6	9.786 8	9.252 6	8.760 5	8.306 4	7.886 9	7.498 7	7.139 0	6.805 2	6.495 1
12	11.255 1	10.575 3	9.954 0	9.385 1	8.863 3	8.383 8	7.942 7	7.536 1	7.160 7	6.813 7
13	12.133 7	11.348 4	10.635 0	9.985 6	9.393 6	8.852 7	8.357 7	7.903 8	7.486 9	7.103 4
14	13.003 7	12.106 2	11.296 1	10.563 1	9.898 6	9.295 0	8.745 5	8.244 2	7.786 2	7.366 7
15	13.865 1	12.849 3	11.937 9	11.118 4	10.379 7	9.712 2	9.107 9	8.559 5	8.060 7	7.606 1
16	14.717 9	13.577 7	12.561 1	11.652 3	10.837 8	10.105 9	9.446 6	8.851 4	8.312 6	7.823 7
17	15.562 3	14.291 9	13.166 1	12.165 7	11.274 1	10.477 3	9.763 2	9.121 6	8.543 6	8.021 6
18	16.398 3	14.992 0	13.753 5	12.659 3	11.689 6	10.827 6	10.059 1	9.371 9	8.755 6	8.201 4
19	17.226 0	15.678 5	14.323 8	13.133 9	12.085 3	11.158 1	10.335 6	9.603 6	8.950 1	8.364 9
20	18.045 6	16.351 4	14.877 5	13.590 3	12.462 2	11.469 9	10.594 0	9.818 1	9.128 5	8.513 6
21	18.857 0	17.011 2	15.415 0	14.029 2	12.821 2	11.764 1	10.835 5	10.016 8	9.292 2	8.648 7
22	19.660 4	17.658 0	15.936 9	14.451 1	13.163 0	12.041 6	11.061 2	10.200 7	9.442 4	8.771 5
23	20.455 8	18.292 2	16.443 6	14.856 8	13.488 6	12.303 4	11.272 2	10.371 1	9.580 2	8.883 2
24	21.243 4	18.913 9	16.935 5	15.247 0	13.798 6	12.550 4	11.469 3	10.528 8	9.706 6	8.984 7
25	22.023 2	19.523 5	17.413 1	15.622 1	14.093 9	12.783 4	11.653 6	10.674 8	9.822 6	9.077 0
26	22.795 2	20.121 0	17.876 8	15.982 8	14.375 2	13.003 2	11.825 8	10.810 0	9.929 0	9.160 9
27	23.559 6	20.706 9	18.327 0	16.329 6	14.643 0	13.210 5	11.986 7	10.935 2	10.026 6	9.237 2
28	24.316 4	21.281 3	18.764 1	16.663 1	14.898 1	13.406 2	12.137 1	11.051 1	10.116 1	9.306 6
29	25.065 8	21.844 4	19.188 5	16.983 7	15.141 1	13.590 7	12.277 7	11.158 4	10.198 3	9.369 6
30	25.807 7	22.396 5	19.600 4	17.292 0	15.372 5	13.764 8	12.409 0	11.257 8	10.273 7	9.426 9

续表

期数	11%	12%	13%	14%	15%	16%	17%	18%	19%	20%
1	0.900 9	0.892 9	0.885 0	0.877 2	0.869 6	0.862 1	0.854 7	0.847 5	0.840 3	0.833 3
2	1.712 5	1.690 1	1.668 1	1.646 7	1.625 7	1.605 2	1.585 2	1.565 6	1.546 5	1.527 8
3	2.443 7	2.401 8	2.361 2	2.321 6	2.283 2	2.245 9	2.209 6	2.174 3	2.139 9	2.106 5
4	3.102 4	3.037 3	2.974 5	2.913 7	2.855 0	2.798 2	2.743 2	2.690 1	2.638 6	2.588 7
5	3.695 9	3.604 8	3.517 2	3.433 1	3.352 2	3.274 3	3.199 3	3.127 2	3.057 6	2.990 6
6	4.230 5	4.111 4	3.997 5	3.888 7	3.784 5	3.684 7	3.589 2	3.497 6	3.409 8	3.325 5
7	4.712 2	4.563 8	4.422 6	4.288 3	4.160 4	4.038 6	3.922 4	3.811 5	3.705 7	3.604 6
8	5.146 1	4.967 6	4.798 8	4.638 9	4.487 3	4.343 6	4.207 2	4.077 6	3.954 4	3.837 2
9	5.537 0	5.328 2	5.131 7	4.946 4	4.771 6	4.606 5	4.450 6	4.303 0	4.163 3	4.031 0
10	5.889 2	5.650 2	5.426 2	5.216 1	5.018 8	4.833 2	4.658 6	4.494 1	4.338 9	4.192 5
11	6.206 5	5.937 7	5.686 9	5.452 7	5.233 7	5.028 6	4.836 4	4.656 0	4.486 5	4.327 1
12	6.492 4	6.194 4	5.917 6	5.660 3	5.420 6	5.197 1	4.988 4	4.793 2	4.610 5	4.439 2
13	6.749 9	6.423 5	6.121 8	5.842 4	5.583 1	5.342 3	5.118 3	4.909 5	4.714 7	4.532 7
14	6.981 9	6.628 2	6.302 5	6.002 1	5.724 5	5.467 5	5.229 3	5.008 1	4.802 3	4.610 6
15	7.190 9	6.810 9	6.462 4	6.142 2	5.847 4	5.575 5	5.324 2	5.091 6	4.875 9	4.675 5
16	7.379 2	6.974 0	6.603 9	6.265 1	5.954 2	5.668 5	5.405 3	5.162 4	4.937 7	4.729 6
17	7.548 8	7.119 6	6.729 1	6.372 9	6.047 2	5.748 7	5.474 6	5.222 3	4.989 7	4.774 6
18	7.701 6	7.249 7	6.839 9	6.467 4	6.128 0	5.817 8	5.533 9	5.273 2	5.033 3	4.812 2
19	7.839 3	7.365 8	6.938 0	6.550 4	6.198 2	5.877 5	5.584 5	5.316 2	5.070 0	4.843 5
20	7.963 3	7.469 4	7.024 8	6.623 1	6.259 3	5.928 8	5.627 8	5.352 7	5.100 9	4.869 6
21	8.075 1	7.562 0	7.101 6	6.687 0	6.312 5	5.973 1	5.664 8	5.383 7	5.126 8	4.891 3
22	8.175 7	7.644 6	7.169 5	6.742 9	6.358 7	6.011 3	5.696 4	5.409 9	5.148 6	4.909 4
23	8.266 4	7.718 4	7.229 7	6.792 1	6.398 8	6.044 2	5.723 4	5.432 1	5.166 8	4.924 5
24	8.348 1	7.784 3	7.282 9	6.835 1	6.433 8	6.072 6	5.746 5	5.450 9	5.182 2	4.937 1
25	8.421 7	7.843 1	7.330 0	6.872 9	6.464 1	6.097 1	5.766 2	5.466 9	5.195 1	4.947 6
26	8.488 1	7.895 7	7.371 7	6.906 1	6.490 6	6.118 2	5.783 1	5.480 4	5.206 0	4.956 3
27	8.547 8	7.942 6	7.408 6	6.935 2	6.513 5	6.136 4	5.797 5	5.491 9	5.215 1	4.963 6
28	8.601 6	7.984 4	7.441 2	6.960 7	6.533 5	6.152 0	5.809 9	5.501 6	5.222 8	4.969 7
29	8.650 1	8.021 8	7.470 1	6.983 0	6.550 9	6.165 6	5.820 4	5.509 8	5.229 2	4.974 7
30	8.693 8	8.055 2	7.495 7	7.002 7	6.566 0	6.177 2	5.829 4	5.516 8	5.234 7	4.978 9

续表

期数	21%	22%	23%	24%	25%	26%	27%	28%	29%	30%
1	0.826 4	0.819 7	0.813 0	0.806 5	0.800 0	0.793 7	0.787 4	0.781 3	0.775 2	0.769 2
2	1.509 5	1.491 5	1.474 0	1.456 8	1.440 0	1.423 5	1.407 4	1.391 6	1.376 1	1.360 9
3	2.073 9	2.042 2	2.011 4	1.981 3	1.952 0	1.923 4	1.895 6	1.868 4	1.842 0	1.816 1
4	2.540 4	2.493 6	2.448 3	2.404 3	2.361 6	2.320 2	2.280 0	2.241 0	2.203 1	2.166 2
5	2.926 0	2.863 6	2.803 5	2.745 4	2.689 3	2.635 1	2.582 7	2.532 0	2.483 0	2.435 6
6	3.244 6	3.166 9	3.092 3	3.020 5	2.951 4	2.885 0	2.821 0	2.759 4	2.700 0	2.642 7
7	3.507 9	3.415 5	3.327 0	3.242 3	3.161 1	3.083 3	3.008 7	2.937 0	2.868 2	2.802 1
8	3.725 6	3.619 3	3.517 9	3.421 2	3.328 9	3.240 7	3.156 4	3.075 8	2.998 6	2.924 7
9	3.905 4	3.786 3	3.673 1	3.565 5	3.463 1	3.365 7	3.272 8	3.184 2	3.099 7	3.019 0
10	4.054 1	3.923 2	3.799 3	3.681 9	3.570 5	3.464 8	3.364 4	3.268 9	3.178 1	3.091 5
11	4.176 9	4.035 4	3.901 8	3.775 7	3.656 4	3.543 5	3.436 5	3.335 1	3.238 8	3.147 3
12	4.278 4	4.127 4	3.985 2	3.851 4	3.725 1	3.605 9	3.493 3	3.386 8	3.285 9	3.190 3
13	4.362 4	4.202 8	4.053 0	3.912 4	3.780 1	3.655 5	3.538 1	3.427 2	3.322 4	3.223 3
14	4.431 7	4.264 6	4.108 2	3.961 6	3.824 1	3.694 9	3.573 3	3.458 7	3.350 7	3.248 7
15	4.489 0	4.315 2	4.153 0	4.001 3	3.859 3	3.726 1	3.601 0	3.483 4	3.372 6	3.268 2
16	4.536 4	4.356 7	4.189 4	4.033 3	3.887 4	3.750 9	3.622 8	3.502 6	3.389 6	3.283 2
17	4.575 5	4.390 8	4.219 0	4.059 1	3.909 9	3.770 5	3.640 0	3.517 7	3.402 8	3.294 8
18	4.607 9	4.418 7	4.243 1	4.079 9	3.927 9	3.786 1	3.653 6	3.529 4	3.413 0	3.303 7
19	4.634 6	4.441 5	4.262 7	4.096 7	3.942 4	3.798 5	3.664 2	3.538 6	3.421 0	3.310 5
20	4.656 7	4.460 3	4.278 6	4.110 3	3.953 9	3.808 3	3.672 6	3.545 8	3.427 1	3.315 8
21	4.675 0	4.475 6	4.291 6	4.121 2	3.963 1	3.816 1	3.679 2	3.551 4	3.431 9	3.319 8
22	4.690 0	4.488 2	4.302 1	4.130 0	3.970 5	3.822 3	3.684 4	3.555 8	3.435 6	3.323 0
23	4.702 5	4.498 5	4.310 6	4.137 1	3.976 4	3.827 3	3.688 5	3.559 2	3.438 4	3.325 4
24	4.712 8	4.507 0	4.317 6	4.142 8	3.981 1	3.831 2	3.691 8	3.561 9	3.440 6	3.327 2
25	4.721 3	4.513 9	4.323 2	4.147 4	3.984 9	3.834 2	3.694 3	3.564 0	3.442 3	3.328 6
26	4.728 4	4.519 6	4.327 8	4.151 1	3.987 9	3.836 7	3.696 3	3.565 6	3.443 7	3.329 7
27	4.734 2	4.524 3	4.331 6	4.154 2	3.990 3	3.838 7	3.697 9	3.566 9	3.444 7	3.330 5
28	4.739 0	4.528 1	4.334 6	4.156 6	3.992 3	3.840 2	3.699 1	3.567 9	3.445 5	3.331 2
29	4.743 0	4.531 2	4.337 1	4.158 5	3.993 8	3.841 4	3.700 1	3.568 7	3.446 1	3.331 7
30	4.746 3	4.533 8	4.339 1	4.160 1	3.995 0	3.842 4	3.700 9	3.569 3	3.446 6	3.332 1

参考文献

[1] 国秀芹. 管理会计. 北京：中国传媒出版社，2010.

[2] 陈兴述，李勇. 管理会计. 北京：高等教育出版社，2014.

[3] 张献英，国秀芹. 管理会计. 北京：教育科学出版社，2013.

[4] 张卿. 管理会计. 北京：机械工业出版社，2011.